·国家社科基金项目《别现代语境中的英雄空间解构与建构问题研究》阶段性成果

·上海高校高峰学科建设计划资助"中国语言文学"阶段性成果

·上海师范大学艺术学理论重点学科成果

别现代：作品与评论

BIE-MODERN: WORKS AND COMMENTARY

王建疆　[美]基顿·韦恩　主编
Compiled By Wang Jianjiang & Keaton Wynn

中国社会科学出版社

图书在版编目(CIP)数据

别现代：作品与评论 / 王建疆，（美）基顿·韦恩主编．—北京：中国社会科学出版社，2018.9
ISBN 978－7－5203－3191－3

Ⅰ．①别… Ⅱ．①王…②基… Ⅲ．①社会形态学—研究 Ⅳ．①C912

中国版本图书馆 CIP 数据核字（2018）第 214940 号

出 版 人	赵剑英
责任编辑	刘　艳
责任校对	陈　晨
责任印制	戴　宽

出　　版	中国社会科学出版社
社　　址	北京鼓楼西大街甲 158 号
邮　　编	100720
网　　址	http：//www.csspw.cn
发 行 部	010－84083685
门 市 部	010－84029450
经　　销	新华书店及其他书店
印　　刷	北京明恒达印务有限公司
装　　订	廊坊市广阳区广增装订厂
版　　次	2018 年 9 月第 1 版
印　　次	2018 年 9 月第 1 次印刷
开　　本	710×1000　1/16
印　　张	26.75
插　　页	2
字　　数	390 千字
定　　价	118.00 元

凡购买中国社会科学出版社图书，如有质量问题请与本社营销中心联系调换
电话：010－84083683
版权所有　侵权必究

目 录
Contents

前言一 ··· 王建疆 (1)
Preface One ·· Wang Jianjiang (1)
前言二 ··· [美]基顿·韦恩 (1)
Preface Two ··· Keaton Wynn (1)

第一辑　别现代水墨艺术与评论
Part Ⅰ Bie-modern: Chinese Ink Art and Commentary

杨增莉　李隽供稿解说　李隽　徐薇翻译

一　徐冰作品 ··· (3)
Xu Bing's Works ··· (3)
二　黄一瀚作品 ··· (6)
Huang Yihan's Works ··· (6)
三　张卫作品 ··· (12)
Zhang Wei's Works ··· (12)
四　曹铃作品 ··· (17)
Cao Ling's Works ··· (17)
　　曹铃别现代宣言 ··· 曹　铃 (22)
　　Cao Ling's Bie-modern Announcement ····················· Cao Ling (22)
五　岛子作品 ··· (24)
Dao Zi's Works ·· (24)
六　旺忘望作品 ··· (27)
Wang Wangwang's Works ······································ (27)

别现代:水墨与水墨艺术 ················· 杨增莉（34）

第二辑　别现代装置艺术与评论
Part Ⅱ Bie-modern: Installation Art and Commentary
李隽　关煜供稿解说　李隽　徐薇翻译

一　陈箴作品 ··························· （49）
Chen Zhen's Works ······················· （49）
二　徐冰作品 ··························· （55）
Xu Bing's Works ························ （55）
三　左义林作品 ·························· （62）
Zuo Yilin's Works ······················· （62）
　　左义林别现代宣言 ················· 左义林（64）
　　Zuo Yilin's Bie-modern Announcement ······ Zuo Yilin（65）
四　刘向华作品 ·························· （66）
Liu Xianghua's Works ···················· （66）
　　刘向华别现代宣言：重组与植入——"别现代艺术"的
　　空间装置创作 ··················· 刘向华（73）
　　Liu Xianghua's Bie-modern Announcement: Reconstruction
　　and Implantation—Creation of Spatial Installation in
　　Bie-modern Art ················ Liu Xianghua（74）
五　谷文达作品 ·························· （76）
Gu Wenda's Works ······················· （76）
别现代主义与中国当代艺术
　　——以陈箴装置艺术为个案 ········ 李　隽　刘海杰（84）

第三辑　别现代建筑装饰艺术与评论
Part Ⅲ Bie-modern: Architectural Art & Decorative Art
周韧供稿解说　李隽翻译

一　江苏江阴华西村建筑群 ···················· （99）
Architectural Complex in Huaxi Village ············ （99）

目　录

二　石家庄新长城国际影视城 ……………………………… （102）
The New Great Wall International Studios in Shijiazhuang ……… （102）
三　陈展辉"建筑之外"系列 ………………………………… （105）
Chen Zhanhui's Beyond Architecture ……………………… （105）
　　陈展辉别现代宣言：别现代之"凹凸无限"………… 陈展辉（112）
　　Chen Zhanhui's Bie-modern Announcement: "Infinite
　　　　concave-convex" of Bie-modern Art ……… Chen Zhanhui（113）
四　别现代装饰艺术：松江钟书阁内部装饰 ………………… （116）
Bie-modern Decorative Art: Decorative Art of Zhongshu
　　Pavilion ………………………………………………… （116）
五　别现代具象建筑 …………………………………………… （121）
Strange Buildings in Bie-modern Era ……………………… （121）
　　奇葩建筑：别现代时期的具象设计 ………………… 周　韧（127）

第四辑　别现代影视艺术与评论
Part Ⅳ Bie-modern: Film and Television Art and Commentary
　　　　徐薇　王建疆　王维玉　周韧供稿解说　徐薇翻译

别现代穿越剧 …………………………………………………… （135）
Time-travel Series …………………………………………… （135）
　　《太子妃升职记》：别现代时期时间的空间化 …………… （135）
　　"Go Princess Go": Temporal Spatialization in
　　　　Bie-modern Era ……………………………………… （135）
　　《神话》：别现代时期的和谐共谋 ……………………… （138）
　　"Legend": Harmony and Conspiracy in Bie-modern Era ……… （138）
　　《步步惊心》：现代与前现代的矛盾结合 …………………… （141）
　　"Startling by Each Step": Modern and Premodern Coexistence in
　　　　Bie-modern Era ……………………………………… （141）
别现代："消费日本"与英雄空间的解构 ……………… 王建疆（143）
Bie-modern: "Consumption on Japan" and Deconstruction of Hero
　　Space (extracts) ………………………… Wang Jianjiang（159）

别现代：作品与评论

别现代时期"囧"的审美形态生成 ………………… 王建疆（164）
别现代：转型中国的现代影像与尊严坚守
　　——以贾樟柯电影为例 ………………………… 王维玉（181）
别现代：徐峥电影《港囧》的美学特征 ……………… 周　韧（196）
穿越剧与别现代 ………………………………………… 徐　薇（207）
Time-travel Television Series: An Example of Contemporary
　　Chinese Art in the Bie-modern Era ……………… Xu Wei（217）

第五辑　别现代油画艺术与评论
Part Ⅴ Bie-modern: Oil Painting Art and Commentary

关煜　孟岩　要力勇　李华秀　崔露什供稿解说
（一至五、八）李隽　徐薇翻译

一　张晓刚作品 ………………………………………………（235）
Zhang Xiaogang's Works ……………………………………（235）
二　方立钧作品 ………………………………………………（243）
Fang Lijun's Works …………………………………………（243）
三　王广义作品 ………………………………………………（250）
Wang Guangyi's Works ……………………………………（250）
四　岳敏君作品 ………………………………………………（253）
Yue Minjun's Works …………………………………………（253）
五　曾梵志作品 ………………………………………………（258）
Zeng Fanzhi's Works ………………………………………（258）
六　孟岩作品 …………………………………………………（262）
Meng Yan's Works ……………………………………………（262）
　孟岩别现代宣言——简析王建疆教授提出的别现代人文
　　艺术思想与我的大艺术观 ……………………… 孟　岩（271）
　Meng Yan's Statement: The Brief Analysis of Prof. Wang Jianjiang's
　　"Bie-Modern" Theory and my "Great Art"
　　Conception ……………………………………… Meng Yan（273）

七　要力勇作品 ·· (277)
Yao Liyong's Works ·· (277)
　　别现代:别样的拟象油画之美 ················· 要力勇 (282)
八　关煜作品 ·· (288)
Guan Yu's Works ·· (288)
　　我的别现代主义绘画宣言 ························ 关　煜 (296)
　　Guan Yu's Bie-modern Announcement ········· Guan Yu (297)
九　QQ作品 ·· (300)
QQ's Works ·· (300)
杂糅与断裂:别现代主义与后现代主义的异质同构 ······ 关　煜 (305)
要力勇拟象油画的"别现代"特征 ·················· 李华秀 (317)
从"别现代"反思中国当代艺术的"审美自信"
　　——以张晓刚"大家庭"系列为例 ·············· 崔露什 (322)
别现代视域下中国当代美术的跨越式停顿
　　——以张晓刚作品为例 ··························· 关　煜 (336)

第六辑　别现代版画艺术
Part Ⅵ Bie-modern:Print Art
关煜供稿解说　李隽翻译

张晓刚"彩色天安门系列" ······························· (353)
Zhang Xiaogang's Colorful Tiananmen Square ············· (353)

第七辑　别现代年画艺术与评论
Part Ⅶ Bie-modern:New Year Pictures and Commentary
王维玉供稿解说　徐薇翻译

新门神画系列 ·· (359)
New Gate-God Picture ·· (359)
一　"地产大鳄"当门神 ···································· (361)
Property Magnates as Gate-Gods ····························· (361)

别现代：作品与评论

二　武警战士做门神 ···（363）
Armed Police Soldiers as Gate-Gods ·····························（363）
三　变形金刚变身中国门神 ··（367）
Transformers as Chinese Gate-Gods ·····························（367）
四　麻将门神 ···（371）
Mahjong as Gate-Gods ···（371）

后记 ···（374）

前 言 一

王建疆

《别现代作品展》于2016年9月至10月在上海师范大学举办，展出的同期正值"艺术与美学的话语创新暨别现代问题国际高端专题学术研讨会"召开，海内外的知名专家和艺术家专就话语创新和别现代的问题展开了热烈讨论。

2017年10月，在美国佐治亚州西南州立大学中国别现代研究中心举办的"艺术：前现代、现代、后现代、别现代国际学术研讨会"上，《中国别现代艺术作品展》开幕。与2016年上海的别现代作品展不同之处在于，首先，本展有相当一部分作品属于艺术家本人提供，并附带艺术家本人对于自己作品的介绍，因而更能引起海外观众的关注。其次，参展艺术家孟岩、陈展辉、刘向华、曹铃、关煜、左义林、易琪为等发表了各自的"别现代主义宣言"，表达了他们在思想和艺术上对别现代主义理论的高度认可，以及以别现代理论为创作资源的自觉行动。最后，本展采取了灵活多样的方式，展品有原作，也有喷绘和影印，体现了以会带展的特色。尽管这两次别现代作品展是在不同国度和不同时间内进行的，但对别现代艺术由策展人的主观认定到艺术家本人的认可，展现别现代理论日益与艺术实践结合的过程，显示别现代理论被广泛接受的事实，因而别有新意，也因此引发了一系列值得思考的问题，如怎样才能跨越艺术与学术之间的鸿沟，将理论创新与艺术流派创建结合起来的问题，有目的的艺术创作与哲学意识之间的关系问题，中国艺术如何建立自己的流派的问题。

别现代：作品与评论

一

从这次别现代作品展中我们看到了来自绘画、雕塑、建筑、装置艺术、电影海报招贴画、门神画等多种体裁的视觉艺术，这些作品的共同特点正如每件作品的中英文简介词中所说的，具有别现代的时代特征、社会特征和风格特征，是别现代的形象展现，是别现代主义的艺术盛宴。

"别现代"这个日渐成为热词的学术术语，是对历史发展阶段和社会形态的概括，是一种哲学界渴望的"涵盖性理论"。

我们的时代具有现代、前现代、后现代交集纠葛的特点。现代性的制度和思想尚在建立中，而前现代的制度和观念仍牢固地扎根于现实的土壤中，不时地以人治而非法治的方式表现出来。同时，后现代的文艺思潮和美学思潮也在中国泛滥。这种在欧美国家不可能出现的现代、前现代和后现代并置的现象，没有现成的名词，"别现代"（Bie-modern; Don't be modern; Bie-postmodernism; Bie-modernism; etc.）于是做了最好的替补①。别现代的"别"的拼音是"bie"，"别"的字面意思在汉语中有许多，如不要、告别、别字、别扭、别样、另一种、另类等。别现代既涉及现代、前现代，又涉及后现代，但它既不是单一的现代，又不是单一的后现代，更不是单一的前现代，因此，只能是一种并非现代的别现代。别现代只是借用了"现代"这个词，而非别现代就是现代的一种或是选择性现代性、另类现代性（alternative）。关于中国的现代性，有人认为是复杂的现代性。但我并不同意这种观点。因为，现代性就是西方的科学、理性、人权、自由、民主、法制，再加上现代福利制度，本身一点儿也不复杂，十分明确，耳熟能详。而中国的现实情况是，除了现代性的因素外，还有前现代性和后现代

---

① 分别对应王建疆：《别现代：主义的诉求与建构》，《探索与争鸣》2014 年第 12 期，人大复印资料《社会科学总论》2015 年第 12 期；《别现代：美学之外与后现代之后——对一种国际美学潮流的反动》，《上海师范大学学报》2015 年第 1 期，《社会科学报·学术文摘》2015 年 4 月 9 日第 3 版，已引起讨论。

性的同时存在，所以，所谓复杂的现代性在学理上并不能成立。相反，别现代却恰当地涵盖了现代/现代性、后现代/后现代性、前现代/前现代性交集纠葛的特点。因此，别现代具有唯一性，它本身就是它自己，就是别现代，不是英语表述中的 Alternative modernity（另类现代性或另现代），Other modernity（其他现代性）所能概括的。

别现代时期是现代、前现代和后现代并置而且和谐共谋的时期，这种和谐共谋表现在社会生活的方方面面。

就社会的经济形态而言，各种所有制和谐共处，国有、私企、外企并驾，现代化大工业与家族企业和私人小作坊齐驱，计划经济与市场经济混搭。

就社会的管理制度而言，具有现代意义的法律和管理制度正在建设中，但同时，与现代法律和管理制度相矛盾的现象不时涌出。或没有原则，没有法规，或有法不依，没有边界、放弃原则、妥协、交易（权钱交易、权色交易、权法交易、行贿受贿）、共赢、媾和；不断更改规矩、实行潜规则；有选择地遗忘和遮蔽历史、造假畅行无阻等，前现代的思想观念和行为方式因现代制度的缺位而由后现代的跨越边界（cross border）、解构中心、消解原则来加以表达，形成混沌的和谐，可以浑水摸鱼，这一点在中国当下不断加大力度而起案的那些高智商、高学历、高级别、受过现代教育、出过国、留过洋但又贪污腐化、身败名裂的人身上得到了最为集中的表现。

就社会的文化形态而言，一方面是传统文化与当代文化之间的矛盾，中国文化与西方文化之间的矛盾。另一方面是现代、后现代与前现代之间的无间道，即彼此适应、和谐共处。这在《别现代作品展》中得到了形象的展示。

就社会的文艺现象而言，异彩纷呈。现代的场景、背景、技术，与前现代的理念和后现代的手法同台亮相。现代的场景、背景、技术自不用说，前现代的血缘宗亲观念、香火观念、专制思想、迷信思想借尸还魂，后现代的戏仿、恶搞大行其道，英雄和英雄空间[1]都被戏

---

[1] 王建疆：《后现代语境中英雄空间与英雄再生》，《文学评论》2014年第3期。

仿、娱乐、恶搞的方式解构。

就哲学思想而言，或平庸或虚无，缺乏原创，或犬儒主义盛行，"歌德"美学独统，以致连"是中国美学还是美学在中国""是中国哲学还是哲学在中国"的问题至今也搞不清楚，混沌中的和谐却在"过日子"的策略中在国内学术界独步六合。

但正如医患冲突所显示的那样，建立在红包基础上的和谐共谋，终因医术的有限和人的贪欲的无止境而归于破灭，于是医患冲突成为替代和谐共谋的新阶段。在不少的医院候诊大厅，防范暴恐的举措正在诠释着和谐共谋阶段终结后的新的步履，一个当代寓言正在艺术地发言。

别现代的内涵以及发展阶段等问题不是本文要阐释的，但是，按照历史唯物主义的观点，任何观念、意识形态都离不开其社会的现状及其组织结构和发展阶段，因此，本文也如其他已经发表过的论文那样，还要不厌其烦地重申一下别现代的性质和特点。

事实上，"别现代"是一个正在生成的术语。起初，人们觉得它是别裁、别体、教外别传，但现在看来，它超出了所有"别"的汉语界定，容易使哲学家们想起德里达的"différance"（延异）。但别现代并非现代性别体，而是前现代之未脱尽，现代之未具足，而前现代又隔着现代与后现代勾肩搭背，是个多级杂糅体。

正是别现代社会形态的杂糅导致了别现代艺术从内容到形式的鲜明时代特征。就艺术手法而言，别现代艺术不乏对中国传统的表达方式的继承，但又吸收了西方现代、后现代的表现手法，从而构成了艺术手法的中西古今杂糅。这在徐冰、谷文达和旺忘望、陈展辉以及曹铃、要力勇等人的书法、绘画、设计、装置中表现得非常分明。徐冰、谷文达及陈展辉创作的书法汉字和装置汉字，以汉字所表征的中国文化为素材和背景，杂糅了西方现代主义表现手法和后现代拼凑手法，力图给西方的观众一种别样的感受，但同时，汉字的传统边界也被解构。实验水墨包括这次到美国参展的旺忘望以及曹铃的作品，都具有明显的中国山水画底色和基调，但在手法上吸收了现代绘画的表现主义和印象主义手法，同时旺忘望又不乏后现代的杂糅和拼贴，如将设计、摄影等手法纳入其中等。

就表现内容而言，别现代艺术具有明显的分野，优劣悬殊。虽然其共同特点是将时代空间化，即将不同时代并置在一起表现，但却表现出别现代主义批判精神与别现代杂糅的明显不同。有一类作品所表现的人物往往属于过去那个令人刻骨铭心的前现代时期，但却用现代性眼光或西方人的视角来看表现对象，用后现代的自嘲和解构来表达无法直言的情感，从而获得了反思和批判的创意。张晓刚的天安门系列、血缘·大家庭系列，岳敏君的傻子系列，方力钧的光头哈欠系列，王广义的大批判系列，曾梵志的面具系列等，都是将不同时代凝聚于一个过去了的静止的瞬间，以其深刻的讽喻表达了对社会、对时代的反思。而跳出"文革"阴影，面对当下现实，旺忘望的跨界艺术作品，在其夸张的后现代拼凑之中，那些变异的人和动物以及钞票、美腿、枪械等构成的画面，传达出一种对金钱至上、科技异化的明白无误的批判意识。左义林的"萨德导弹"系列装置艺术，以韩国萨德导弹部署为对象，将佛头与基督教十字架及萨德导弹同铸于一体，表现了反战的和平愿景，也不乏对各种宗教无力于人世间事的讽喻。

当然，一些拙劣的别现代艺术，尤其是建筑艺术，刻意杂糅和拼凑，但其低级模仿、肉体横呈、随意杂凑，带来了某种搞怪的"奇葩"效应。如洛阳某处以某公司董事长为原型塑造的弥勒佛雕像，石家庄影视城以美国白宫和中国天坛造型拼合的主体建筑，还有大杂蟹、大王八等肉体横呈的奇葩建筑，就都是典型的为人所诟病的别现代建筑，或伪后现代艺术。因此，别现代艺术就如别现代社会一样具有很大的包容性和杂糅性，真伪混杂，是别现代时期的生动而又典型的写照。

就表现形式而言，别现代艺术往往不拘泥于中西古今的区别，也不在意现成和新创的不同，而将它们糅合在一起以表现抽象而又朦胧的理念。这方面孟岩、要力勇、易琪为、关煜等人的作品堪为典型。孟岩的"危机"油画系列，所画全为西方人物和西方场景、西方故事，而且全部是黑白画面，但按孟岩本人所说都在表现特定时期中国人的精神危机，也就是借西方以表现中国，用洋人表现自我。无独有偶，易琪为的油画系列《我是谁?》大多表现西方人的面孔及其身首分离后举首问道的惊悚场面，具有强烈的震撼效果，虽然是别现代时期迷惘和错乱的折射，中西混杂难辨，但却赢得了中国艺术家和美国艺术家们的高度赞扬。要力勇的油画类似西方抽象表现主义形式，但又不乏中国山水写意的意蕴，是抽象与具象之间的拟像。关煜的《乾》将西方金刚入画，表现当下暧昧而又另类的情感，都是别现代主义艺术形式别具一格的体现。

二

别现代的"别"耐人寻味，现代的学者马上想到的是告别、不要这些现代意思。事实上，关于别现代，国内外已经发表过的我的文章中，英译"别现代"就有《探索与争鸣》的 don't be modern，《上海师范大学学报》的 Bie-postmodernism，《上海文化》的 Bie-modern 和欧洲《哲学杂志》（*Filozofski vestnik*）的 A theory of the new times and the new historical development stage。但现在看来，最好的译法是 a doubtful modernity，即"一种似是而非的现代性"。

汉语词汇十分丰富，而其词义表达充满魅力。中国古代没有"另"字，"另"字的意思全用"别"来表达。如《史记·项羽本纪》中的"使项羽、刘邦别攻城阳"。就是作为另一支部队去攻打城阳，而非不要去打城阳。再如文论界熟知的《沧浪诗话》中的"诗有别材，非关书也；诗有别趣，非关理也"。其中的别材、别趣，就是指另外一种才能和另外一种情趣。至于《五灯会元》中佛祖拈花，迦叶微笑，佛祖所讲"不立文字，教外别传"中的别传，就是用一种特殊的传教之法，而非不要去传。虽然现实中人们都在讲"别墅""别动队"，但讲到别现代时，总是跟古代的用法联系不起来，这样一来反倒是"别现代"一词有了过目不忘的功能。

虽然"别现代"之"别"词义丰富，但其语源在于古代汉语，其流变也从未脱离汉语表意的规律。正因为别现代是多义的，才具有词义生成的特点和表现差异的哲学功能。法国思想家德里达为了表达差异，自造了"différance"这个词，表示永无止息的歧义生成。别现代不用生造词汇，从古代汉语中信手拈来，就有了在功能上不亚于"différance"的术语。这对鼓吹哲学帝国论而无中国份的理查德·舒斯特曼来说也好，对宣传中国没有哲学的雅克·德里达来说也好，对其远祖黑格尔来说也好，中国的文字中既然有哲学，又何能被忽视呢？实际上，如果深入透视别现代时期的中国社会，再加上我们自己的具有无限可能性的价值判断，那么，现代性、后现代性、前现代性与告别现代性、不要现代性、另一种现代性，以及要与不要、不要与要，再加上这一种、那一种，这个占比、那个成分，是与不是，等等，都构成了对别现代的可能性的多种解释，具有话语增长的巨大潜力。因此，从这个意义上说，别现代可以说是立足于汉语的对后现代解构主义的改造、升级和超越。

别现代的提出，看似对于汉语哲学功能的激活，实则是社会现实对于话语创新的吁求。别现代是对现实的概括，是对现实的认识，而别现代主义却是对别现代的改造。

从现代文化创造的意义上讲，名宾实主的观念已被名主实宾的思想所替代。如果不服，你看看"商标法""授权生产法""域名权"等现代名词，你肯定会生成现代哲学理念。在社会转型、时代变革之时，新语汇的出现其革命性意义更加明显。王国维早在1905年就公开提倡"造新语"，即创造新的话语、新的术语、新的名词，以弥补汉语表达在面临西学时的明显不够用。原因在于古代汉语多用单纯词，无法准确地表达新的概念。而来自日本的"日源新语"亦日显不够，因而"造新语"已迫在眉睫。而于当今西方话语统治之际，话语创新更是刻不容缓。

别现代具有明确的话语识别功能。如法国新马克思主义思想家阿尔都塞提出过"另类现代性"（Alternative modernity）概念，是对毛泽东思想及其毛泽东发动"文化大革命"的定义。但这个另类现代性只是特指毛泽东的所谓现代性思想，并不能概括中国社会形态和历史阶段，是一种误读。还有英语表达中抽象的"另一种现代性"

(other modernity)，也无法确指哪一种现代性。至于西方众多的现代性，如艾森斯塔特所谓的多元现代性，吉登斯的反思的现代性，齐格蒙特·鲍曼的流动的现代性，C.詹克斯的"新现代性""新现代主义""晚期现代性"，贝尔所谓的"第二现代性"等，都是针对西方现实而提出的现代性划分，与别现代针对中国的社会形态和历史阶段而进行的界定不是一回事。至于中国学者提出的复杂现代性，也是沿着西方思想家的路数对现代性的界定的多种说法所做的概括，但不符合现代性的单一明了性特点，而且更主要的是这种所谓的复杂性概括还不能一目了然地揭示中国社会的形态和发展的历史阶段，尚处于混沌状态，而未达区隔状态。再说，别现代由于涉及多种社会形态的交织、对立、互补，因而内在的紧张所形成的力度也是西方断代式现代性、后现代性不再遭遇的。因此，别现代的话语创新是肯定的。

别现代作为哲学，仅仅具有话语创新是不够的，还要看其思想内涵。别现代的现代、前现代、后现代交集纠葛或三位一体，从哲学上看就是时间或时代的空间化或共时态。于是，时间的空间化就成了别现代的思想基础。

习惯于引介而非原创思想的当代中国哲学界和美学界个别学者，小学的功夫倒也不错，他们会不厌其烦地考证这个时间的空间化来自西方的哪位大师或哪位大神。时间的空间化很容易使人联想到法国的列斐伏尔、福柯，英国的哈维，美国的杰姆逊等人的空间理论。但是，既然时间的空间化是现代、前现代、后现代的杂糅，就与西方断代式的历史观形成了强烈的对比，西方那种历时性理论就不符合中国的共时态现实。因此，别现代就是别现代，别现代的时间的空间化就是对中国特殊社会历史阶段和社会形态的理论概括和理论表达，而非对西方理论的生搬硬套。

当然，时间的空间化只能是别现代思想的现实基础或灵感之源，而非其思想内涵的全部。如果别现代就此打住，完全空间化了，停滞了，凝固了，那么，不就在新的历史时期印证了老黑格尔所说的中国没有历史或中国历史停滞论吗？事实上，我在本文第一部分里讲的那个始于红包终于医患冲突的故事，就是别现代历史阶段论、发展观和前景的隐喻，容当别文展开。

除了时间的空间化和发展阶段论外，别现代的思维方式是跨越式停顿。这个观点发表后被人大复印资料《哲学原理》转载，《探索与争鸣》杂志社也在全国征稿讨论。其核心在于，在发展的顺风顺水之日，或者如日中天之时，当做断然的停顿。这不是脑筋急转弯之类的教学法或滑头主义，而是对于增长的极限的预知和对终极结局的了然于心，从而改弦易辙，谋求更大的发展空间和最佳的生存之道。中国古人有这种智慧的，叫作急流勇退，也叫作本来无一物，何处惹尘埃。现代社会中人类急剧膨胀的野心就如不断增速的高铁，正在"向死而生"，不知危险。因此，跨越式停顿也就是停顿式跨越。专制与集权盛行的亚洲国家和地区，按跨越式停顿办事的不少。中国台湾地区、马来西亚、缅甸、越南等就是甩开惯性制导的显例。

与跨越式停顿相联系的自然是自然发展观。这是老庄的路数，但别现代将其做一番跨越式停顿的功夫，使其在与科学发展观形成的张力中，给中国，也给人类以生存之道的启发。

别现代还有自己的美学观，如在别现代的和谐共谋期和对立冲突期，提倡冷幽默而非黑色幽默；在精神文明建构中提倡自调节审美；在审美形态方面主张内审美；在艺术创新方面提倡艺术再生，等等，这些美学观点都早已出版、发表过。

别现代既是对社会形态和历史发展阶段的概括，又具有自己的哲学思想和美学理论，因而愈来愈为学界所关注。

三

总的看来，这两个展览具有令人耳目一新的感觉，符合别现代的别开生面、别具一格、别出一路、别有洞天的别格特质。

《别现代作品展》具有明显的别现代社会背景、别现代哲学思潮和别现代艺术的识别标志，也是对西方哲学家和美学家对中国美学家们的批评的最好回应。西方美学家总是认为，中国的美学家不懂艺术，甚至对于当代在海外流行的中国先锋艺术是无知的。① 当今在海外艺术市场风头最劲的有艾未未、徐冰、王广义、张晓刚、岳敏君、方力钧、曾梵志等所谓的"四大天王""五虎上将"。因此，举办别现代作品展，并把他们的作品以图文的方式收进来予以展出，就可以展示中国美学对于当代中国先锋艺术的认识和研究，可以为中国美学及其与中国艺术的关系辩护。另外，这些在海外产生很大影响的先锋艺术家们，受到了来自欧美艺术批评界的严厉批评和指责，说他们的作品是对西方艺术的拙劣的复制、模仿，甚至剽窃。② 这样的评论影响很大，杀伤力极强。别现代美学作为一种以时代命名的主义，不得不予以关注。举办这两次别现代作品展，就是要从全球观众眼中的中国海外先锋艺术那里思考当代艺术存在的合法性问题，以及艺术发展的关键问题，在客观上回应当前国际艺术评论，进入先锋艺术视野。

　　作品展第一部分是水墨艺术③。不同于水墨作为中国传统绘画的主要表现形式，水墨艺术是指一切在水墨元素的基础上所进行的艺术创作，它不仅包括传统意义上的水墨画，也包括抽象水墨、表现水墨、都市水墨、新文人画等，同时还包括以水墨为媒介的装置艺术、行为艺术以及观念艺术等。徐冰的"新英文方块字"系列，将英文的26个字母转换成汉字的偏旁部首，然后将其组装成中国的方块字的形式；曹铃的《气象》《乡村》等兼具山水写意和印象主义光色；谷文达的汉字书法以错位、肢解的书法文字为作品，不是错就是别，在挑战传统书写方式的同时引发人们的想象；岛子的"圣水墨"以中国的水墨表现西方的基督形象以及信仰；张卫的"齐白石 vs 梦露"系列将齐白石的水墨人物画与梦露的照片拼贴在同一个画面当中，表现了西方对于中国传统的观照；黄一瀚的《我们都疯了》以水墨的

---

① Ales Erjavec, "*Zhuyi*: From Absence to Bustle? Some Comments to Jianjiang Wang's Article 'The Bustle or the Absence of *Zhuyi*'", *Art and Media Studies*, 13, 2017.
② ［美］杰德·珀尔:《中国当代艺术侮辱了人生》，转引自中国南方艺术网，2014年2月19日。
③ 水墨艺术是以中国传统水墨为介质的绘画创作，但又佐以拼贴、装置等西方后现代手法。

方式将持手枪的中国青年与持枪的麦当劳叔叔放置在同一个画面当中，表现了西方文化已经将中国的青年同化。以上例证所示，当代水墨艺术具有明显的别现代的杂糅、混搭的特点。

　　水墨艺术中的实验水墨，争议最大，它包含多种艺术形式：抽象水墨、水墨装置艺术、水墨行为艺术以及水墨影像艺术等。但有一点值得注意的是，实验水墨艺术家的跨越式停顿思维。即从最早的对于传统水墨和传统文化的反叛，到欧美旅程中的困惑和反思，反过来在传统中寻求自己的立足点。像徐冰的"新英文书法"系列，岛子的《苦竹》，还有《我们都疯了》所显示的那样，艺术家预见到了传统艺术的不断消解以及修养缺失对原创带来的危害，因而自觉放弃了对西方的模仿与追随，通过寻求传统资源来反观自身。这种停顿之后的变化不仅有可能使得中国艺术在世界上引起关注，而且也是对中国传统修养、信仰丧失的一种反思以及救赎。

　　展品的第二部分是陈箴、徐冰、刘向华、左义林等人的装置艺术图集。在陈箴的装置艺术作品中我们随处可见别现代社会的隐喻。如完成于1996年的大型装置艺术作品《日咒》由101只按照战国编钟方式排列的墩形老式木马桶组成一个乐器装置，其中的一部分马桶还被改装成音响，播放着电视广告人声音与刷洗马桶时的混合声。作品中间部分是一个巨大的地球仪，里面充斥着现代社会产生的典型垃圾：键盘、显示器、电线……旧式马桶隐喻前现代时期，作品中央的一大堆工业垃圾象征着现代时期；将代表中国古代礼乐制度最高形式的编钟与代表中国世俗文化中最污秽之物的马桶并置，用一大堆工业垃圾填充进被誉为"人类母亲"的地球之中，则是一种后现代的祛魅。然而，要对陈箴艺术特征进行总体概括，非别现代莫属。因为这里虽然有着现代、前现代和后现代的艺术元素，但又非其中任何一种简单的元素可将其概括净尽，只有别现代才是最恰当不过的表述。

　　在思想内涵方面，陈箴最为典型的作品或许是他的《早产儿》。陈箴回国探亲时目睹了这样一句口号："2000年有一亿中国人拥有自己的汽车，欢迎来中国参与汽车工业竞争！"颇感担忧，因此在其装置艺术作品《早产儿》中表现了这一灾难式的场景。在该作品中，

别现代：作品与评论

陈箴终止了线性思维，消除了肯定—否定，前进—倒退等庸俗的辩证法，他将过去（自行车）、现在（汽车）和可能到来的未来（姿态扭曲、腹部欲胀裂的龙）置于一个平等、共享的空间重新谋划。在这种过去、现在、未来的多种维度中，陈箴颠覆了线性思维的统治，为思维的跨越提供了可能，为我们更好地反思中国在城市化进程中遇到的各种问题，提供了艺术的智慧和美学的反思。

作品展的第三部分是别现代的建筑艺术。既有陈展辉"建筑之外"的凹凸概念艺术对中华传统文化元素在当代应用的展示，又有一些引起争议的建筑。其中，某省会城市里美国白宫与北京天坛和合的阴阳式电影城建筑外观图，中国公务机构的红顶子建筑，致富了的村舍以西方洛可可风格与镇宅、镇妖、镇河等观念混搭的建筑，似乎都在图解着别现代的理念。

作品展的第四部分是对别现代电影如穿越剧和囧类别现代电影的剧照展。虽然不如美术和建筑那么醒目，但这些已经受到别现代评论的影视作品还是能够以图文并茂的形式加强别现代艺术给人的印象。

作品展的第五部分是本展的重头戏，即别现代油画艺术。除了孟岩、关煜、易琪为自我标明的别现代油画外，还展出了徐冰、王广义、张晓刚、岳敏君、方力钧、曾梵志等"四大天王""五虎上将"享誉海内外的代表性作品。虽然有些艺术家并未声言自己属于别现代风格，但他们的作品吸收了美国现代波普艺术大师安迪·沃霍尔同像复制的手法，用于表现中国前现代的"文革"记忆和世代焦虑，时代感很强，政治寓意深刻，是用现代观念反思前现代历史，并通过后现代政治波普的杂糅、拼贴、复制等手法，创造了具有明显别现代艺术特征的作品。正如美国艺术史家基顿·韦恩所说："那些'面'、'傻笑'抑或'大嘴'形象可被视为个体在面对压力时的反动宣言：在寻找个性的过程中，自我并不足以完全掌控个性，只能凭借那些意味深长的姿势来复制个性。"[1] 这种相似手法背后的不同意义，正是别现代主义艺术的独特之处。

---

[1] ［美］基顿·韦恩：《从后现代到别现代》，《都市文化研究》2017年第2期。

前言一

作品展的第六部分是别现代民俗画展，主要是门神画展。通过将现代地产大亨、武装力量入画门神，彰显了新财神替代旧财神的别现代过程。这一过程也是神化金钱和武力的过程。

作品的第七部分是别现代装饰艺术。通过上海松江钟书阁书店将西洋画与中国古代训诫拼贴的装饰风格，进一步说明别现代的时代混搭和艺术杂糅。

作品的第八部分是别现代系列论文发表、会议讨论的情况介绍。

总的看来，这两个展览具有令人耳目一新的感觉，符合别现代的别开生面、别具一格、别出一路、别有洞天的别格特质。同时，此展还具有一定的学术意义和艺术意义。首先，别现代作品展，第一次以艺术的形式展现了别现代的本质特征；也对中国当代艺术作品的"后现代"称谓予以否定，而冠之以"别现代"，以正视听；作品展将揭示中国当代艺术中的发展趋向，纠正了以前的习惯性说法，从此艺术地翻开了别现代的一页。

其次，将回应西方艺术评论界对中国当代艺术包括华裔海外艺术家的批评。2008年美国最著名的自由主义言论旗舰刊物 *The New Republic*（《新共和》）杂志发表了批评家杰德·珀尔（Jed Perl）抨击中国现当代艺术的报道"Mao Craze"（"毛疯狂"），指名道姓地批评当代当红中国海外艺术家的作品过时落伍，思维狭隘，拙劣地滥用"文革"和"文革"领袖形象并以此为中国的全部而向西方世界示丑。更有甚者，不少所谓的华裔大艺术家明显地抄袭西方艺术家的作品，或者拙劣地模仿西方艺术家的作品。最后的结论是这样的："这批艺术家不但侮辱了艺术，也侮辱了人生。那些吹捧叫卖的策展人、批评家和收藏家，也一样侮辱了艺术，侮辱了人生。我们所见到的，是一场轰轰烈烈的昂贵的广告和邪恶的宣传。"[①] 这种批评是致命的，受批评者起来反击亦属正常。但有关剽窃的事我们却不能因为民族感情而下断语，这毕竟涉及法律取证问题。但是，《别现代作品展》在这

---

① ［美］杰德·珀尔：《中国当代艺术侮辱了人生》，转引自中国南方艺术网，2014年2月19日。

别现代：作品与评论

种激烈的中西对话中，能够回应珀尔的批评的地方在于：虽然别现代的杂糅时时显露着由于观念的混沌和拿来主义所导致的边界不清以及涉及第三者利益的嫌疑，但中国别现代现实、中国元素以及中国传统根基的不可动摇性，却是别现代之所以为别现代的根据；数百年来的"中体西学""洋为中用"和"拿来主义"等词在同化个体的过程中，已将原则变为手段，且习以为常，不自觉中构成了无数的涉及三方利益的案例；面对批判和讨伐，别现代海外艺术家们亟须进行的不再是模仿和山寨，而是跨越式停顿或停顿式跨越；别现代艺术家亟须在传承与创新之间，在借鉴与创新之间来一个切割，而不是混搭，只有切割，才有自己的领地，才有自己的独创，这种切割也就是跨越式停顿思想的具体运用。总之，别现代思想在艺术实践和思辨逻辑的展开中，将升华为别现代主义。

最后，回应了亚里士多德、德里达、朗西埃、艾尔雅维茨等人的声音（voice）与语言/发言（speech）相区别的观点。这里，我将著名美学家艾尔雅维茨对我发表在欧洲《哲学杂志》上的英文文章[①]的批评辑录如下，看看他说了什么，我们又能做些什么：

> 在我看来，当代中国的主义、艺术和理论（涉及美学、哲学和人文学科）在许多方面都与西方目前或者近来的情形截然不同。如果说几十年前，西方的文化对抗和竞争主要出现在美国和欧洲（特别是法国）之间，那么现在这种两极的趋势已转变为一个四边的较量。我们仍然见证着美国和欧洲文化的蓬勃发展，但是现在有一个全新的竞争者参与其中，它就是中国。曾有一段时间，人们认为这个新的竞争者似乎应该是苏联国家，但遗憾的是他们未能承担重任。所谓的"第三世界"再次从角逐中逃离并继续保持"沉默"，而中国正在努力获得一种"声音"，这种声音诠释了当代法国哲学家雅克·朗西埃的观点。在《政治学》一书

---

① Wang Jianjiang: "The Bustle and the Absence of *Zhuyi*. The Example of Chinese Aesthetics", *Filozofski vestnik*, Letnik XXXVII, Stevilka 1, 2016.

中，亚里士多德宣称人"是一种政治动物因为人是唯一具有语言的动物，语言能表达诸如公正或不公正等，然而动物所拥有的只是声音，声音仅能表达苦乐。然后整个问题就成了去了解谁拥有语言，谁仅仅拥有声音"[①]?

我不想在此回答艾尔雅维茨关于声音（voice）和语言/发言（speech，也可译为"发言"）的区别和归属，因为，这两次海内外的《别现代作品展》就是最好的回答，是艺术在发言。而且2016年9月在上海举行的"艺术与美学的话语创新暨别现代问题国际高端专题学术研讨会"和2017年10月在美国举行的"艺术：前现代、现代、后现代、别现代国际学术研讨会"上，组委会就是让艺术来发言，然后才是西方的哲学家、艺术家和国内的美学家们发言的。

[①] Ales Erjavec：*"Zhuyi*：From Absence to Bustle? Some Comments to Jianjiang Wang's Article 'The Bustle or the Absence of *Zhuyi*'"，*Art and Media Studies*，13，2017.

Preface One

Wang Jianjiang

The Exhibition of Bie-modern Works was held in Shanghai Normal University from Sept. to Oct. 2016, at the time of the opening of *the International Academic Seminar on Discourse Innovation and Bie-modern Problems in Art and Aesthetics*, in which the famous scholars and artists at home and abroad had heated discussion concerning discourse innovation and Bie-modern issues.

In October 2017, during the "*Art: Pre-modern, Modern, Postmodern, and Bie-Modern International Symposium*" organized by Center for Chinese Bie-Modern Studies (CCBMS) at Georgia Southwest State University, USA, "China's Bie-modern Art Exhibition" was opened. Different from the 2016 Shanghai Bie-modern Art Exhibition, first of all, a considerable part of this exhibition belongs to the artist himself and comes with the artist's own introduction of his own work, which is more likely to attract the attention of overseas audiences. Second, the participating artists Meng Yan, Chen Zhanhui, Liu Xianghua, Cao Ling, Guan Yu, Zuo Yilin, Yi Qiwei and others released their "Declaration of Bie-modernism", expressing their thoughts and art are high recognition on the theory of Bie-modernism, and conscious action based on the creation of Bie-modern theories. Thirdly, the exhibition adopted a flexible and diversified approach with original works, ink jet and photocopying, which show the characteristics of the exhibition. Although these two exhibitions of Bie-modern art are conducted in different countries and at different times, the fact that the recognition of Bie-modern from the artists themselves rather than only from curators shows the process by which Bie-modern theories are increasingly combined with artistic practice. Showing that the fact that Bie-modern theory is widely accepted, and it's ingenuity, and it also raises a series of questions worth considering, such as how to bridge the gap between art and academy, and to combine theoretical innovation with the creation of art schools, to set up the relationship between purposeful artistic creation and philosophical awareness, and the question of how Chinese art should establish its own genre.

I

From this exhibition, we see various types of visual arts including paintings, sculpture, architecture, installation art, movie posters, door-god pictures, and etc., as described in both Chinese and English picture commentary, boasting the characteristics of the age, society and style of the Bie-modern times, which is the image display and artistic gala of Bie-modern.

Bie-modern, an academic term which increasingly become a hot word, is the generalization of historical stage of development and social form and the "inclusive theory" aspired by the philosophical circle.

In our age, modern, pre-modern and postmodern are entangled and intertwined with each other. The system and thought of modernity is still in the process of building, while the pre-modern system and concept is firmly rooted in the soil of reality, manifested at times in the way of the rule of man, rather than rule of law. Meanwhile, the postmodern literary trends and aesthetic ideas is rampant in China. For the phenomenon of the juxtaposition of modern, pre-modern and postmodern which may not have existed in Europe and America, there is no ready-made noun to represent, thus Bie-modern has become the best substitute. "Bie" has many literal meanings in Chinese, such as, farewell, wrong (characters), uncomfortable, different, another or special, and etc. Bie-modern, not only involves modern, pre-modern, but also postmodern, but it is not single modern, neither single postmodern, nor single pre-modern, thus, it is Bie-modern of a non-modern kind. Bie-modern only borrows the word of "modern", which does not mean that it is a modern type or selective modernity or alternative modernity. As for Chinese modernity, some people behold it as complex modernity, but I don't agree with this view. Modernity relates to science, reason, human rights, freedom, democracy, legal system, as well as modern welfare system in the West, which is not complicated at all but clear and familiar. However, the reality in China is the coexistence of pre-modernity and post-modernity in addition to the factor of modernity, thus, the so-called complex modernity cannot be founded on theregular theory. On the contrary, Bie-modern appropriately covers the intertwined and entangled features of modernity, post-modernity and pre-modernity. Therefore, Bie-modern has the characteristic of uniqueness, which is itself, Bie-modern, instead of Alternative modernity, or Other modernity in Western discourse.

The Bie-modern era is the period of juxtaposition as well as harmony and conspiracy of modern, pre-modern and postmodern forms, which is shown in every aspect of our social life.

As far as social economic form is concerned, all kinds of ownership coexist in harmony, the state-owned, private and foreign enterprises advance in line, the modern industry and family businesses and small private workshops keep in step, while the planned economy and market economy are mixed together.

In terms of social management system, the legal and regulatory system of modern significance is under construction, but at the same time, the phenomena that is contradictory to the modern legal and management system sprung out from time to time. There is no principle, no laws and regulations, or laws are not evenly enforced, with no boundary, and the abandonment of principle, compromise, transactions (the exchange of privilege for money, sex or privilege, offering and accepting bribes), win-win situation and making peace. Changing rules constantly, carrying out unspoken rules; selectively forgetting and covering history, and the unimpeded popularity of counterfeiting and etc. ; due to the absence of modern system, the pre-modern ideology and behavior are expressed by the postmodern cross-border, destruction of center, and the resolution of principles, forming the harmony of chaos, which means it possible to fish in troubled waters. The most concentrated expression of this can be seen from the highly intellectual, highly educated and high-leveled officials with modern education and overseas studying or working experiences who finally lose all reputation for corruption and depravity under the reinforced efforts ofanti-corruption by the Chinese government.

On social culture form, the one side is the conflict between traditional culture and contemporary culture, the one between Chinese and Western cultures. The other side is the seemingly close relation with hidden hostility among modern, postmodern, and pre-modern, namely, mutual adaptation and harmonious coexistence. This has been vividly displayed in the Exhibition of Bie-modern Works.

As for the social phenomenon of literature and art, it can be said colorful. The modern settings, background and techniques, are presented on the same stage with the pre-modern concepts and postmodern methods. The former ones have already been known, while the pre-modern blood clan, family line, autocracy and superstition ideology or concept all revive in a new guise, and the postmodern parody and spoof are quite prevailing, even the heroes and hero space[1] have been deconstructed by the methods of parody, entertainment and spoof.

In terms of philosophy, it is mediocre or void, lack of originality, with

---

[1] Wang Jianjiang, "Hero Space and Hero Regeneration in Postmodern Context", *Literary Review*, 2014, No. 3.

the prevalence of cynicism and "praise-singing" aesthetics, so that even the issue of "Chinese aesthetics or aesthetics in China" and that of "Chinese philosophy or philosophy in China" still have not got a clue, but the harmony in chaos goes smoothly in the domestic academia in the strategy of living.

But as shown by the doctor-patient conflicts, the harmonious conspiracy based on the red envelopes end up in being ruined for the limitedness of medical skill, and the endless greed of humans, therefore, doctor-patient conflicts have become the new stage of replacing harmonious conspiracy. In the waiting hall of many hospitals, the anti-terrorist guard is illustrating the new step after the ending of harmonious conspiracy stage, and a contemporary fable is artistically making a speech.

The connotation and development stage of Bie-modern are not the things that this article is to explain, but according to the views of historicism, any concept or ideology cannot be separated from the social reality and its structural organization and development stage, thus, this article will still take pains to reiterate the nature and feature of Bie-modern as my other published papers have expressed.

In fact, Bie-modern is a term which is abecoming term. At first, people feel it an original genre, a new style, a special transmission outside the scriptures, but now, it seems to have surpassed all the Chinese definitions of "Bie", easily reminding philosophers of Derrida's "Differance". But Bie-modern is not the special style of modernity, but one that pre-modern has not rid of, and modern has not yet full, while pre-modern and postmodern are connected across modern, so it is a multi-leveled mixture.

It is precisely that this mixture of modern social forms led to the distinctive epoch of Bie-modern art from content to form. In terms of artistic techniques, Bie-modern art does not lack the inheritance of traditional Chinese expressions, but absorbs the modern and postmodern performance techniques of the West and thus constitutes a mixture of ancient and modern Chinese and Western art. This is very clear in the calligraphy, painting, design and installation of Xu Bing, Gu Wenda and Wang Wangwang, Chen Zhanhui, Cao Ling and Yao Liyong. The Chinese calligraphy and installation of Chinese characters by Xu Bing, Gu Wenda and Chen Zhanhui, using the Chinese culture characterized by Chinese characters as their material and background, have blended Western modernist techniques and post-modern patchwork techniques in an effort to give Western audiences a different impression. But at the same time, the traditional boundaries of Chinese characters are also deconstructed. Experimental ink painting, including Wang Wangwang's and Cao Ling's works exhibited in the United States, all have obvious background and tone of Chinese landscape painting. However, they have absorbed the expressionism and impressionism of modern painting. Especially Wang Wangwang's works are post-modern hybrids and collages, such as put the design, photography and other practices into its middle.

It is precisely that this mixture of modern social forms led to the distinctive epoch of Bie-modern art from content to form. In terms of artistic techniques, Bie-modern art does not lack the inheritance of traditional Chinese expressions, but absorbs the modern and postmodern performance techniques of the West and thus constitutes a mixture of ancient and modern Chinese and Western art. This is very clear in the calligraphy, painting, design and installation of Xu Bing, Gu Wenda and Wang Wangwang, Chen Zhanhui, Cao Ling and Yao Liyong. The Chinese calligraphy and installation of Chinese characters by Xu Bing, Gu Wenda and Chen Zhanhui, using the Chinese culture characterized by Chinese characters as their material and background, have blended Western modernist techniques and post-modern patchwork techniques in an effort to give Western audiences a different impression. But at the same time, the traditional boundaries of Chinese characters are also deconstructed. Experimental ink painting, including Wang Wangwang's and Cao Ling's works exhibited in the United States, all have obvious background and tone of Chinese landscape painting. However, they have absorbed the expressionism and impressionism of modern painting. Especially Wang Wangwang's works are post-modern hybrids and collages, such as put the design, photography and other practices into its middle.

Of course, some bad Bie-modern arts, especially architecture, are deliberately mixed and pieced together. However, the low-level imitation, the horizontal body and the casual gossip bring some kind of odd "wonderful" effect. Such as Luoyang city somewhere with a chairman of the company as the prototype of the Maitreya statue, Shijiazhuang Film Studio with the White House and the Chinese Temple of Heaven modeling the main building, as well as large crabs, big turtle, are typical Bie-modern architecture which are criticized by people, are pseudo-postmodern arts. Therefore, Bie-modern art, like Bie-modern societies, has great inclusiveness and heterogeneity, and the authenticity is mixed with others. It is a vivid and typical portrayal of Bie-modern times.

In terms of manifestations, instead of sticking to the differences between ancient and modern China and the West, Bie-modern art often does not mind the difference between ready-made and new-start, but softens them together to express abstract and obscure ideas. "Crisis" oil painting series draws entirely on Western and Western scenes, western stories, and all black and white pictures, but according to Meng Yan himself, all of these represent the spiritual crisis of the Chinese people in a particular period, that means performance of China with foreigners. Coincidentally, Yi Qiwei's oil series "Who am I?" with the horrifying scenes of Westerners faces which depart from their bodies have a strong shock effect. Although they are refractions from confusion of Bie- modern times, they are mixed with Chinese and Western cultures but won the favor of Chinese artists and American artists highly praise. Yao Liyong's oil painting is similar to the Western abstract expressionism, but there is no lack of meaning of the Chinese landscape and freehand picture. It is a simulacra between the abstract and the concrete.

Guan Yu's "heteropian expression" put the image of the West into the painting, showing the current ambiguous and alternative emotions, are all unique forms of Bie- modern art.

II

"Bie" in "Bie-modern" is rather intriguing, which usually reminds modern scholars of its modern meanings like farewell or never. In fact, about Bie-modern, in my articles published at home and abroad, there are different English translations or interpretations, such as "Don't be modern" (from *Exploration and Free Views*), "Bie-postmodernism" (from *Journal of Shanghai Normal University*), "Bie-modern" (from *Shanghai Culture*), and "A theory of the new times and the new historical development stage" (from *Filozofski vestnik*). By contrast, I prefer the use of the latest translation of "Bie-modern is a doubtful modernity which needs to be distinguished".

Chinese boasts rich vocabulary and the expression of its lexical meanings are full of charm. In ancient China, there was no "Ling" (meaning the other), so the meaning of "Ling" is all expressed by "Bie". As in *Xiang Yu in Historical Records*, "asking Xiang Yu and Liu Bang 'Bie' attack Cheng Yang County" actually means to attack Cheng Yang as the other troops, instead of not attacking the county. Take *Cang Lang's Notes on Poets and Poetry* which is well-known in literary circles as another example, it is said that "Poets should have the other special talent in their composition (Bie-Cai), which is not merely about the books they read; Poems should have their own aesthetic appeal and artistic realm (Bie-Qu), which has little to do with the abstract reasoning and argument". And Bie-Cai and Bie-Qu stand for respectively the other special talent and the different artistic taste. With regard to "Bie-Chuan" in the *Collection of Five Records by Light*, a different style of Zen Buddhism scriptures which emphasizes both history and comments, Buddha picked up a flower and said, "set no written words, deliver the sermon through the other ways beyond literal meanings" and among all the disciples, only Kasyapa smiled. So it is a particular way of teaching the dharma, rather than the denying of disseminating the scriptures. Although in reality people are talking about "Bie-Shu" (a villa) and "Bie-Dongdui" (a special detachment), when it comes to "Bie-modern", they may not associate it with the use of "Bie" in ancient times, which instead leaves "Bie-modern" a function not be easily forgotten.

Despite the rich meanings of "Bie" in "Bie-modern", its etymology lies in ancient Chinese, and its development has never deviated from the ideographic rule of Chinese. And the ambiguity of the word endowed it with the feature of generating diction and the philosophical function of showing differences. Derrida, the famous French thinker, in order to express differences, invented the word of "differance" to refer to the unceasing generation of ambiguity. Bie-modern, which was not coined but borrowed from ancient Chinese, contributes to a new expression which is no less than "differance" in function. Either for Richard Shusterman advocating philosophic empires with the absence of China, or for Jacques Derrida claiming that China has no philosophy, even for its ancestor Hegel, since philosophy is included in Chinese words, how can it be ignored? In fact, if we probe deeper into the Chinese society in the Bie-modern era, combined with our own value judgment with infinite possibility, then modernity, post-modernity, pre-modernity, non-modernity, no-modernity, other modernity, and this or that, yes or no, dos or don'ts, one or another, and etc., all constitute to the various interpretations of the possibility of Bie-modern, featuring the huge potential of discourse growth. Thus, in this sense, Bie-modern can be said to be the transformation, upgrading and transcendence of post-modern deconstruction based on Chinese.

The proposition of Bie-modern, is seemingly an activation of the philosophical function of Chinese, but actually the appeal of social reality for discourse innovation. Bie-modern is a generalization and recognition of reality, while Bie-modernism is the transformation of Bie-modern.

From the sense of modern culture creation, the concept of nominal guest but actual host has been replaced by the thought of nominal host but actual guest. If you do not believe it, just look at the modern nouns such as trademark law, authorization and production method, the right of domain name, you will definitely generate the modern philosophical idea. In the process of social transformation and change of era, the emergence of new vocabulary results in the obviousness of its revolutionary meaning. As early as in 1905, Wang Guowei advocated in public "the creation of new words", that is, to create new discourse, terms, nouns to make up for the apparent insufficiency of Chinese language expression in the face of the Western learning. The reason is that the ancient Chinese used more single morpheme words, unable to accurately express the new concepts. However, as the new words from Japanese source became increasingly not enough, it was then urgent to invent Chinese own new words. In today's era with the Western dominance on discourse, the innovation of discourse does not admit any delay.

Bie-modern has the clear identification function of discourse. Alternative modernity proposed by Althusser, French New Marxist thinker, to some extent is the definition of Maoism and his launching of Cultural Revolution. But this alternative modernity refers only to the so-called modernity of Maoism, which cannot generalize the social forms and historical stages of Chinese society, and it is a kind of misreading. Besides, the abstract "Other modernity" in English expression cannot clearly indicate what modernity it refers to. As for the various modernity in the West, such as "multiple modernity" of Shmuel N. Eisenstadt, "reflective modernity" of Anthony Giddens, "liquid modernity" of Zygmunt Bauman, "neo-modernity", "neo-modernism" and "late modernity" of Charles Jencks, and "second modernity" of Ulrich Beck, etc., as different divisions of modernity proposed to the Western reality, are not identical with Bie-modern's definition in view of Chinese social form and historical stage. With regard to "complicated modernity" put forward by some Chinese scholar, it is the generalization by following the multiple claims of Western thinkers on the demarcation of modernity, while it does not conform to the single and clear characteristic of modernity, and more importantly, the so-called "complicated" generalization cannot reveal straightly the social form and historical stage of the Chinese society, so this concept is still in a state of chaos, failing to differentiate the major elements or areas. Moreover, Bie-modern due to the interweaving, opposition and complementation involving various social forms, thus the strength from the internal tension cannot be reached by the Western dynastic modernity and post-modernity. Therefore, the Bie-modern discourse innovation is undoubtedly evident.

Bie-modern, as philosophy, is not enough in having only discourse innovation, which also requires its ideological connotation. Modern, pre-modern and post-modern are intertwined or compose a trinity in Bie-modern, which philosophically is spatialization or synchronization of time or era. Thus, time-spatialization has become the ideological basis of Bie-modern.

A few contemporary scholars in Chinese philosophic and aesthetic circles who are used to introducing Western thoughts rather than creating their own new ideas, will tirelessly research which master this time-spatialization comes from. Actually, the spatialization of time easily reminds people of the space theories of Henri Lefebvre and Foucault from France, David Harve from the UK, and Fredric Jameson from the US. However, since time-spatialization is the mixture of modern, pre-modern and post-modern, then it forms a sharp contrast with the Western dynastic view of history, the diachronic theories of which cannot adapt to the synchronic reality of China. Therefore, the Bie-modern time-spatialization is theoretical expression and generalization of China's specific social and historical stage and social form, rather than the mechanical application of the Western theories.

Time-spatialization, of course, is the base of reality or source of inspiration of Bie-modern thought, rather than all its ideological contents. If Bie-modern just stops here, which is totally spatialized, has stagnated or solidified, then, does it testify that Hegel's opinion that China in the new historical period features "an unhistorical history" or his stagnation theory of Chinese history? As a matter of fact, the story starting with red envelope while ending with doctor-patient conflict I told in the first part of this article, is the metaphor of Bie-modern theory of historical stage and Bie-modern outlook on development and prospect, which should be developed in another article.

In addition to the time-spatialization and development-stage theories, the way of thinking of Bie-modern is great-leap-forward pause. This view point has been reprinted by *Principles of Philosophy*, *Periodical Literatures Reprinted by RUC*, and the periodical office of *Exploration and Free Views* was also soliciting contributions all over the country. Its kernel lies in the fact that in the smooth or flouring period of development, there should be an abrupt pause. It is not a kind of teaching method like brain-teasers or craftiness, but out of the prediction on the limits to growth and the awareness of the ultimate outcome, thus changing one's course and seeking a bigger development and the best road of survival. Ancient Chinese had this kind of wisdom, which is called "retreating heroically before a rushing torrent", or "As there is nothing from the first, where does the dust collect itself?" The dramatically expanding ambition of humans in modern society like the increasingly accelerated high-speed rail, is "being towards death", without knowing the dangers. Thus, great-leap-forward pause is also leapfrog transcendence after pause. In some Asian countries and regions prevalent with autocracy and centralization of power, a lot of practices are connected with great-leap-forward pause. Taiwan, Malaysia, Myanmar and Vietnam and etc. are the typical examples of ridding of inertial guidance.

What is closely linked to great-leap-forward pause is the view of natural development. This is the idea of Taoism (represented by Laozi and Zhuangzi), with which Bie-modern has associated the great-leap-forward pause, making it in the resultant tension force with scientific development, an inspirational source on the way of survival for China and all humanity.

Bie-modern also has its own aesthetics view. As in the two periods of the harmony and conspiracy as well as the conflict and contradiction, it advocates cold humor instead of black humor; in the construction of spiritual civilization, it claims the self-adjusting aesthetics; in the aspect of aesthetic form, it insists on inner aesthetic; in terms of artistic innovation, it calls for the regeneration of art, and so forth, these aesthetics views have already been printed and published.

In a word, Bie-modern is the generalization of a particular social form and historical development stage, and it also features its own philosophical thinking and aesthetic theory, thus gaining more and more concerns in academic circles.

III

In general, these two exhibitions have a refreshing feeling, in line with the characteristic of Bie-modern art which is unique, creative and has extra realm.

The Exhibition of Bie-modern Works has obvious Bie-modern social background, Bie-modern philosophical ideological trend and the identification mark of Bie-modern art, which can also be regarded as the best responseto Western esthetician who criticize Chinese esthetician. Western estheticians always hold that Chinese aestheticians do not understand art and are even ignorant of the contemporary popular overseas Chinese avant-garde art. [1] Now those Chinese artists in their heyday of the overseas art market include the so-called "four guardian warriors" or "five tiger-like generals" such as Ai Weiwei, Xu Bing, Wang Guangyi, Zhang Xiaogang, Yue Minjun, Fang

---

[1] Ales Erjavec, "*Zhuyi*: From Absence to Bustle? Some Comments to Jianjiang Wang's Article 'The Bustle or the Absence of *Zhuyi*'", *Art and Media Studies*, 13, 2017.

别现代：作品与评论

Lijun, Zeng Fanzhi. Thus, the exhibition of Bie-modern works, and the introduction of their works with image and text in display, can show Chinese estheticians understanding and research of contemporary Chinese avant-garde art and defend for the relationship between Chinese estheticians and Chinese art. On the other hand, these avant-garde artists which had exerted great influences on the overseas countries, was severely blamed and criticized by European and American art critics for a clumsy copy, imitation and even plagiarism of Western art. [1] Such comments have a strong and damaging effect. Bie-modern aesthetics as Zhuyi (doctrine) named according to the times shall has to concern the issues. The holding of this exhibition of Bie-modern works, aims to rethink the legitimacy of the existence of contemporary art and the key problems in art development from the overseas Chinese avant-garde art in the eyes of a global audience, to objectively respond to the current international art review and enter the horizon of avant-garde art.

The first part of the exhibition is ink art. Different from ink painting that is the main form of Chinese traditional painting, ink art means the artistic creation on the basis of all ink painting elements, which includes not only the traditional ink paintings, but also abstract ink painting, expressive ink painting, urban ink painting, and new literati paintings, as well as the installation art, performance art and conceptual art with ink painting as medium, etc. Xu Bing's New English Calligraphy series transform 26 English alphabetic letters into the radicals and components of Chinese characters, and assemble them in the format of Chinese square words. Cao Ling's "*Meteorology*" and "*Village*" are both landscape and impressionist light colors. Gu Wenda's Chinese calligraphy is based on the misplaced and mutilating calligraphic texts. Guiding people's imagination while challenging the traditional way of writing. The saintism wash ink painting by Daozi expresses the West-

---

[1] Jed Pearl, "Chinese contemporary art insulted life", quoted from China South Art Network. 2014. 2. 19.

ern image of Christa and faith with Chinese ink and wash. *Qi Baishi VS Marilyn Monroe* series by Zhang Wei piece together the ink portrait painting of Qi Baishi and the photos of Monroe into the same picture, manifesting the contemplation of the West on Chinese tradition. *We are All Mad* by Huang Yihan put the Chinese youth holding pistols and Mr. McDonald's with a gun in the same picture, showing that the Western culture has assimilated Chinese youth. The examples above indicate that the contemporary ink paintings feature obvious Bie-modern characteristics of mixture and hybridity.

The experimental ink and wash among the ink paintings is the most controversial and it contains many artistic forms: abstract ink painting, ink and wash installation art, performance art and video art, and etc. However, it is worth noting that the artists of experimental ink and wash mostly have Great-leap-forward pause. That is, from the earliest rebellion of traditional ink paintings and traditional culture, to the confusion and reflections in the journey to the European and American countries, and back to the pursuing of its own foothold in tradition. As the *New English Calligraphy* series by Xu Bing, *Bitter Bamboo* by Dao Zi and *We Are All Mad* by Huang Yihan have shown, artists foresaw the damages on originality due to the continuous dissolution of traditional art and the lack of cultivation and thus consciously abandoned the imitation and following of the West, and contemplated on themselves through the seeking of their traditional resources. The change after this pause will not only make the Chinese art gain the attention in the world, but also offer an opportunity to reflect on and save the loss of traditional Chinese cultivation and faith.

The second part of the exhibition is the installation art gallery of the late Chinese-born, Paris-based artist Chen Zhen (1955 – 2000) and Xu Bing, Liu Xianghua, Zuo Yilin and others. In installation art works, the metaphors of the Bie-modern society can be seen everywhere. Chen Zhen's large-scale sculptural installation titled *Daily incantations* first shown in 1996. It comprises one hundred and one nightstools (Chinese chamber pots) which are suspended like balls from a stadium-like structure reminiscent of a set of chimes, an ancient Chinese instrument. Speakers installed inside each of the nightstools played the sound of the ritual cleaning of the stools that Chinese women traditionally do every day. In the center of the structure is a large globe completely covered with old radios, televisions, telephones, and other debris of electronic communication. Actually, the chamber pots are the token of the pre-modern era, a mess of industrial debris in the center represent the modern period, while the juxtaposition of chimes and chamber pots which respectively symbolize the highest form of ancient Chinese musical system and the most filthy thing in Chinese secular culture, and a heap of electronic debris crammed into the globe known as the mother of humans, are both the disenchantment of the postmodern. However, it is no other than the Bie-modern which generally concludes the characteristics of Chen Zhen's art works featuring all the modern, pre-modern and post-modern artistic elements rather than any one of them, thus only the Bie-modern is the most appropriate presentation.

In the aspect of connotation, the most typical works of Chen Zhen might be his *Premature* (1999). When he returned China to visit relatives, he saw such a slogan: "Over one hundred million Chinese people will have their own cars in 2000, welcome to China to join the competition of automobile industry!" He was very concerned, so he showed a catastrophic scene in his installation of *Premature*. In the various dimensions of the past, present, and future, Chen Zhen overturned the rule of linear thinking, provided possibility for the striding of thought, and offered the wisdom of art and reflection of aesthetics for us to better review the various problems China encountered in the process of urbanization.

The third part of the show is the Bie-modern architectural art. Both Chen Zhanhui's "Outside the Building" bumps concept of the traditional elements of Chinese culture in the contemporary application of display, and there are some controversial buildings. Among them, the facade design of a

Yin-Yang-type architecture in a film city spliced by the White House in the U. S. and the Temple of Heaven in Beijing, the red-roof buildings of some Chinese public institutions, the well-off cottages and the architectures mixed with Western rococo style and the concepts of stabilizing houses and avoiding evil spirits, all seem to interpret the Bie-modern philosophy.

The fourth section includes the colored stills of the Bie-modern films such as time-travel TV series and *Jiong* (Lost) films (for instance, Lost on Journey, Lost in Thailand, etc.). Though not so obvious as fine art or architecture, these films and TV series under the impact of the Bie-modern commentary can also enhance the image of the Bie-modern art on people in the form of text and pictures.

The fifth part of the exhibition is the highlight of this exhibition, namely, Bie-modern oil painting art. Apart from Meng Yan, Guan Yu and Yi Qiwei, they say themself are Bie-modernism artists, there are also some famous artists such as Wang Guangyi, Zhang Xiaogang, Yue Minjun, Fang Lijun, Zeng Fanzhi named "four kings" and "five tigers". Although some artists did not assert that they belonged to a Bie-modern style, their works absorbed the same copywriting method used by Andy Warhol, the modern American pop art master, to show the memory of the pre-modern Cultural Revolution in China and anxiety of generations. The sense of feeling is strong and the political meaning is profound. It reflects the pre-modern history with a modern concept and creates works with distinct characteristics of Bie-modern art through such methods as blending, collage and copy of post-modern political POP. As the American art historian Keaton Wynn said: "Those 'face', 'giggle' or 'big mouth' images can be seen as reactionary manifestations of individuals in the face of stress: in the process of looking for their personality, not enough control of personality, only by virtue of those meaningful gestures to copy the personality."[1] The different meanings

---

[1] Keaton Wynn, "From postmodern to modern", *Urban Culture Research*, 2, 2017.

behind this similar approach are the unique features of Bie-modernism art.

The sixth section of the show is the Bie-modern folk painting exhibition, most of which are Chinese door-god paintings. Modern real estate tycoons and armed forces are merged into the figures of door-gods, illustrating the Bie-modern process of the replacement of the old god of wealth by the new ones. It is also the process of deifying money and force of arms.

In the seventh part, the Bie-modern decorative art is exhibited. In the Zhongshuge Bookstore located in Songjiang, Shanghai, a new decorative style combining Western paintings of naked bodies and ancient Chinese teachings can be found, further indicating the mixture of different times and the blending of various artistic elements in the Bie-modern era.

The last part is the introduction of the publications of the papers and the discussions of the conferences related to the Bie-modern.

In general, these two exhibitions could bring people new thinking and refreshing feeling, in accordance with the main theme of the Bie-modern, that is, the "Bie" characteristics which mean breaking fresh ground, having a unique style, opening up a different path and finding a hidden but beautiful spot. Meanwhile, this show has some academic and artistic significance. Firstly, it manifests for the first time the essential features of the Bie-modern in the form of art; it also denies the term of "postmodern" in some contemporary Chinese artistic works, especially those of the European and American artists of Chinese descent, and has replaced it with "Bie-modern". The works exhibition will reveal the development trend in contemporary Chinese art, and artistically open a new chapter of the Bie-modern by correcting the habitually used expressions.

Secondly, it will respond to the criticism of Western art critics on contemporary Chinese art including Chinese overseas artists. In 2008, Jed Perl, a critic published a report *Mao Crazy* in *The New Republic*, the most famous liberal flagship publication in America, to attack the Chinese modern and contemporary art. He criticized by mentioning the names that some popular Chinese overseas artists are narrow-minded and their works are mostly obsolete and backward, with the clumsy abuse of the Cultural Revolution and the leaders' images in the movement which in their minds are the whole of China, to present the ugliness of China to the Western world. What is worse, many of the so-called great artists of Chinese descent apparently copied the works of Western artists, or imitated clumsily their works. His final conclusion is: "These artists are dishonoring not only art, but life as well. So, too, are the collectors and curators and critics who abet them. What we have here is the most expensive propaganda the world has ever known." This criticism is fatal, so it is normal for those Chinese artists to strike back. But as for plagiarizing and stealing, we cannot jump to conclusions out of national feelings, which after all involve obtaining evidence in law. However, the reason that the exhibition of the Bie-modern works can respond to Perl's criticism in the intense Sino-Western dialogue lies in that although the mixture of the Bie-modern shows the unclearness of boundary due to the chaos of concepts and "borrowlism" and its suspicion of involving the interests of a third party, the immovable property of Bie-modern reality, Chinese elements and traditional Chinese foundation is the reason why Bie-modern is just the way it is. For hundreds of years, such big words as "Chinese ideology and Western applied science", "foreign things serve China", and "borrowlism" in the process of assimilation of the individuals, have put principles into method and become normal, unconsciously constituting the cases involving the interest of the third party. Faced with criticism and condemnation, what the Bie-modern overseas artists need to do is not imitation or copycat, but the great-leap-forward pause or leapfrog transcendence after pause. The artists need to cut between inheritance and innovation, rather than mix. Only by cutting can the artists have their own territory and originality, which is the concrete application of great-leap-forward pause thought. In a word, the Bie-modern thought in the development of artistic practice and speculative logic, will sublimate into Bie-modernism.

Thirdly, it responds to the views of Aristotle, Derrida, Ranciere, Erjavec on the distinction between voice and speech. Here, I will quote Erjavec's comment on my article published in *Art and Media Studies*, look at what he said and think about what we can do:

In my view the contemporary Chinese situation as regards *Zhuyi*, art and theory (aesthetics, philosophy and the humanities) is in many respects different from the present or the recent situation in the West. If some decades ago the cultural antagonism and competition in the West occurred mainly between the United States, on the one hand, and Europe (especially France) on the other, this bipolar situation has now turned into a quadrilateral one: we are still witnesses to the American and the European culture, but there is now a new player in town, namely China. For some time it appeared that such player would be the former Soviet bloc countries, but they then never took on this role. The so-called "Third World" has once more moved away, has remained "mute," while China is striving to gain a "voice" to paraphrase the contemporary French philosopher Jacques Rancière. In his *Politics* Aristotle claims that man "is political because he possesses speech, a capacity to place the just and the unjust in common, whereas all the animal has is a voice to signal pleasure and pain. But the whole question, then, is to know who possesses speech and who merely possesses voice".

I do not want to give a reply here to the differences between and attributes of voice and speech, because the Exhibition of Bie-modern Works is the best answer, in which the art is making a speech. Moreover, in the "International Academic Seminar on Discourse Innovation and Bie-modern Problems in Art and Aesthetics" held in Shanghai, Sept. 2016, and in "Art: Pre-modern, Modern, Postmodern, Bie-modern International Academic Seminar" held in USA, October 2017, the committee was inviting art to "speak" first, and then it was the turn of the Western philosophers, artists and domestic aestheticians.

前 言 二

[美] 基顿·韦恩

  王建疆提出的别现代理论引起了一些欧洲哲学家和美国艺术史学家的讨论，并正在形成一种国际影响力。为此，2017年春，我们在美国佐治亚州西南州立大学设立了中国别现代研究中心（CCBMS），以研究别现代理论和别现代艺术。

  2017年10月，我校别现代研究中心和上海师范大学美学与美育研究所共同组织了"艺术：前现代，现代，后现代，别现代国际学术会议"。同时举办别现代作品展览，并引起美国艺术家，大学生和学者的关注。

  对我这样一位对现代和当代理论感兴趣的艺术史和陶瓷教授，Bie-modern 提供的话语潜力是不可替代的。它所创建的平台使我们能够重新构想当代现实，同时保持对中国独特历史的敏感。为此，我提出以下几点想法。

  1. Bie-modern 的概念是一个现实的，可信的理论。别现代大致指的是我们所说的可疑现代性或伪现代性。这在当代社会随处可见。我们必须面对是否想要考虑应对这种"伪"，包括它的伪质量，伪限制，或者是现代性的失败，是一种糟糕的现象。对伪现代我们必须保持批判性的观点。自2009年以来，我几乎每年都带着美国学生来中国访问和学习。我也有机会在中国大学任教。从我个人的经历中，我可以看出别现代理论是多么有用。王建疆提出的分析和建议与当代中国的现实非常一致。尤其是对他的"时间空间化"的中国分层历史现象的认识更不容忽视。别现代理论提供了一种以对其复杂性敏感的方式来讨论中国当代文化的途径，我们许多人认为这对于进一步研究中国包括它的社会和艺术等是必要的和重要的。

2. 中国目前正处于高速发展阶段。这自然会导致独立于先前存在的模型而创建参与式思想和术语的吁求。别现代理论没有也不一定要遵循西方意义上的现代和后现代主义的概念。中国的历史和经验是独一无二的，因此应该发展自己的自我反省和自我反思的镜像。中国和西方在发展阶段中有着截然不同的深厚的哲学，宗教和文化根源。西方的同质性假设是我们必须超越的过去的罪过。一种适合所有人的态度是行不通的，而且其核心是不真诚的。我认为，"别现代"理论揭示了中国文人学者不愿意单纯追随西方理论，正在发展自己的创作的努力和趋势。这一努力和趋势不仅对中国而且对美国都有利。别现代理论可能会为我们美国的学者和艺术家提供更多的参考点，使我们对中国的了解更接近实际情况。当我们了解我们来自哪里，我们现在是谁以及我们会变成什么时，这不仅会使一种文化或其他文化受益，而且还会使人类文化受益。

3. 别现代主义是思想的容器。它不仅主张真正的现代性（如果存在的话），而且反对伪现代性。别现代的"别"与德里达的 DIFFERANCE 即"延异"概念一样具有哲学意义，它是一种创造性的空间划分，用于处理隐藏和融入当代意识的思想空间，同时通过简单的命名行为创造新的视角。潜在的别现代理论可以为思想的交流和构建提供广阔而动态的空间。作为一个容器，别现代是由"缺席"的构建所定义的"存在"。容器是一种空虚的构造，它创造了一种新的可能性，一个充满竞技场的空间。就像我们注入或者倒出液体从而构成容器的功能一样，人们对于别现代理解的歧义就如容器的虚空和充实方可具备容器的功能一样，这种有无虚实构成的悖论，正好揭示了别现代理论真实的品质，它的理论实用性具有很大的潜力。

4. 别现代理论的原创者具有国际视野和开拓精神。他曾经提出了一个支持敦煌艺术和文化再生的理论，对我们在中国的合作项目起到了指导作用。王建疆教授的理论研究已适应当前国际合作的趋势，为各国学者和艺术家开展生产性交流提供了一个可靠的平台。我们认为，既然王建疆教授能够提供机会在世界舞台上竞争性的当代理论中建立别现代理论，那么，他就有能力使这一理论充分国际化。反过来说，他的理论可能对艺术实践有直接的实际影响。因此，我们不仅在美国建立了一个别现代研究中心，而且每年都会接待来自中国的学者和艺术家来进一步研究别现代理论，开展学习和创造性生产。

这部别现代作品和评论集是由王建疆教授和我一起提出并共同策划的。早在去年的美国国际别现代学术大会上，我就编撰了一些中国当代的别现代论文和艺术作品，同时也将各种中国的别现代作品在詹姆斯·卡特美术馆进行了布展。

尽管别现代的艺术作品不能与当代西方创作实践的方面完全分开，但独特的品质却是可以辨别的。全球化的当代艺术世界具有跨文化方法，特别是在新媒体中。然而，美国的一些学者，主要是艺术史学家，与王建疆及其中国同行一起，选择了许多当代中国艺术家的别现代艺术作品，如曹斐和彭薇等（限于截稿时间，他们的作品未能入选——译者）。虽然对这个作品集中选择的个人作品有不同的看法，西方学者对于后现代与别现代之间的区别能力的质疑仍然存在，但别现代的新的话语方式已经确立。王建疆教授和我之间有过很多讨论。最后，我们对这些作品的解释往往是一致的。这意味着别现代作品具有某种混合性，反映了现代与前现代和后现代之间的现实、想法和艺术手法的混合。但是，不同于别现代的杂糅，别现代主义的作品倾向于具有自我意识和有意批判的意识。当然，这并不意味着我们之间就没有明显的意见分歧。相反，我们认为鼓励和支持不同视角之间的沟通是所有学术研究的精髓和基础。

王建疆教授表示，别现代是现代性的可疑形式，而别现代主义却是对真伪现代性的区别。因此，他希望鼓励和创造真正的现代性。但这是我们可能有不同意见的领域之一。真正现代性的乌托邦概念并不是我可以持有的。正如王建疆所说，这种"真正的现代性"可能仅仅是一种强调所有最佳属性的现代性越来越好的形式。虽然我可能会看到这个现代计划被自己的近亲盲点所毁灭，也就是被哲学家查尔斯·泰勒所谓的"迫在眉睫的框架"所毁灭，但我仍然加入王教授的希望之中，以期获得更好的现代性。

为此，我曾在中国发表了三篇文章，详细阐述了我的观点，并表达了我对他的观点的认同和分歧。我不会在这里重复。我相信，这个Bie现代作品集的出版将吸引国际上的关注，它将吸引更多的艺术家对Bie现代主义表示同情和回应。中国艺术家已经证明了这种可能性，例如：孟岩，陈展辉，旺忘望，要力勇，刘向华，曹玲，关煜，伊灵，左义林和年轻的早熟的易琪为等别现代艺术家采用一系列策略在各种媒体上发表了声明，以表彰和支持别现代理论。艺术家的这种有目的的行为今天是不寻常的，这证明了中国本土声音增强的重要性和影响力。我衷心希望这种文化声音能够继续按照自己的条件发展。中国艺术受到别现代理论的命名和发展的启发是很重要的。只有通过发展本土批评的声音，世界才会认识到中国当代艺术的整体实力。

基顿·韦恩
美国佐治亚州西南州立大学视觉艺术系艺术与艺术史教授
美国中国别现代研究中心主任、创立人
2018年4月6日在美国

Preface Two

Keaton Wynn

The Bie-modern theory put forward by Wang Jianjiang has caused discussion among some European philosophers and American art historians, and it is developing some international influence. To this end, in the spring of 2017, we established the Center for Chinese Bie-modern Studies (CCBMS) at the Georgia Southwestern State University in Americus Georgia in the United States to study Bie-modern and Bie-modern art.

In October 2017, our Bie-modern Research Center and the Institute of Aesthetics and Aesthetic Education of Shanghai Normal University under the leadership of Prof. Wang Jianjiang jointly organized the "Art: Premodern, Modern, Postmodern, Bie-Modern International Conference". The exhibition of Bie-modern works was held and attracted attention from American artists, university students and scholars.

As a professor of art history and ceramics interested in Modern and Contemporary theory the discourse potential that Bie-modern provides is irreplaceable. The platform it creates makes re-envisioning our contemporary realities possible while remaining sensitive to the unique history of China. To that end I would make the following observations.

1. The conception of the Bie-modern is a realistic, credible theory. Bie-modern roughly refers to what we could call a doubtful modernity or pseudo-modernity. This is evident everywhere in contemporary society. Whether we want to consider this "pseudo" quality a failure a limitation or a modernity

run amuck It is essential that we maintain a critical perspective. I have brought American students to visit and study in China nearly every year since 2009. I have also had the opportunity to teach in Chinese universities. From my own personal experience I can see how useful Bie-modern theory is. What Wang Jianjiang proposes is very consistent with the reality found in contemporary China. The awareness of a layered historical phenomenon he has called "time-spatialization" can't be ignored. Bie modern provides a avenue to discuss contemporary Chinese culture in a way that is sensitive to its complexity, which many of us recognize as necessary and important for further study.

2. China is currently in a stage of high development. This naturally should result in the development of attending ideas and terminology created independently of pre-existing models. It does not and should not necessarily follow the concept of modern and post-modernism in the Western sense. China's history and experience is unique and therefore should develop its own self-critical lens of self-reflection. China and the West are very different in their stages of development growing from distinct deep philosophical, religious and cultural roots. A western assumption of homogeneity is a sin of the past that we must outgrow. A one-size fits all attitude does not work and is at its core disingenuous. I believe that the theory of "Bie-modern" reveals that Chinese scholars in the humanities are not willing to simply follow western theory and are developing their own creative direction. This effort is not only of interest to China but also to the United States. Bie modern theory may be able to provide us with more points of reference, so that our understanding of China is closer to the real situation. This will not just benefit one or the other culture but human culture as we come to understand where we came from, who we are now and what we might become.

3. Bie-Modernism is a container for ideas. It not only speaks for true modernity (if it exists) it opposes pseudo-modernity. Bie-modern "Bie" is just as philosophical as Derrida's difference, a creative demarking of space

for the processing of ideas hidden and enmeshed in the contemporary consciousness while making new perspective possible with the simple act of naming. Potentially Bie modern could provide a vast and dynamic space for the exchange and construction of ideas. As a container it is a "presence" that is defined by the construction of "absence". The container is the construction of an emptiness, which creates a new possibility, an arena to be filled. Like any container we pour or drink from its usefulness is in the absence, the space it creates in the containing. This paradoxical quality is true of Bie modern. There is great potential for its usefulness.

4. The original creator of Bie-modern theories has an international perspective and pioneering spirit. He has proposed a theory supportive of the regeneration of Dun-Huang art and culture playing a guiding role in our collaborative projects in China. Professor Wang Jianjiang's theoretical research has adapted to the current trend of international cooperation and provides a reliable platform for the exchange of scholars and artists in different countries for productive exchanges. We believe that Professor Wang Jianjiang has the ability if afforded the opportunity to establish Bie-modern theory amongst the competing contemporary theories on the world stage. His theory in turn could have a direct practical influence on artistic practice. As a result, we not only established a Bie-modern research center in the United States, but also received scholars and artists from China each year to come and further their research, study and creative production.

This Bie-modern collection of works was jointly planned and co-curated by Professor Wang Jianjiang and I. As early as last year's American International Conference on academic papers, I compiled some of China's contemporary papers and creative works, while also classifying various Chinese Bie-modern works culminating in the exhibition at the James Earl Carter Art Gallery.

Though a "Bie-modern" work of art can't be completely separated from aspects of contemporary Western creative practice, unique qualities are nonetheless discernable. The globalized contemporary art world has transcultural approaches especially within newer media. However, some scholars in the United States, mainly art historians, have selected many Bie-modern art works of contemporary Chinese artists, such as Cao Fei and Peng Wei, in harmony with Wang Jianjiang and his Chinese counterparts. Although there have been differing views on individual works selected in this collection and questions about the ability of Western scholars to recognize the distinctions between Postmodern versus Bie modern a new avenue of discourse has been established. There have been many discussions between Professor Wang Jianjiang and I. Finally, the interpretations of these works tend to be consistent. This means that Bie-modern works have a certain kind of hybridity, reflecting the mix of modern, pre-modern, post-modern realities, ideas, and approaches. However, works of Bie-modernism tend to have a sense of being self aware and intentionally critical. Of course, this does not mean that there are not clear differences of opinion. On the contrary, we believe that encouraging and supporting communication between different perspectives is the essence and foundation of all academic research.

Professor Wang Jianjiang has stated that he believes that Bie-modern is a doubtful form of modernity. Therefore, he is hopeful to encourage and create a true modernity. This is one of the areas where we may have a difference of opinion. The utopian conception of a true modernity is not one that I can hold. This "true modernity" as Wang Jianjiang describes it may simply be an increasingly better form of modernity emphasizing all its best attributes. Though I may see the modern project as fatally flawed by its own inbred blind-spots what the philosopher Charles Taylor has described as the "imminent frame", I nevertheless join Professor Wang in this hope for an increasingly better modernity.

To this end, I have published three articles that elaborated my perspective and expressed my recognition and differences with his views. I will not repeat them here. I believe that the publication of this collection of Bie-modern works will attract international attention, and it will attract more artists who will be sympathetic and responsive to Bie-modernism. This possibility is already proven by Chinese artists such as: Meng Yan, Chen Zhanhui, Wang Wangwang, Yao Liyong, Liu Xianghua, Cao Ling, Guan Yu, Yi Ling, Zuo Yilin and the young and precocious Yi Qiwei. Other artists in various media employing an array of strategies have issued statements in recognition of and support for Bie-modern theory. This purposeful act by artists, which is unusual today, is evidence of the importance and influence of a growing indigenous voice in China. I sincerely hope that this cultural voice will continue to develop on its own terms. It is important that Chinese art be inspired by, the naming and development of Bie-modern theory. It is only through the development of an indigenous critical voice that the world will recognize the overall strength of Chinese contemporary art.

Keaton Wynn

Professor of Art and Art History

Department of Visual Art

Georgia Southwestern State University

Americus, Georgia U. S. A.

Founder and Director of

Center for Chinese Bie-Modern Studies

(CCBMS)

第一辑 别现代水墨艺术与评论
Part Ⅰ　Bie-modern：Chinese Ink Art and Commentary

杨增莉　李　隽　供稿解说
李　隽　徐　薇　翻译

一 徐冰作品
Xu Bing's Works

徐冰，1955年出生于重庆，长在北京。1981年毕业于中央美术学院版画系。1990年移居美国。2007年回国就任中央美术学院副院长、教授。作品曾在世界各大博物馆、美术馆和双年展展出。徐冰是最具国际影响力的中国当代艺术家之一。他一直在不断尝试如何用后现代手法通过现代材质激活前现代时期的文化记忆，由此在作品中构成了一个前现代、现代和后现代并存的别现代张力结构。

Born in Chongqing in 1955, Xu Bing grew up in Beijing. He graduated from the printmaking department of the Central Academy of Fine Arts (CAFA) in 1981, and emigrated to the United States in 1990. In 2007, he returned homeland and took the post of vice president of CAFA. As one of the most international influential Chinese artist, Xu Bing's works have been exhibited at many major museums, Art galleries and biennial exhibitions around the world. He has been trying to deal with modern material with post-modern techniques so as to active pre-modern memory. Consequently, a tensile Bie-modern space in which the pre-modern, the modern and the post-modern coexist is produced.

■ 别现代：作品与评论

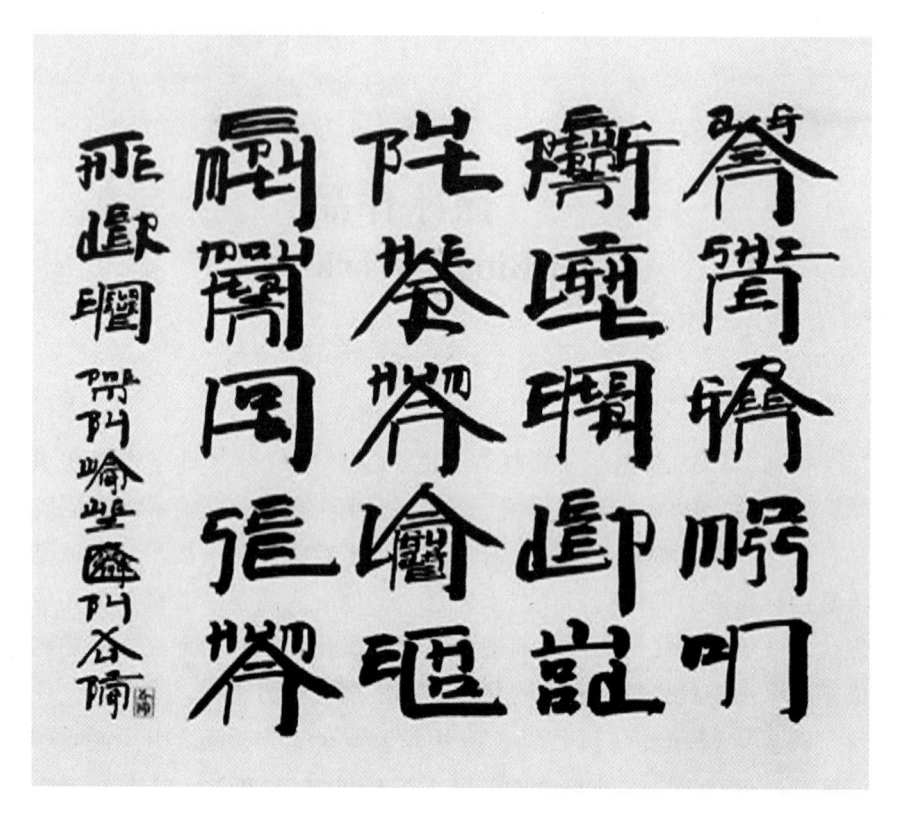

《鹿柴——王维诗》 *The Deerpark Village* (poem by Wang Wei)，
113.7cm×91.5cm，2001

  徐冰的"新英文书法"系列，是近年来对西方影响较大的一种艺术形式。"新英文书法"系列不仅仅是作为艺术品而存在，而且也形成了一种独特的字体。徐冰将英文的26个字母转换成中国汉字的偏旁部首，然后将其组装成中国的方块字的形式，这种艺术形式与以往中西方艺术形式都不同，徐冰将中国传统的水墨书写进行解构，保留中国传统文字的框架，并且将西方的英文字母重新组合形成一种全新的艺术形式，体现了别现代艺术杂糅、多元的特点，以汉字的外形进入西方世界，而不只是对西方艺术的模仿，体现了别现代跨越式停顿的思维。如其作品《鹿柴——王维诗》所示。

  The series of New English Calligraphy by Xu Bing has produced a far-reaching influence on western art circle in recent years. Besides a work of art, it is also a kind of unique fonts. Xu Bing transfers 26 English letters into Chinese Character components, and then assembles them into the form of Chinese square characters. Remaining the framework of traditional Chinese Characters, Xu Bing deconstructs traditional Chinese calligraphy, and then resembles 26 English letters into a new form of art, which exhibits hybridity and plurality of Bie-modern art.

二　黄一瀚作品
Huang Yihan's Works

　　黄一瀚，1958年出生于广东省陆丰市，广州美术学院中国画系教授，作品曾参加国内外重要展览。

　　Huang Yihan, professor of the department of Chinese painting of Guangzhou Academy of Fine Arts, was born in 1958 in Lufeng county, Guangdong Province.

第一辑　别现代水墨艺术与评论

《我们都疯了》，纸本水墨，*We Are All Mad*，ink on paper，244cm×122cm，2013

别现代：作品与评论

《美少女》，纸本水墨，*Beautiful Girl*, ink on paper,
97cm×178cm，2013

第一辑　别现代水墨艺术与评论

《北京少年》，纸本水墨，*Beijing Youths*, ink on paper, 97cm×178cm，2013

别现代：作品与评论

黄一瀚的"卡通一代"系列，对传统水墨元素用一种全新的方式进行阐释，而这种新的尝试使得其作品与传统以及现代水墨画都完全不同，在人物的绘制方面他采用类似现代广告摄影的方法加以处理，画面中具有西方特色的卡通人物和玩具以及人物身体的某些部分完全是借鉴了动画式的手法画出来的。我们可以看到在黄一瀚的作品中，他的技法往往是混杂共生的，而这种与前现代、现代完全不同的混杂的画风正是典型的别现代艺术。黄一瀚的《我们都疯了》以水墨的方式将持手枪的中国青年与持枪的麦当劳叔叔放置在同一个画面当中，《北京少年》则是将一男一女两个少年与麦当劳叔叔并置站立在代表着西方饮食文化的汉堡包上，《美少女》则将西方卡通人物与中国传统山石并置。这样的并置改变了传统水墨的入画方式，使传统水墨具有进入当下现实的可能性，这些具有别现代特征的作品反映了在西方艺术的影响下，传统水墨在形式上的改变，在内容上则表现出了西方生活方式及其文化对中国青少年在思想上的影响，潜在地表现出艺术家对社会以及中国未来的希望及担忧。

Huang Yihan's the generation of cartoon series interprets the elements of traditional ink painting in a totally new way. Distinguished from both traditional and modern ink painting, he draws figures with a way similar to advertising photography while dealing with western cartoon figures and toys as well as some parts of characters by the techniques of animation. The Bie-modern hybridity is revealed by such combination of various techniques. With the technique of ink painting, gun Chinese youth and gun Ronald McDonald co-exist in the painting *We are all Mad*. In the painting, *Beijing Youths*, a young girl and a young boy stand with Ronald McDonald above a Hamburger, a symbol of western diet culture. The painting *Beautiful Girl* juxtaposes western cartoon figures with Chinese traditional summits & rocks. The possibility of introducing traditional ink to Modern times is made via such juxtaposition, and by which the way of drawing in traditional ink painting has changed. These works characterized by Bie-modernism show that under the influence of western art, the form of traditional ink painting has changed while its content reflects the impact of western lifestyle and culture on Chinese youth. It potentially reflects artist's anticipation and worries about the present society and the future China.

三 张卫作品
Zhang Wei's Works

张卫，1971年出生于江苏省海安市，现为中国美协会员、江苏省国画院特聘画家、中国美协敦煌创作中心委员。

Zhang Wei, born in 1971 in Haian, Jiangsu Province, is a member of China Artists Association and invited painter of Jiangsu Chinese Painting Institute.

第一辑 别现代水墨艺术与评论

《简单生活·齐白石 vs 梦露》 Simple Life·Qi Baishi vs Monroe，
168cm×126cm，1998

■ 别现代：作品与评论

《读书·齐白石 vs 梦露》Reading: Qi Baishi vs Monroe,
180cm×210cm，1998

  张卫的"齐白石 vs 梦露"系列，将齐白石手绘水墨人物与梦露的摄影照片通过现代电子镶嵌的技法拼贴在同一张画面内，并以油画的形式展现出来。张卫在画面中将现代女性与古代男性并置，现代生活与古代生活并置，精英文化与大众文化并置，使得原来真实的历史语境以及文人素雅、恬淡的精英生活被解构为一种大众视觉的游戏。这样的创作手法不同于中国传统的水墨画，也不同于西方的油画，是一种具有别现代特征的艺术形式。传统的水墨、现代的摄影拼贴以及后现代的解构意识，不仅仅是对传统水墨形式的解构，更是一种对传统水墨意境的解构，梦露的性感活泼与一本正经的传统文人相映成趣，给观众带来一种忍俊不禁的视觉效果。张卫试图在这样一系列的

第一辑　别现代水墨艺术与评论

《和合三仙·齐白石 vs 梦露》 Three Gods of He-He: Qi Baishi vs Monroe, 180cm×210cm, 1998

作品中表现水墨是可以介入当下现实的，将梦露与传统文人并置，表现了现实中西方大众文化对中国传统的冲击，画中文人恬淡的神态似乎在告诫中国人要冷静对待外来文化的影响。

In the form of oil painting, the artist juxtaposes ink figures by Qi Baishi with Monroe's photos in his series of "Qi Baishi vs Monroe" via modern technology of electronic mosaic. By the way of juxtaposing western modern female and Chinese ancient male, modern western life and ancient Chinese life, the authentic historical context as well as the elegant and tranquil lifestyle of the elites is deconstructed to a pop visual game. It is an artistic form distinguished by Bie-modern characteristics, which is neither traditional Chinese ink painting nor western oil painting. In addition to a deconstruction of the form of traditional ink painting, it deconstructs the artistic conception of traditional ink painting via adopting traditional ink painting, modern photography and post-modern deconstruction in the works. A humorous visual effect is produced from a delightful contrast between the sexiness and vivacity of Monroe and the sobriety and solemnity of traditional Chinese literati.

四 曹铃作品
Cao Ling's Works

曹铃，上海人。上海市美术家协会会员；上海林风眠艺术研究会会员；上海美学学会会员。曾在上海国画院举办山水画作品观摩展，作品辑入《92中国画年鉴》，作品参加第四届世界妇女大会中国女美术家作品展、上海百家艺术精品展、上海青年美术大展、纪念中国共产党建党八十周年全国美术作品展并获优秀作品奖、德国杜塞尔多夫大型艺术展、第十届全国美术作品展览上海展、海平线绘画雕塑联展、上海山水画艺术展、庆祝建国65周年上海美术作品暨第十二届全国美展选拔展、上海中国画小品展等，上海电视台诗情画意专题介绍。出版有《曹铃画集》《2004年海平线绘画雕塑联展艺术家丛书——曹铃》。

Cao Ling (Shanghai, China)

Member of Shanghai Artists Association；

Member of Shanghai Lin Fengmian Art Research Society；

Member of Shanghai Aesthetics Society.

—Held landscape painting exhibition in Shanghai Chinese Academy of painting.

—The work was incorporated in the 1992 Chinese Painting Yearbook.

—Participated in the Chinese Female Artists Exhibition of the Fourth World Women Conference, Shanghai 100 Art Exhibition, Shanghai Youth Art Exhibition,

National Art Exhibition for The 80th anniversary of the founding of The

别现代：作品与评论

Communist Party of China, Germany Dusseldorf Art Exhibition, the Tenth National Art Exhibition (Shanghai), The Horizon Painting & Sculpture Exhibition, Shanghai Landscape Painting Exhibition, The 65th Anniversary Shanghai Art Exhibition & The Twelfth National Art Selection Exhibition, China Sketch Painting Exhibition (Shanghai), Shanghai TV's Introduction to the poetic theme.

Publication of *Cao Ling album*, *The Year of 2004 Artists Series—The Horizon Painting & Sculpture Exhibition*: *Cao Ling*.

"别现代气象系列"（1）*Bie-Modern Atmosphere Series* (1),
106cm×80cm, 1998

第一辑 别现代水墨艺术与评论

"别现代气象系列"（2） *Bie-Modern Atmosphere Series*（2），
106cm×80cm，1998

别现代：作品与评论

"别现代乡村系列"（1）*Bie-Modern Countryside Series*（1），
43cm×136cm，2016

"别现代乡村系列"（2）*Bie-Modern Countryside Series*（2），
66cm×136cm，2016

别现代：作品与评论

曹铃别现代宣言

曹 铃

我是一个画家，从事绘画创作已经几十年了。近年王建疆教授的"别现代"理论，一下子吸引了我，联系到我的绘画作品，感觉它精辟地提炼了我绘画中所思、可意会却难以言表的创作感受。早在"98上海美术双年展学术讨论会"上，美术评论家徐虹的《试论上海当代水墨画》一文中，把我的"气象系列"归纳为"营造心象与幻觉"；《曹铃画集》中刘海粟美术馆原馆长张培成写的序；上海电视台《诗情画意》殷维先生写的解说词"心象幻觉中的天地——曹铃山水画欣赏"和之后创作的一系列作品，经常会在我静下来时与自己的内心交流。随着阅历的加深和游历中外的自然景观、文化遗址、博物馆、美术馆，观摩中西方优秀作品，我的所思所想通过一幅幅作品展现出来了。王建疆教授"别现代"的话语创新和该理论构想的具有人类普遍价值认同和力图打造有中国特点的现代性等，与我的艺术理念和绘画风格堪称不谋而合，这就是，既要有对现实的描述，又要有更新超越；要深入自己的心灵，从传统中、从东西方文化上、艺术上，寻找到自己的艺术语言。

Cao Ling's Bie-modern Announcement

Cao Ling

I am a painter, and have been devoted to painting for decades. The Bie-modern theory proposed by Prof. Wang Jianjiang which I learned in recent years caught my mind all of a sudden, and I connected it to my works which exactly convey a bit Bie-modern atmosphere.

Back in the 1998 Shanghai Biennial Symposium, Xu Hong, an art critic in her essay "On Contemporary Shanghai Ink Paintings", summarized my "Weather Series" as the "creation of imagery and illusion". Zhang

Peicheng, the former director of the Liu Haisu Art Museum wrote the preface for *Cao Ling's Art Book*. Yin Wei, from Shanghai TV station composed a commentary for my works in the TV program "Poetic and Artistic Conception" that is entitled, "World in Imagery and Illusion—Appreciation of Cao Ling's Landscape Painting". Through these words and a series of my later works, I often calm down to communicate with my inner self. With the deepening of my experience by travelling to natural sites, cultural heritage, museums and galleries in China and the West and enjoying various art works, my thoughts and reflections have been displayed in a series of works. The discourse innovation of Bie-modern theory and its connotations contain the modernity with Chinese characteristics featuring universal human value recognition have many in common with my ideas, which require both the description of reality, and renewal and transcendence by getting deeper into one's soul and find his or her own art language from tradition, eastern and western cultures and arts.

五 岛子作品
Dao Zi's Works

　　岛子，原名王敏。1956年11月出生于青岛市，先后毕业于西北大学、北京师范大学，获文学学士、文艺学硕士学位，从事美术学教学、视觉艺术研究、艺术批评及诗歌写作，并策划艺术展览。曾任西安市文联《长安》文艺月刊副主编，四川美术学院教授、美术学系主任，重庆市文艺评论家协会副主席。现为中华美学学会会员，国际美学学会会员，清华大学美术学院教授。

　　Dao Zi, original name is Wang Ming, was born in 1956 and graduated from Xi Bei University and Beijing Normal University. He is an art critic and poet, and a professor of Fine Art college in Tsinghua University.

　　岛子的《苦竹》是中国传统四君子之一的竹节与基督十字架的叠合，表现了古今中西文化艺术的现代杂糅。

　　岛子的《圣水墨》以中国的水墨手法表现西方的基督形象以及信仰，在国画大写意中隐含着西方文化关于生命基因的原创。

　　Dao Zi's "Bitter Bamboo" is the stacked image which connected bamboo, one of the four traditional Chinese gentlemen in cultural mining with the cross of Christ, showing the modern hybrid between ancient and modern Chinese and Western culture and art.

　　Dao Zi's "The Saintism Art" shows the image of Christ in the West and its belief through Chinese ink and wash techniques. It implies the originality of the gene of life in the freehand brushwork.

第一辑　别现代水墨艺术与评论

《苦竹》 *Bitter Bamboo*，147cm×367cm，2008

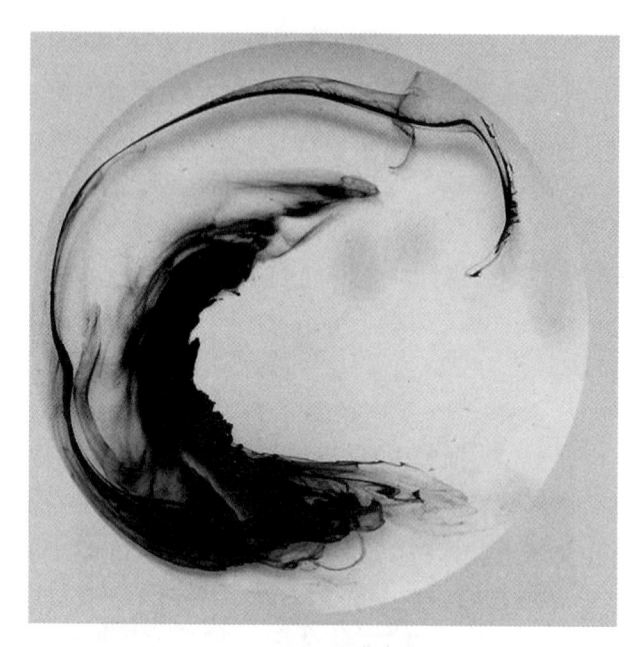

别现代：作品与评论

《圣水墨》 The Saintism Art, 2008

《圣水墨》 The Saintism Art, 2008

六 旺忘望作品
Wang Wangwang's Works

旺忘望原名王永生。1962年1月23日出生于辽宁省沈阳市。1970年随父母迁移至甘肃省兰州市，1979年考入甘肃工艺美术研究所，从事石雕工作。1984年考入中央工艺美术学院书籍艺术系。1988年毕业分配至解放军出版社任美术编辑。1994年离职成立北京旺忘望设计公司任创作总监至今。

Wang Wangwang, formerly known as Wang Yongsheng. Born on January 23, 1962 in Shenyang, Liaoning Province. He moved to Lanzhou with his family in 1970, and was admitted to the Art Institute of Gansu Province in 1979, engaging in stone carving. In 1984 he was admitted into Department of Art books, the Central Academy of Arts & Design. After graduation in 1988 he was allocated to PLA Publishing House as an art editor. He resigned in 1994 and the same year founded Beijing Wang Wangwang Design Company and has been working as creative director.

别现代：作品与评论

《转基因动物》 *GM Animals*, 180cm×97cm, 2014

第一辑　别现代水墨艺术与评论

《转基因动物》 *GM Animals*, 180cm×97cm, 2014

■ 别现代：作品与评论

《钱山》 *Money Hills*, color enlargement, 60cm×100cm, 2007

第一辑 别现代水墨艺术与评论

《肉山》 *Meat Hills*, color enlargement, 60cm×100cm, 2007

别现代：作品与评论

旺忘望的作品体现了别现代艺术的杂糅与冲突并置的特点。这一特点也被旺忘望称作"跨界"。在看似通过拼贴的杂糅中表现出传统与现代、精神与利害之间的冲突。艺术家在对我们所熟知的事物进行解构的同时，建构了对当下社会警醒性和反思性的新体验，从而形成巨大的张力。旺忘望在传统水墨画观念形式的基础上，吸收西方现代、后现代的艺术手法和思想观念来表达中国经验，形成了跨界的别现代杂糅与冲突。

"转基因水墨"系列，解构了传统水墨画的表现方式，运用拼贴的手法为我们呈现出转基因下动物们的异形，对观众造成一种视觉的冲击。同时他的"转基因水墨"系列也暗示着中国传统绘画在西方艺术风格影响下的"转基因"，形成一种独特的别现代艺术风格。

"肉山""钱山"系列虽然在方法上采用了传统的散点透视法，但是却用肉体、美元的堆叠解构了传统画中最重要的笔墨，同时也解构了传统水墨画的意境，看似是中国水墨画的形，但却是艺术家夹杂着中西方观念的当下体验，其核心已经不再是一种对精神意境的描绘，而是欲望符号的碎片堆积，和在欲望世界中人类的精神以及信仰的丧失。"钱山找神""车山找神"等系列也是如此。

Wang Wangwang's work embodies the juxtaposition of mix and conflict of Bie-modern art. This feature is also known as "crossover". The clash between tradition and modernity, spirit and interest is manifested in a mix that seems to be realized through collages. As the artist deconstructs what we know, he constructs a new experience of social vigilance and reflectiveness, thus forming a great tension. Wang Wangwang on the basis of the form of traditional ink painting concept, absorbs the western modern and postmodern art techniques and ideas to express China's experience, and has formed the crossover Bie-modern mix and conflict. The Genetically Modified (GM) Ink series deconstructs the expression form of traditional ink painting, and presents us with the deformity of transgenic animals with the method of collage, offering a kind of visual impact to the audience. At the same time, his "GM Ink" series also hints at the "transgenosis" of Chinese traditional painting under the influence of western style of art, forming a unique "Bie-modern" artistic style.

"Meat Hills" and "Money Hills" series adopt the traditional cavalier perspective in method, but use the piling of bodies or dollars to deconstruct ink, the most important in traditional painting and also deconstructs the artistic conception. Both seem to have the form of Chinese ink painting, but in fact are mixed with the artist's present experience of Chinese and western concepts. Their core is no longer a depiction of mental imagery, but accumulation of debris of desire symbols, and loss of humans' spirit and faith in the world of desire. The same is true of series such as "Find God in Money Hills" and "Find God in Vehicle Hills".

别现代：水墨与水墨艺术

杨增莉

中国本土艺术的崛起逐渐摆脱了西方艺术形式的束缚，但遗憾的是，在新的艺术实践日渐繁荣之时，我们缺少一种合理的批评理论，依然用西方的现代或者后现代理论来进行阐释，但是中西方在现代化方面存在的差异使得这些阐释在某些领域变得水土不服。那些既没有脱离传统又兼具现代、后现代特点的艺术形式就不能仅仅只用现代或者后现代理论进行解释，因此，基于本土化语境的理论建构就显得极为重要与迫切。王建疆教授的"别现代"①就是在这样的一种情况下提出来的，他认为后现代给中国理论以及思想界带来了迷茫，思想文化的发展并没有跟上中国经济快速发展的步伐，中国当前面临的这样一种前现代、现代、后现代交织的状况无法从西方世界得到答案，而只能立足于本土为中国思想文化的发展寻找出路。

一 别现代：从水墨到水墨艺术

"别现代"是王建疆教授提出的建立在中国文化背景上的现代思

---

① "别现代"：王建疆教授已发表若干关于"别现代"的文章。《别现代：主义的诉求与建构》，《探索与争鸣》2014年第12期；《别现代：美学之外与后现代之后——对一种国际美学潮流的反动》，《上海师范大学学报》2015年第1期；《中国美学和文论上的"崇无""尚有"与待有》，《学术月刊》2015年第10期；《思想欠发达时代的学术策略》，《中国社会科学评价》2015年第4期；《别现代：话语创新的背后》，《上海文化》2015年第12期；《别现代：跨越式停顿》，《探索与争鸣》2015年第12期；《别现代：人生论美学的学科边界与内在根据》，《文艺理论研究》2016年第2期。

想,"别现代"是既不同于现代、后现代、前现代,但又同时具有现代、后现代和前现代的属性和特征的社会形态或社会发展阶段,是一个特殊的历史时期和特殊的社会发展阶段,是基于中国的社会状态所呈现出来的既不同于传统又不同于西方的一种混杂、多元的状态。其思想取向是面对未来,因而,"别现代"的"别"字体现出了传统对西方既对抗又吸收的一种张力。"别现代"的社会状态虽然带给我们西方的先进技术以及管理理念,但是我们必须看到的是这样一种"别现代"对中国传统艺术的挤压以及排斥,它企图不断地消解中国传统的艺术观念以及艺术理念,塑造西方的价值观念以及审美趣味,如果不能及时预见这种危害,那么中国传统艺术以及价值观会在西方价值观念的引导下逐渐被驱逐出中国的舞台,"别现代主义"正是看到了中国当前的这种"别现代性",勇敢地以一种批判的态度站出来,在理论上为中国的传统艺术以及价值观发声,企图使中国在接受外来文化的同时能够注重中国前现代的传统价值观念以及精神追求,避免在西方文化冲击下中国道德观念以及信仰的丧失,并且给那些看起来处于尴尬境地以及不伦不类的艺术形式以哲学上的解释。正如"别现代主义"的提出者王建疆教授所说:"别现代的提出并非只是对话语系统缺失的一种补白,而是有着明确的目的性和价值取向。其动机在于用西方后现代的理论和方法去解构西方的后现代,去除西方中心论而代之以本体中心论或者中国中心论"。别现代的提出不是因为响应目前流行的"在西方主流话语中注入中国元素"的自豪,而是相反,要形成"中国主流话语"[①]。

水墨是中国传统绘画的主要表现形式,而水墨艺术则是指一切在水墨元素基础上所进行的艺术创作,它不仅包括传统意义上的水墨画,也包括抽象水墨、表现水墨、都市水墨、新文人画等,同时还包括以水墨为媒介的装置艺术、行为艺术以及观念艺术等,如刘子建的"墨像",石果的"异形残象",张羽的"灵光""指印"系列,李孝萱的《都市荒谬的车与躺着的人》,王秋童的《太平山下的辉煌》《浦东,

---

① 王建疆:《别现代:主义的诉求与建构》,《探索与争鸣》2014年第12期。

浦西》，再如谷文达的水墨装置艺术《墨·炼金术》《茶·炼金术》，又如张卫的数码媒体艺术《泉·范宽 vs 杜尚》等，它们与传统的绘画表达了完全不同的内涵。可以看到随着传统艺术在西方艺术不断的冲击之下，"中国画"或者"水墨画"等概念都不足以表达以水墨为元素的艺术形式，当代水墨艺术中的水墨已不仅仅作为画种而论，水墨开始作为媒材被引入其他的艺术形式当中去，水墨作为一种传统元素开始与其他的艺术形式进行融合。正如王建疆教授所说："中国当代艺术兼具现代、后现代和前现代的特征，在中西古今之间，融合具有必然性，而且构成了我们这个时代艺术和审美的主要特征。"① 笔者认为这也是中国传统绘画艺术走向当代的必经之路。如徐冰的"新英文书法"系列，他将英文的26个字母转换成中国汉字的偏旁部首，然后将其组装成中国的方块字的形式；岛子的"圣水墨"以中国的水墨表现西方的基督形象以及信仰；张卫的"齐白石 vs 梦露"系列将齐白石的水墨人物画与梦露的照片拼贴在同一个画面当中，表现了西方对于中国传统的观照；黄一瀚的《我们都疯了》以水墨的方式将持手枪的中国青年与持枪的麦当劳叔叔放置在同一个画面当中，表现了西方文化已经将中国的青年同化。像以上例证所展示的那样，中国当代艺术的发展道路必然会具有别现代的杂糅、混搭的特点。

王建疆教授"别现代"艺术观的提出并不是一时兴起而是有其深刻的现实基础，不但有以上大量实验水墨作品为例证，而且也是画家的共识。如有的画家所说："我们知道文化本身的积淀性与扬弃性完全不同于科学技术的革命性和创新取代性，科技以不断推翻陈说、标新立异而高歌猛进，而文化却不能完全丢掉自己立足其间的历史与传统"，"我们受的是西式教育，但又生活在中国的伦理、道德体系中。在生活如此西化的今天，我们'无法换掉自己的血'，因此我们身上是一种'双重的文化品格'，我们不可能全方位西化（起码现在还没有），又不可能回到旧式的传统生活中。"② 这是一个艺术家对自己所

---

① 王建疆：《别现代：话语创新的背后》，《上海文化》2015年第12期。
② 魏青吉：《悖论 共建 差异——与实验水墨相关的话语》，转引自中国高等美术学院艺术论坛编《质疑水墨》，河北美术出版社2003年版，第15页。

处的社会状态的深刻认识，其实也是我们当今中国人所面临的一种复杂的社会状态。又如另一位学者所说："我们看到了近代以来中国文化的一个基本理路，那就是一方面以新来对抗旧，以现代来抗拒传统，以西方的范式来消解中国文化的定式，即不断批判和排斥传统文化；另一方面，在某些时期，特别是那些带有转折和变革，甚至危机时期，又会必然地寻求传统文化精神的支持，或是以传统文化的根据来确立某些权威文化或者文化的'合法化'，这就形成了现代中国文化的一个典型的二律背反现象：传统既是合法化的根据，又是合法化所排斥的对象。"① 因此"别现代"的艺术观是基于中国艺术所面临的复杂生存环境而提出来的。从以上作品和画家的观点中，我们可以更加清楚地看到中国当今所面临的是一个复杂而矛盾的时代，我们无法忘却和抛掉前现代的巨大的影子，也不能逃离纷繁复杂的现实情境，王建疆教授别现代的提出是对这种状况的一种理论总结，是一种建立在深厚历史背景中的话语创新，具有积极的现实意义，同时也为艺术批评家提供一种新的批评话语。

为什么水墨艺术更能体现别现代时期的艺术呢？这源于中国人的水墨情结，水墨对于中国人来讲更多的是一种精神的体现，这种与生俱来的对水墨的认同感使得水墨艺术无论如何发展都脱不开传统艺术的根，在与西方艺术的融合过程中更能体现一种民族的识别身份，又因为其在保留中国传统水墨精神的同时也吸收了西方现代、后现代的艺术形式，因此具有别现代的艺术特征。

二 别现代：水墨艺术的多元化呈现

复杂的社会环境促使现代艺术家对中国传统"水墨"语言进行新的探索，艺术家们开始探讨水墨进入现当代的可能性，试图在新的艺术环境中保留中国传统"水墨"的艺术语言。从"中国画"到"水

---

① 王赞：《中国文化所扮演的角色》，转引自中国高等美术学院艺术论坛编《质疑水墨》，河北美术出版社2003年版，第24页。

别现代：作品与评论

墨画"再到"水墨艺术"，"水墨"随着社会状态的变化有了更多的可能性。一个民族的艺术会表现出一种民族的审美趋向，并且也能体现社会的发展状况，水墨作为最传统的一种艺术形式，其发展演变正是体现了中国自受西方思潮影响以来的社会变化。从传统水墨画到表现主义水墨、新文人画、都市水墨、水墨装置、影像水墨等，水墨这一传统艺术发生了巨大的变化，但是这些艺术形式并不是以一个取代另一个的方式出现，而是同时出现在中国的艺术界，究其原因则是因为西方思潮的影响同时带来了现代以及后现代的艺术形式，而中国当时还处于传统的艺术形式中。因而出现了前现代、现代、后现代艺术形式并置的状况。而这样一种打破时间顺序的共时存在也就是"时间的空间化"。① 王建疆教授认为"别现代"时期时间的空间化导致中心、权威、英雄的消解，导致多元并置的状态，既是对单一的消解，也是对多种题材、多种形态、多种风格的提倡。而水墨艺术的多元化呈现，正是中国社会"别现代"时期的体现。作为中国人我们无法割舍中国传统文化的血脉，但是面对全球化的趋势，我们亦不能故步自封，而是应该寻找传统与国际接轨的可能性。崔灿灿在《多元呈现的必要性》一文中说："我们处于一个多元交叉并边界模糊的场域之中，前现代、现代、后现代在中国这样一个大的文化背景之中共生共存，而其中各文化立场之间形成了一种对峙关系；与其说是对峙关系，不如将其理解为作为自我的他者。一种在场的缺失，使得传统水墨、现代水墨、实验水墨等艺术形式之间形成了一种相互依赖关系，并针对他者从而实现自我本身的价值转型及文化诉求的不断完善。"② 这些不断的尝试对于水墨语言的新探索，逐渐突破了中国传统绘画的模式、突破了"水墨唯画种论"，使得水墨艺术不仅仅被局限在画种媒介的空间中，水墨这一材质也有了进入其他媒介空间的可能，水墨

---

① 时间的空间化：这是别现代哲学的基础，王建疆教授认为现代、后现代、前现代的共时存在本身就是一种时间的空间化，而这也导致了别现代的多重张力结构，前现代、现代、后现代都有可能向自己的方向发展。

② 崔灿灿：《多元呈现的必要性——写于〈水墨地图——中国当代水墨研究文献1〉出版之际》，转引自马辉《中国当代水墨研究文献》，安徽美术出版社2010年版，第1页。

艺术开始呈现一种多元化，前现代、现代、后现代的艺术形式并置。前现代的艺术形式也即传统水墨、写实水墨；现代水墨的表现形态主要有表现性水墨、抽象水墨、新文人画、都市水墨等。而后现代的艺术表现形态则是以水墨进入当代艺术的一系列探索为表征，例如，水墨装置艺术、水墨行为艺术以及数码新媒体水墨等，但是在这种多元化的艺术形式下实验水墨并不能单纯地归结为任何一种，它既有现代艺术的特点也有后现代艺术的特点，其本身所体现出来的整体形象又不能单纯地以现代艺术或者后现代艺术来指称，因为其兼具传统的水墨元素、现代的艺术手段以及后现代的解构思想，因而是一种别现代的艺术形式。

"表现性水墨"，是在西方表现主义的影响下所进行的新的探索，主要强调艺术家情感的决定作用，但是表现性水墨的艺术家并没有放弃用笔用墨而是在所表达的主题上通过一些夸张变形的手法表现出一种颠倒荒诞的现代社会，如李孝萱的《子夜》以都市建筑为背景，变形的女人与男人的面部都毫无表情，就连最下方一只小狗也透露出无奈之情。人物之间的冷漠与建筑内的灯光形成对比，表现了都市人的迷茫与孤独。《都市荒谬的车与躺着的人》同样以都市建筑为背景，描绘了车祸现场，人物有的躺在车上挣扎，有的仓皇而逃，面部表情扭曲、痛苦以及恐慌。

"新文人画"是在20世纪80年代末90年代初开始出现的一种文化主张，是如何将传统国画变成当代国画的一种探索，用传统的笔墨来表现一种现代的情感，如朱新建的"新美人图"系列，试图改变传统文人画的审美趣味，使艳俗的美女成为一种入画方式。

"都市水墨"与中国传统水墨画所采用的技法大致相同，只是在表现主题上以"现代都市"为主要对象，如王秋童的《不夜南京路》描绘了上海南京路上辉煌的灯光和拥挤的人群。《上海浦东》也是描绘了上海浦东夜景的辉煌。王秋童的"都市水墨"主要以大都市为描绘对象，改变了传统水墨的散点透视，画面具有写实的立体感等。

以上所说的这些水墨艺术形式虽然都在传统水墨画的基础上做出了改变，但是其对传统水墨的水墨以及画面并没有太大的突破，因而笔者认为这些艺术形式并不是实验水墨。

关于实验水墨的争议最大，它曾一度被称为抽象水墨的代名词。但是实验水墨又不仅仅是抽象水墨，而且它的先锋性以及前卫性使得实验水墨并不会只停留在一种艺术形式上。因此，只能说抽象水墨属于实验水墨的一种。除此之外，将水墨引入装置艺术、行为艺术、影像艺术中的水墨艺术也是实验水墨的不同形式。艺术家石果说："所谓实验，不是简单地回归古典水墨艺术'天人合一'的理想，也不是企图把西方现代主义艺术做一个水墨媒材方面的翻版。这两种精神形态是相当矛盾的，其文化基因是风马牛不相及的。而这正是实验精神的意义所在，用非正统的水墨程式技法表达内心无意识敏感吸纳到的文化性焦灼情绪，个人意志所面临的理性，难免对峙冲撞，析离出许多精神的异象和形态的别样，由此也可能形成一种中国本土味十足的'后现代'文化精神。"而笔者认为这种本土味十足的"后现代"正是王建疆教授所说的别现代。实验水墨虽然曾一度被当作另类，并且无法确切地命名，但是从当今社会所呈现的状况来看，只有被称为"别现代水墨"，才能揭示其真正的内涵。中国现代艺术借用西方现代艺术手法并将其用于中国水墨艺术创作中，虽然在表现形式上是西方的，但是其精神内涵则是中国的，实验水墨的出现并不是对传统艺术的彻底决裂与反抗，而是以期在保留传统精神内核的前提下在世界艺术中寻找一种认同感。相比之下，西方现代、后现代艺术的出现是一个自然发展的规律，他们所创造的艺术作品很难像中国的实验水墨作品一样具有这样两种诉求。从另一个方面来说，实验水墨是在中国本土特殊的社会情境中成长起来的艺术形式，它打破了传统但也保留了传统，它基于社会现实但也反映世界风貌。因此，从实验水墨的出发点以及精神旨归来看，它都是与西方的现代、后现代艺术不同的。在实验水墨艺术作品中我们可以找到现代、后现代艺术的影子，但这并不能说明它们就是西方的现代、后现代艺术，中国人对于传统水墨的认识经验是西方主流艺术并不能完全覆盖的。因此，这样一种基于中国的社会现实而出现的艺术形式，应该用一种中国的话语来表达，相较现代水墨或者后现代水墨而言，别现代水墨更能体现其主旨及内涵。

实验水墨本身包含多种艺术形式：抽象水墨、水墨装置艺术、水墨行为艺术以及水墨影像艺术等。

抽象水墨是从绘画层面进行画面的抽象化。刘子建的"墨像"系列，如"垂丽之天象"系列运用大面积的水墨渲染、拼贴、拓印等手法将碎片进行堆积，呈现出一种现代的视觉效果；石果的"异形残象"，如《八大山人殁三百年祭》四条屏，将以传统方式绘制的荷、兰、竹与具有立体感的团块异形进行结合，同时还掺杂了马赛克的装饰，体现出了融合杂糅的特点。张羽的"灵光"系列以水墨表现碎片化，暗指现代工业快速发展而导致了自然环境不断地被破坏，用水墨这一传统元素将现代工业可能导致的后果展现出来。这些作品都体现了一种融合、杂糅的特点，传统的水墨元素、现代的拼贴手段、后现代的解构思想……

与对水墨艺术在绘画层面所进行抽象的创造不同的是一些实验水墨艺术家开始扩大了水墨边界，将水墨引入装置艺术、行为艺术、影像艺术中等。王天德的骨体字帖作品《活一天算二天》，利用宣纸、墨、猪骨组成"活一天算二天"六个中国字的装置，并且用现代彩打技术复制出来，将猪骨作为笔画与毛笔书写组合在一起，使看似静止的毛笔书写与活生生的猪骨组合时刻在彰显着书法的生命力；张羽的"指印"系列以手指代替毛笔，在宣纸或者玻璃丝绸上不断地按压，指印不仅仅代表了传统文化中的"契约画押"，也是对现代社会缺失信誉以及承诺的反思，再者不断地按压覆盖也凸显了现代社会信息发展之快；张卫的"齐白石 vs 梦露"系列，将齐白石的水墨画与梦露的照片拼贴在一个画面当中，梦露活泼的形象与水墨人物的恬淡形成了一种鲜明的对比。

不论是抽象水墨还是装置水墨抑或是数码影像水墨，虽然都或多或少地采用了西方现代后现代艺术的手法，但这些探索无论如何也不能被概括为现代或者后现代，其效果所呈现的整体形象兼具前现代的传统元素、现代的拼贴手段以及后现代的解构思想，因此，整体特征仍然是中国前现代的水墨元素融合了西方现代后现代的艺术特点，而非单一的后现代或前现代，是一种混合体，是四不像。这种四不像就是当代中国实验艺术的典型特征。除了用"别现代"，似乎找不到一个更好的词来代替它。将水墨作为媒介引入其他艺术领域的方式丰富了水墨艺术的表现形式，这些水墨艺术与水墨画之间有了很大的距离并没有可比性，但是从根本上来说仍然属于同根生，体现了中国人对于水墨的一种情结，一种中国人的水墨精神。同时，又是新时代的创新精神，是新与旧、传统与现代、现代与后现代的别现代组合。

三 别现代：实验水墨的跨越式停顿

实验水墨经历了不断发展与转变的过程，从一开始的前卫创作以期对传统水墨的反叛到回归传统寻求本土资源的支持再到以传统元素影响世界，实验水墨不仅是一种迥异于西方的代表性文化，更是在别现代语境下一种新的创造与坚守。从以上实验水墨的历程来看，实验水墨体现了跨越式停顿的思维方式。所谓跨越式停顿就是面对自我的更新，讲的是在事物按照惯性思维不断向前发展时的一种突然停顿，不同于外来因素被迫中断的停顿，是一种主动的停顿，是一种自我修正的思维方式。跨越式停顿不同于西方的种种终结论，而是认为遵循阴阳互根之道，进行自我调节，停顿那些落后的思想和制度，而形成新的跨越。跨越式停顿思想的产生与中国现代化水平不低而现代性觉悟不高的现实有关，也与经济和技术的跨越式发展而造成的精神文明的滞后有关。与跨越式发展不同的是，跨越式停顿并不是在时间之矢上做直线延伸，也不是一种盲目的乐观与跟进，而是在新的时空观下对自己未来的及早的考虑，即对结果的评判而绕开了由于增长的极限而带来的末路。正如王建疆教授在《别现代：跨越式停顿》一文中所说："跨越式停顿是一种新的时空观，而非肯定—否定，前进—倒退等一系列被庸俗化了的所谓辩证法。跨越式停顿的核心机密在于多种思路并进所形成的时间之矢的平行、交置、交叉，从而终止了线性思维的独霸而将时间转化为空间，在多种维度中，消解了先后的顺序，从而为思维的跨越提供了可能。时间是线性的从起始到终端具有先导性的延续过程，而空间却是一个平等的共享的平台，它终止了时间先来后到的次序统治，而将过去、现在、未来放在平等的位置上重新开始谋划。"① 跨越式停顿是最终放弃了别人的思路、经验、路径，结合自身的处境发展出一条更适合自己发展的路，它并不是一种模仿和改进，而是一种创新和革命，一种创造。实验水墨艺术家的跨越式停顿思维，促使他们在20世纪90年代进行反思，他们意识到，如果只是一味地学习西方可能导致的结果就是西方艺术的同化使得具有民族性的艺术在世界舞台上没有发言权，因此，他们主动终止了原来的学徒式思维，转而从中国本土的艺术资源中开始寻找水墨艺术走向世界的新的契机，在一个平等共享的平台上对中国传统的水墨绘画进行新的创造。

正如徐冰"新英文书法"系列，岛子的《苦竹》，还有《我们都疯了》所显示的那样，艺术家预见到了传统艺术的不断消解以及修养缺失对中国所带来的危害，因而自觉放弃了对西方的模仿与追随，通过寻求传统资源来反观自身。这种停顿之后的变化不仅使得中国艺术在世界上占有一席之地，而且也是对中国传统修养、信仰丧失的一种反思以及救赎。因此，跨越式停顿，表面上看是停顿的，但其实质却是飞跃，是跨越。亦如张羽在《说实验水墨》中所说："我之所以积极努力于实验水墨的推进，是因为它在所有语言尝试的实验中，它对传统的批判态度和创新意识，是从自身文化内部所发起的革命，从而形成了对新旧文化制度和思想专制的冲击，它更明确、更单纯、更有针对性、更具有一种艺术史的意义。"②

水墨已不仅仅是传统意义上的绘画，有些批评家认为实验水墨家对传统绘画的反叛是对传统艺术的一种毁灭。但是，真正了解实验水墨的人都知道解构只是形式上的，是为了更好更自由地表达当下的观念。从内在来看，实验水墨艺术家们继承了文人画家们所传达的自由的艺术精神，但不同的是实验水墨家的作品并不只为独抒性灵而是凸

---

① 王建疆：《别现代：跨越式停顿》，《探索与争鸣》2015年第12期。
② 张羽：《说实验水墨》，转引自中国高等美术学院艺术论坛编《质疑水墨》，河北美术出版社2003年版，第97页。

显了更多的社会责任。在全球化的冲击下，传统价值观如何坚持？人与自然该如何相处？实验水墨的艺术家们试图在这样一种复杂的社会环境中指出中国社会所面临的危机与困境。

水墨作为最传统最自由的一种"语言"可以以不同的方式来言说当下。以刘子建、石果、张羽为代表的抽象水墨画家是在绘画层面上对水墨艺术进行的一种创新，而谷文达、徐冰、王天德、张卫、戴光郁、蔡广斌等艺术家则将水墨作为媒材引入装置艺术、行为艺术、影像艺术等其他艺术领域中，更加丰富了水墨艺术的表现形式。因此，对于实验水墨我们既可以看到传统的本土文化的一面，又可以看到艺术家积极面向当代世界艺术的一面。它虽然根植于传统义化，但却不是传统，虽然受到了西方现代、后现代主义的冲击，但也不是西方的，因而实验水墨只能是在前现代、现代、后现代交织的别现代时期中国人一种特殊的感受、感觉状态和精神状态的创造性表达，是别现代时期一种典型的艺术形式。从这个意义上说，以别现代水墨艺术来指称实验水墨更具有时代的特征，同时我们也可以看到实验水墨这种时代特征的形成无疑需要跨越式停顿思维方式的助力。若非如此，那么，实验水墨可能还在对西方的盲目跟进中形成后现代画风，而非现在的囊括后现代而又兼具现代和前现代的别现代画风。

实验水墨之所以堪称别现代水墨，就在于它体现了当下别现代时期的时代特征，其多种艺术形式体现了别现代多元化的特点，立足中国本土借用西方艺术形式又体现了别现代艺术杂糅的特点。这样一种多元化的艺术形式，反映了当下中国人的一种特殊的心理状态，一种既对传统水墨精神的执着，又对当代西方艺术形式的吸收。从大量的实验水墨作品中我们可以看到这些具有别现代艺术特点的作品已经成型，那么，我们如果用实验水墨来指称这些作品就不再符合实验水墨的精神与内涵，因而用别现代水墨来指称就更为恰当。从历史唯物主义观点看问题，不同的艺术形式总会随着时代的发展而出现。但是，从微观的艺术创作而言，艺术家的思维革命更具有主动地、积极地产生实际变革的力量。实验水墨并不是一种怪胎，而是在西方现代后现代的冲击下本土艺术对世界的观照与感悟。实验水墨因其"实验"

二字会一直不断地探索新的形式以及表达观念，而其在别现代时期则体现了一种特定时期的特定风格，因而笔者将其称为别现代水墨。"实际上，艺术之树常青，其永久的魅力即来自不断的跨越式停顿。但这种跨越式停顿不是终结艺术，相反，而是旧的艺术形式、艺术风格和艺术思潮被不知不觉地突然停顿，从而兴起了新的艺术形式、艺术风格和艺术思潮。"① 实验水墨艺术家所做的种种尝试并不是为了制造一种哗众取宠的艺术事件，而是在中国特殊的社会情境中为保留传统文化所做的种种尝试，其在当下所呈现的艺术形式体现了别现代艺术的特点。实验水墨看似雪中飞鸿、西风洋影，但实质上却是中国先锋艺术家们在不断探索、不断反思基础上的跨越式停顿以及停顿后的飞跃。

  中国水墨艺术的发展是每一个中国画家以及艺术家都会面对的问题。在现代与前现代、后现代交织纠结的历史时期，有为的艺术家们都不会单纯地恪守古训，也不会盲目地跟风，而是会不断地反思，并果断地终止那些原来以为非常正确的想法和思路，在跨越式停顿中寻找新的契机。

  别现代兼具现代、前现代、后现代之间和谐共谋与对立矛盾的多重属性，是当今中国发展所面临的一个特殊阶段。前现代的价值传统、现代的物质基础以及后现代的解构思想，三者的和谐共谋为艺术探索提供了更加广大的空间，也为艺术家们的思维拓展和跃升提供了前所未有的机遇，因此，有为的艺术家们应该在别现代时期努力把握内在的张力结构，以跨越式停顿促进跨越式发展，从而在立足当下、传承传统、学习西方的多维空间中，走出一条自己的路来，别具一格、别开生面、别有洞天。

---

① 王建疆：《别现代：跨越式停顿》，《探索与争鸣》2015 年第 12 期。

第二辑　别现代装置艺术与评论
Part Ⅱ　Bie-modern：Installation Art and Commentary

李　隽　关　煜　供稿解说
李　隽　徐　薇　翻译

一 陈箴作品
Chen Zhen's Works

陈箴，1955年出生于上海的一个医学世家，1982年毕业于上海戏剧学院，留校任教，于1986年移居法国，2000年病逝于巴黎。从1989年在法国凡尔登市政府大厅举办第一次艺术展后，陈箴举办了40余场个人展览并参与了200余场群展，获得了众多国际重要展览、博物馆、学术机构的认可。陈箴装置艺术的表现方式是一种典型的别现代言说方式，即时间空间化。他通过将象征着前现代、现代、后现代的三个意象并置，以空间的形式表达前现代、现代及后现代三个不同层次的时间意象，发挥形象对观者的诱导，完成对过去、未来、现状的反思。

Chen Zhen was born in 1955 to a family of doctors in Shanghai. He took the teaching post after graduating from Shanghai Drama Institute in 1982. In 1986, he left Shanghai for French, and died in Paris in 2000. Since he set up his first art exhibition in Verdun city hall in 1989, Chen Zhen has held more than 40 solo shows and has taken part in more than 200 group shows, which help him to win international acclaim. The artistic expression in Chen Zhen's installation art is a typical way of Bie-modernism, i. e., the spatialization of time. By juxtaposing three images which respectively symbolize pre-modern times, modern times and post-modern times, he presents time images of three different levels in the form of space, in that way with the help of images he has led the viewers to complete their reflection on the past, the future and the present.

别现代：作品与评论

《日咒》，木头、金属、中式马桶、电线、电子配件、音响系统，
230cm×700cm×350cm，1996

Daily Incantations, wood, metal, Chinese chamber pots, electric wires, parts of electronic objects, sound system, 230cm×700cm×350cm, 1996

　　该作品是由101只按照战国编钟方式排列的墩形老式木马桶组成的乐器装置，其中的一部分马桶被改装成音响，播放着电视广告人音与刷洗马桶时的混合声。作品中间部分是一个巨大的地球仪，里面充斥着现代社会产生的典型垃圾。旧式马桶隐喻前现代时期，作品中央的一大堆工业垃圾象征着现代时期。将代表中国古代礼乐制度最高形式的编钟与代表中国世俗文化中最污秽之物的马桶并置，用一大堆工业垃圾填充被誉为"人类母亲"的地球之中则是一种后现代的拼贴与解构。在前现代、现代、后现代的原初意义丧失殆尽之后，形成了一个别现代空间。

　　The work is constructed from 101 old barrel-shaped wooden chamber pots arranged in the form of a set of chimes in the Warming States, some of which have been fitted with sound sets broadcasting the sound of TV advert mixed with the sound of the chamber pots being washed. At the center of the artwork, a huge globe is filled with typical waste of the modern society. The old barrel-shaped wooden chamber pots symbolize pre-modern times while industrial waste modern times by juxtaposing chimes, a symbol of the highest system of rites and music in ancient China, with chamber pots, the dirtiest thing in folk culture as well as by putting a pile of industrial waste into the globe, mother of mankind, the post-modern artistic techniques of collage and deconstruction are manifested. In that way, a Bie-modern space is formed after the disappearance of the initial meanings of the pre-modern, the modern and the post-modern.

《兑换处》，木头、金属、水、硬币、玻璃、灯，290cm×367cm×423cm，2015 *Exchange Agency*, wood, metal, water, coins, glass, light, 290cm×367cm×423cm, 2015

该作品为别现代社会的隐喻。作品以20世纪80年代城市居民生活中随处可见的公共厕所代表前现代时期，厕所上悬挂的"中国银行""中国人寿保险集团""国家银行财政总局"等牌匾则暗喻现代社会，粪池里散落着的各国货币则是一种后现代式的价值解体、意义

别现代：作品与评论

消隐。该作品蕴藏着一种别现代的思维方式——"跨越式停顿"，即艺术家在惊叹中国高速发展之余，又流露出对于当下混杂着前现代、现代、后现代的别现代社会的些许担忧。

  The work is a metaphor for Bie-modern society. The traditional Shanghai communal public lavatory, very common in the 1980s, is a symbol of pre-modern times while these plaques suspended above such as "China Bank", "China Life Insurance Group" and "General Bureau of National Bank Finance" signify modern society. Money of various countries scattered across the manure pits is a kind of post-modern deconstruction of value and dissolution of meaning. The work shows a Bie-modern society in which the pre-modern, modern and post-modern are interwoven.

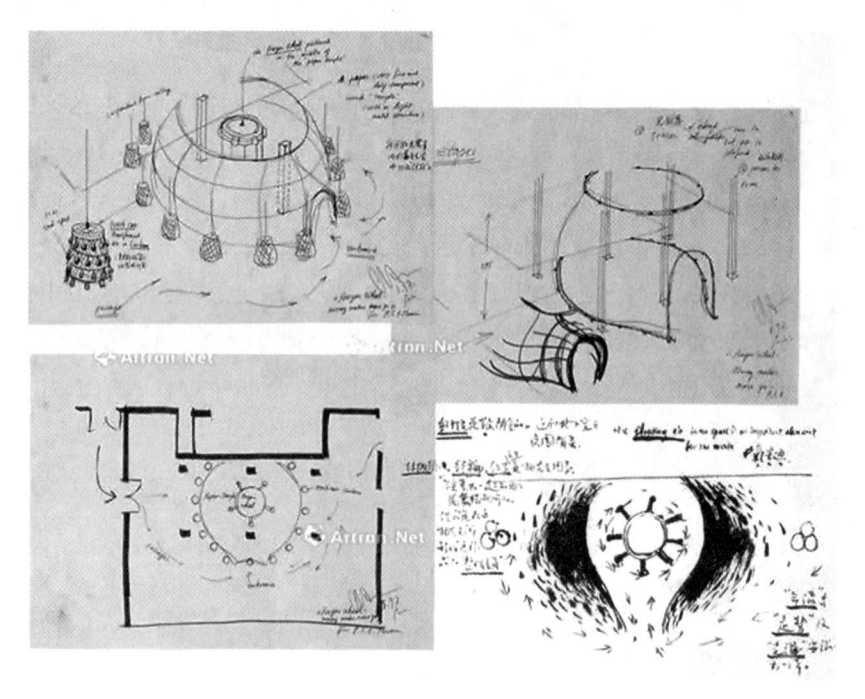

《经轮——有钱能使鬼推磨》，算盘、计算器、收银机、金属、木、音响系统，600cm×700cm×280cm，1997

Prayer Wheel: Money Makes the Mare Go, abacuses, calculators, cash register, metal, wood, sound system, 600cm×700cm×280cm, 1997

第二辑　别现代装置艺术与评论

　　该作品挪用了藏传佛教中的转经仪式，一个被称为"神殿"的白色闭合空间中矗立着由若干算盘和计算器组成的巨大转经轮，当观者走近并推动转经轮便会发生收银机收银声或者算盘被拨动的声音。算盘和收银机分别象征着前现代和现代。在藏传佛教中，信徒沿转经轮绕行或者转动经轮是一种宗教仪式，代表着虔诚的信仰及美好的祝福，然而在该作品中，却被异化为对金钱的信仰和对物欲的追求，表现出一种后现代反思。

The work parodies the Tibetan Buddhist rite of turning the prayer wheel. A huge prayer wheel which is composed by several abacuses and calculators stands upright in a white closed space called "shrine". Viewers will make a sound of cash register working or abacuses being ticked off when they come close and turn the prayer wheel. Abacus and calculator respectively symbolize the pre-modern and the modern. In Tibetan Buddhism, walking around or turning the prayer wheel is a religious rite representing devout faith and best wishes. However, it changes into a lust for money and a pursuit of material, revealing a post-modern deconstruction.

《早产儿》 *Premature*, 2015

别现代：作品与评论

该作品蕴含的是一种典型的别现代思维方式——"跨越式停顿"，即在高速的跨越发展中自主性停顿，消解惯性，自我反思既定路线，寻求更佳的发展路径。艺术家表现了一个灾难式的场景：无数自行车内胎缠绕成龙形，龙头是残破的自行车，巨龙在展厅上空摇摆，看似凶悍威猛，可它扭曲的姿态和胀裂的腹部告诉我们它已如负载过重的高架桥，无法消化迅速增长的车辆。在该作品中，艺术家终止了跨越式发展的线性思维，对中国在城市化进程中遇到的各种问题予以警示。

The work reveals a typical Bie-modern way of thinking, i. e., leap-forward stop, which means taking initiative to stop to look for the best development path in a state of rapid development. In the work, the artist presents a disaster: a huge Chinese dragon whose head is made by wrecked bicycle swinging over the exhibition hall. Despite of a seemingly fierce manner, its contorted pose and chapped abdomen tell us the dragon, like an overburdened viaduct marred by mushrooming vehicles, cannot afford all of them. In the work, the artist alerts people to pay close attention to various problems during the process of urbanization in China by stopping the linear thinking of leap-forward development.

二 徐冰作品
Xu Bing's Works

《凤凰》，建筑垃圾，发光二极管，2700cm×800cm，2800cm×800cm，2010 Phoenix, construction waste, LEDs, 2700cm×800cm, 2800cm×800cm, 2010

别现代：作品与评论

《凤凰》，建筑垃圾，发光二极管，2700cm×800cm，2800cm×800cm，2015 *Phoenix*, construction waste, LEDs, 2700cm×800cm, 2800cm×800cm, 2015

该作品由凤与凰两只振翅欲飞的巨型大鸟构成。艺术家以钻土机、安全帽、铁锹等一大堆现代社会的建筑废材表现"凤凰"这个来自前现代的典型民俗样本。凤凰气势恢宏、唯美浪漫，却又是由一大堆工业垃圾制成的，形成了一种后现代的解构。前现代、现代、后现代的并置从而使作品呈现出一个高度混杂又充满了无限可能的别现代空间。

The work consists of two huge rousing phoenixes called Feng and Huang. Phoenix, the classic folk image from pre-modern times, is showed by a pile of construction waste such as earth drill, helmet, fan, caution light and sheet steel. Although the work Phoenix is magnificent and romantic, it is made by a pile of construction waste, which reveals a post-modern deconstruction. A heavily hybrid Bie-modern space full of infinite possibilities is produced in the work.

第二辑　别现代装置艺术与评论

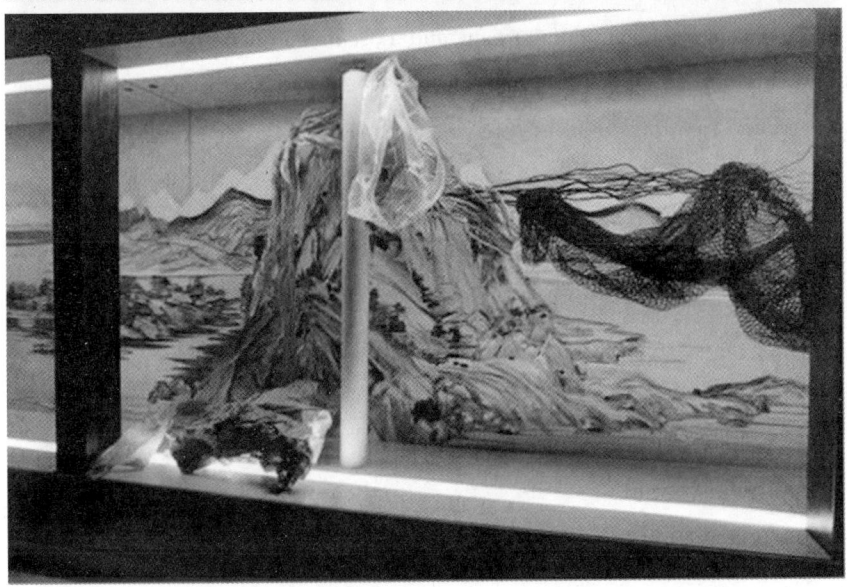

《背后的故事：富春山居图》，枯枝、叶片、玉米壳、塑料袋、
鱼线网丝、毛玻璃、灯光，160cm×2600cm，2014
Background story：Dwelling in the Fuchun Mountains, twigs, leaves,
corn shell, plastic bags, fishing lines, frosted glass, lighting,
160cm×2600cm, 2014

别现代：作品与评论

该作品呈现的是观众熟悉的传统山水画《富春山居图》。艺术家用干枯的植物、麻丝，甚至垃圾袋等日常中琐碎的物件，辅以现代工业技术，以戏仿、拼贴等后现代手法，将原本通过画布、宣纸、颜料呈现的前现代绘画艺术转化为以半透明玻璃、灯光、现成物等为媒介呈现的现代装置艺术品，表现出别现代社会中前现代、现代、后现代的并存与冲突："正面"虚实相生，空灵飘逸，但其"背面"却混乱无序，目不忍睹，是伪山水的暗示，也是伪现代的暗喻。

Dwelling in the Fuchun Mountains, a well-known traditional Chinese landscape painting is revealed in the work. With the help of modern industrial technology and post-modern techniques such as parody and collage, the artist changes the pre-modern art of painting presented by canvas, Chinese art paper and paint into modern installation art presented by translucent glass, lighting and ready-made. The work presents the harmony and conflict among Pre-modernism, Modernism and Post-modernism in the Bie-modern times: the "front view" is ethereal and elegant while the "back view" is chaotic and random.

《鸟飞了》，塑胶，激光刻字，喷漆及装置，2001
The Living Word, plastic, laser marking, spray lacquer, installation, 2001

别现代：作品与评论

《鸟飞了》，塑胶，激光刻字，喷漆及装置，2015
The Living Word, plastic, laser marking, spray lacquer, installation, 2015

　　该作品由400多只不同书体制成的"鸟"字组成，整件装置作品色彩艳丽，给人童话般灿烂明媚的感觉。在展厅地面起点处，是用简体汉字写成的现代汉语字典中对于"鸟"字的定义。以此为起点，"鸟"字开始起飞，从楷书、隶书、小篆等前现代字体一路演变，最后追溯到远古象形文字的"鸟"，成群飞向窗外。这样，与后现代所主张的"字面意思和传统解释就要让位给作者意图和读者反应"的观点不谋而合。作品由此形成了一个前现代、现代、后现代高度混杂又充满了无限多层面解释的别现代空间。

　　The work is constructed from 400 Chinese characters "Niao (bird)" with different styles of calligraphy. The whole work is colorful, providing a fairy tale of bright feeling. The starting point in the exhibition hall floor is a definition of "Niao" from the Modern Chinese Dictionary by simplified Chinese Characters. With this as a starting point, the character "Niao" is flying. Various pre-modern styles of calligraphy changes, evolving from Regular script, Official script to Small Seal Script, and at last tracing back to hieroglyphic script in the ancient times. In that way, it coincides with the view which is supported by Post-modernism as that "denotation and traditional explanation should give way to authorial intention and readers' response". Therefore, a heavily hybrid Bie-modern space full of infinite possibilities is created in the work by juxtaposing Pre-modern, Modern and Post-modern.

三 左义林作品
Zuo Yilin's Works

左义林出生于 1968 年，1991 年毕业于西北师范大学，现任兰州城市学院艺术系教授、系主任。

Zuo Yilin was born in 1968 and graduated from the Xi Bei Normal University in 1991. He is a prof. and the dean of Fine Arts College of Lanzhou City University.

"萨德导弹"系列 THAAD Series, 2017

第二辑 别现代装置艺术与评论

"佛头导弹"系列 *Buddha Head Missile*,2017

"佛头导弹"系列 *Buddha Head Missile*,2017

"佛头导弹"系列 Buddha Head Missile，2017

左义林别现代宣言

左义林

　　用一个新的美学概念和理论来支撑中国当下的艺术实践活动，形成更加契合中国的艺术批评和评价学说，构成与西方哲学问题对等的交流系统……很显然，这个时代已经来临。

　　当代艺术的核心就是质疑既有的权威和传统，使艺术活动对话更加民主与平等。不论中国当前经济文化发展水平城乡差别有多大、较发达国家距离有多远，但中国同样也是处在当下的全球文化视野的焦点上。中国的美学价值取向毕竟是由五千年的历史文化传统发展而来，必定有别于欧美文化传统基因。信息时代为别现代理论研究和发展提供了条件，30多年来中国许多先锋艺术家的创作试验为别现代理论的构建已提供了丰富的研究案例。

为王建疆老师的文化理论创新思维和理论点赞！

Zuo Yilin's Bie-modern Announcement

Zuo Yilin

The era that there will be a new aesthetic concept and theory to support the Chinese contemporary art practice, form an art criticism and evaluation theory that suits Chinese situation better, and constitute a peer-to-peer communication system with the western philosophy problems, has obviously come.

The core of contemporary art is to question the authority and tradition, which makes the dialogue of art activities more democratic and equal. No matter how large the gap between urban and rural areas is on China's current economic and cultural development and how far the distance between China and the developed countries is, China is also the focus of the current global cultural vision. After all, China's aesthetic value orientation has been developed from five thousand years of historical and cultural traditions, which must be different from the European and American cultural traditions. The information age provides the conditions for the study and development of Bie-modern theories, and the creative experiments of many Chinese avant-garde artists for more than 30 years has provided abundant case studies for the building of Bie-modern theory.

I would like to salute Prof. Wang's innovative thinking on cultural theory.

Trans. Xu Wei

四 刘向华作品
Liu Xianghua's Works

  刘向华2014年毕业于中央美术学院获博士学位，2014年获国家留学基金委艺术类人才特别培养项目资助赴墨尔本大学维多利亚艺术学院做访问学者，2016年中国国家艺术基金资助艺术家，任教于中央民族大学美术学院，副教授。中国建筑学会室内设计学会会员、中国雕塑学会会员、澳大利亚视觉艺术学会会员，在《装饰》《美术观察》《美术》《同济大学学报》等设计艺术专业核心期刊发表艺术设计作品及论文数十篇，出版专著《城市山林——城市环境艺术民族潜意识图说》《少数民族环境艺术概论》，参加国内外群展及个展数十次，完成建筑环境艺术项目数十项，绘画及装置作品被国内外多家艺术机构及私人收藏。

  Liu Xianghua received his doctoral degree in art and design from China Central Academy of Fine Arts in 2014, and was funded by the China National Education Committee of the arts talent special projects. In 2014 to be a visiting scholar in The Centre of Idea, Faculty of the VCA and Music, The University of Melbourne. In 2016, he won the China National Arts Fund. Liu Xianghua served as associate professor at Minzu (Nationality) University of China in Beijing. In 2010, his installation Urban Forest, has featured in the exhibition "reshaping history- China art from 2000 to 2009" by Today Art Museum in Beijing. During 2014 and 2015, he had come to Melbourne as a visiting scholar at the Faculty of the VCA and Music at The University of Melbourne, Australia. He held solo ink Art exhibition in Melbourne

CBD, Box hill, Footscray, Wentworth falls NSW, and Hobart Tasmania. Participated in dozens of group exhibitions and solo exhibitions at China and abroad, completed dozens of environmental art projects. His painting and installation works collected by domestic and foreign art institutions and private collectors.

《别现代：罗汉床》 *Bie-modern: Arhat Bed*, 10 × 15 inch, 2008

  水暖管件和洗菜盆制造的罗汉床及其上内置电脑的炕桌，在人们日常思维定式里不相同或不相干的东西"和"在一起生成了一个新的世界，而这个世界又延续着中国文化传统的文脉，对现代工业批量复制产品的信手取用实际上提示了真实的"和"的观念和智慧。

别现代：作品与评论

Installation Arhat Bed and built-in computer tea table made of plumbing pipe and vegetable washing basin, is the different and irrelevant things in the people's daily mindset combined together to generate a new world, which continue with the context of traditional Chinese culture, readily access to the modern industrial batch replication products actually show the real wisdom and power of the idea- harmonious.

《别现代：出水莲》 *Bie-modern*: *Lotus*, 10×15 inches, 2008

《出水莲》是中国十大古筝名曲之一，而装置作品"出水莲"探讨装置语言在当下情境中与中国文化传统的内在关系。所谓当下情境

第二辑　别现代装置艺术与评论

即意味着一种主体的现实体验和社会精神的注入。

"Lotus" is one of the ten Chinese zither music, and installation work "Lotus" explores the relationship between installation language and traditional culture inherent in present situations, which means a kind of subject's real experience and social spirit injection.

《别现代：濯缨水阁》 Bie-modern: Scholar's Pavilion,
10 × 10.7 inches, 2009

▪ 别现代：作品与评论

其中更充满着不确定性和未知性，并伴随着对于惯常性的拨弄或挑战，人类走向"真"的道路从来都是如此。

Which was full of uncertainty and unknown, and accompanied by fiddle or challenge for customary, the humanity's road to "true" has always been the case.

《别现代：如梦令如厕令》 *Bie-modern: Toilet Poem*, 8.64×13 inches, 2009

正如纪录片或纪实摄影的镜头以一种"如实"并"记录在案"的方

第二辑　别现代装置艺术与评论

式不由分说地带着人们走向"真"的道路一样，全新异样的情景气氛也使每一个置身其中的人强制性地成为一个前途未卜的对象或角色。

As the lens of documentary or documentary photography brought people to the road of "true" in a "factual" and "record" way without any explanation, new strange situation and atmosphere also make each one mandatorily become a uncertain role.

《别现代：拥抱陌生人》 Bie-modern: Hugging Stranger,
17.3 × 13 inches, 2015

别现代：作品与评论

　　塑造建筑室内外公共空间的水墨装置，及制造公共事件的纸巾水墨长卷创作活动，在介入并促进社区不同族群相互交流和互动中扩展了传统水墨艺术的边界。

Ink installation in indoor and outdoor public space of the building, and public events of paper towel ink scroll creation, extends the boundary of traditional ink Art while intervening and promoting mutual communication and interaction of different ethnic groups of community.

《别现代：小山丛桂轩》 *Bie-modern: Small Hill and Osmanthus Fragrance Pavilion*, 16.5×22 inches, 2015

以"兴"之所至、奔放穿插的水墨装置语言诠释中国传统园林的空间和文化特质。"小山丛桂轩"来源于中国苏州网师园入口空间的一座临水建筑,这组纸巾水墨装置重构了往往被人所忽视的小山丛桂轩在网师园空间中的作用及其背后特殊的文化含义。小山丛桂轩在心理上"倒座"的建筑方位形塑了园林空间婉转曲折、欲扬先抑的特质,其相对于南面入口不仅起了障景作用,其实也是围合园林中部核心水景,形成所谓"壶中天地"不可或缺的基础性也是关键性因素,相对于西方文化注重向外扩张,欲扬先抑的思维其实具有隐含的爆发力,其间的关键性事物也往往被人们所忽略,但这其中所起到的功能和发生的作用都是事实,文化的发展和认同的建构也是在这种经常被忽略的事实中成长起来的。以具有空间扩张力的装置艺术语言转译这种欲扬先抑的思维及其中往往被忽略的关键,用意是在网络社会国际化的语境中激活传统以探讨一种跨文化认同的可能。

The installation is conceptualized from the artist's impression and interpretation of the spatial layout of the entrance to the *Master of the Nets Garden*, a classical Suzhou garden in China. The installation depicts the structural function and the cultural significance behind the design of the garden entrance, which can be defined by the Chinese proverb "欲扬先抑—*To repress first before expanding and developing*". The concept of initially repressing the expression of one's competence signifies a philosophical approach in traditional Chinese culture. The expression of traditional cultural knowledge and wisdom is conveyed across cultures through the use of contemporary installation art, furthering the exploration and examination of a multicultural identity.

刘向华别现代宣言:重组与植入——"别现代艺术"的空间装置创作

刘向华

在网络社会地域割裂和越界同构的全球都市空间和文化模式下,

别现代：作品与评论

"别现代艺术"创作中对独特的民族、地域和历史文化的重组，及对其他民族地域既有都市空间或文化结构的植入日趋常态化，尤其是将承载外来民族地域文化观念和信息的废弃物装置和公共艺术项目策略性地植入而奇迹般激活废弃消极的城市负空间，突破了现代主义单面功能唯效率是图的既有城市和建筑的固有结构和功能边界对于人的禁锢。结合空间装置创作实践来看，重组和植入的一个基本方式就是废弃物再利用，废弃物品材料乃至空间携带着时空轨迹中人类创造并损耗这些旧物的历史痕迹，其自身记载着显现人性特征的不同民族地域信息，以废弃物再利用来重新认识和拆解现代主义单面功利逻辑之网所界定的世界、发现现代社会生产、生活物品既定功能之外新的可能性，解构并重组出一个丰富多样、富有人性和更有意思的世界，其构成部件颠覆了现代主义的单面功利逻辑，重组的构成部件之间及其与所植入的环境之间呈现为一种悖论关系和杂糅表情，这是一个悖论和杂糅的世界。

Liu Xianghua's Bie-modern Announcement: Reconstruction and Implantation—Creation of Spatial Installation in Bie-modern Art

Liu Xianghua

In the cross-border homogeneous global urban space and cultural mode regionally fragmented by network society, the reconstruction of unique national, regional and historical culture and the implantation of existing urban space or cultural structure in other nation or region are increasingly normalized in the creation of Bie-modern art. In particular, the wastes installation and public art projects carrying other ethnic and regional cultural ideas and information were strategically implanted and miraculously activated the abandoned and negative urban space, breaking the restrictions of the fixed structure and function borders of existing cities and architecture which only pursue efficiency which is the single facet of modernism. Based on the creative practice of spatial installation, a basic way of reconstruction and implantation is the reuse of the wastes. These waste materials and even space carry the historical traces of these old things that humans produced and consumed in the track of time and space, and they record the information of different nations and regions with characteristics of human nature. With the reuse of the waste, we could rediscover and disassemble the world defined by the single-facet utilitarian logic of modernism, explore the new possibility of modern social production and living objects beyond its existing functions, and deconstruct and reconstruct a rich and diverse world full of humanity and meaning. Its components overturn the single-facet utilitarian logic of modernism, and among the components of the reconstruction and between the environment where they were implanted and themselves appear a relation of paradox and an expression of mixture; this is a world of paradox and mixture.

Trans. Xu Wei

五 谷文达作品
Gu Wenda's Works

谷文达，1955 年出生于上海。祖籍浙江省上虞市。1976 年毕业于上海市工艺美术学校。1981 年毕业于中国美术学院国画系研究生班，后留校任教，1987 年移居美国纽约，现为职业画家，曾在世界各地的博物馆、画廊举办展览。谷文达是现今活跃的著名华人艺术家。

Gu wenda, born in 1955 in Shanghai. He graduated from Shanghai Arts and Crafts School in 1976. After graduating from graduate student class, Department of Traditional Chinese Painting of China Academy of Art in 1981, he stayed there to teach. He moved to New York in 1987 and is now a professional artist. He has held exhibitions in museums and galleries around the world.

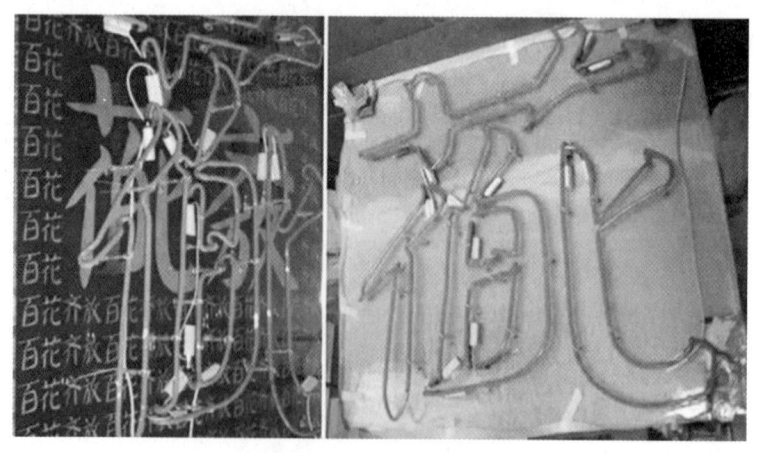

《文化移情——百花齐放》 *Cultural Empathy—Hundred Flowers Blossom*, Neon, plexiglass, 300cm×200cm, 2003

第二辑　别现代装置艺术与评论

谷文达的霓虹灯书法系列作品，例如，在"文化移情——百花齐放"中的伪文字、错文字的造字，还有"百"与"花"的结合，让人产生视觉错觉，认为中国古汉字就这么写，或是让外国人看到以为这就是中国汉字的楷体写法，以及"碑林"系列作品中专门翻译出错的现象是对维特根斯坦关于语言的误用、误读与很多哲学问题的关联性之间的一种图像化、视觉化表达，并对大众起到了后现代的警示和反思的作用，具有普世意义。谷文达以错位、肢解的书法文字做艺术作品，一方面提醒人们语言在日常生活中的重要性，并引发大家对语言和哲学关系进行思考；另一方面也借此挑战正统，另类思考。

Gu Wenda appreciates and praises highly that Wittgenstein took era and culture as the premise of artistic creation and appreciation. The work is to use Wittgenstein's philosophy of language as the basis of considerations of artistic creation, modify, imitate, and renovate traditional characters (including Chinese and English and other texts of different forms) with the method of parody and ridicule, producing a kind of "Bie" fonts and "Bie" characters, as well as the "Bie" translation. This is a unique and unconventional "life form" generated by a means of a game. It is also a process of criticism and reflection on traditional language and speech.

《文化移情——匹兹堡大学》Cultural Empathy—University of Pittsburgh, Neon, plexiglass, 300cm×150cm, 2004

谷文达欣赏并推崇维特根斯坦将时代与文化作为艺术创作和欣赏的前提的理念，该作品就是将维特根斯坦的语言哲学作为艺术创作考量的基础，以戏仿、调侃的方式对传统文字（包括中文与英文等不同形态的文字）进行修改、模仿、再造，产生一种"别"字体和"别"文字，以及"别"翻译。这本身就是以一种游戏的方式产生的独特别致的"生活形式"，亦是对传统语言、言语进行批评、批判、反思的过程。

该作品将英语的匹兹堡大学 University of Pittsburgh 通过音译成汉语"釉霓浮色绨碧瓷宝阁"，而没有汉语的实际意义，只是完全从声音的角度找到发音接近的汉字代替。之后再将毫无意义的汉语按照字面意思转译成英语，成为 shinny neon floats on colourful silk green china treasure pavilion。这幅于新千年左右形成的作品从艳丽的色彩和霓虹灯材质的选择上颇具有老上海的时尚、摩登的怀旧味道，同时英文的出现又凸显了上海的国际化都市特色。而这个词不达意的汉字拼接出现了一种类似佛经的错觉，在代表着虔诚的信仰和美好祝福之余也有一种对知识、权力、物欲的批判与反思。从而在时间上显示了多维交错的立体空间化格局。对于文字的翻译与再译则产生了矫枉过正的荒诞效果。

The work transliterates "University of Pittsburgh" from English into Chinese（釉霓浮色绨碧瓷宝阁）, with the latter having no practical meaning in Chinese, just the piling of Chinese characters that sound close to the pronunciation of the English original. After that, the meaningless Chinese collocations are literally translated to English, becoming shinny neon flows on colorful silk green china treasure pavilion. This work formed in the new millennium or so has a fashionable and modern nostalgic taste of old Shanghai in the selection of colorful colors and neon materials; at the same time, the presence of English highlights the feature of cosmopolitan city of Shanghai. And this unmeaning Chinese character splicing appears an illusion similar to Buddhist scriptures; there is also a critique and reflection on knowledge, power, and materiality, in addition to the representation of pious beliefs and good wishes. In this way, the multi-dimensional intersected spatial pattern is displayed in the time. The translation and retranslation of texts produce the absurd effect of overcorrecting.

《石碑—唐诗》 *Forest of Stone Steles—Retranslation & Rewriting Tang Poetry*, 110cm×190cm×20cm, 1993—2005

别现代：作品与评论

"石碑—唐诗"中我们看到了大量中国古典诗歌的英文翻译与按英文发音翻译的中文诗。50块大型石碑及拓片具有典型的中国传统文化的印记。但作品通过唐诗与第三版本翻译的英文诗之间的语言差异提醒了在文化交流中的"误读"现象与文化差异在全球化背景下的存在事实。诗歌中的隐喻和音韵都消失了。把美国英文版的唐诗用声音版本来翻译成中文。

石碑是承载中国历史、文学、文献记载与书法的独特的艺术样式，具有权威性和真实性。对传统石碑的仿制，使作品在外在形式上继承了该物质本身的庄严感和威慑力。但内容上以后现代戏仿的手法对传统经典的消解也使作品本身体现出一种后现代的反思。而在同一个作品中同时出现的三种版本原文、英文译文、中文译文消除了传统观念中的古代到现代的线性时间距离，同时也消除了国与国之间的地域差异。体现了别现代的时间空间化特点。从另外的角度也可以体现出生活在别现代时期人们的思维观念的多元化、差异化的特征。谷文达认为通过石碑可以得到更多对于不同文化身份的人们和不同的文化间的沟通互动关系的理解。

In "the Forest of Stone Steles—Retranslation & Rewriting Tang Poetry", we have seen a lot of English translation of classical Chinese poems and also Chinese poems transliterated from their English pronunciation. The 50 large stone steles and rubbings have typical imprint of traditional Chinese culture. However, the differences in language between Chinese Tang poetry and English poems translated from the third edition remind people of the fact that the phenomenon of "misreading" in cultural communication and cultural differences do exist in the context of globalization. The metaphors and rhymes in the poems are all gone. The American English version of Tang poetry is transliterated into Chinese according to pronunciation. The stone stele is a unique style of art bearing Chinese history, literature, documentary and calligraphy, which has authority and authenticity. The imitation of traditional stone steles has made the works physically inherit the majesty and deterrence of the material. However, in content the adoption of postmodern parody to dissolve the traditional classics also makes the work itself display a kind of postmodern reflection. And in the same work the simultaneous emergence of such three versions as the original, the English translation of the original, and Chinese transliteration of the English translation, eliminates the linear time distance from the ancient to the modern in traditional concept, and also removes the regional differences between countries. From another perspective, it can also reflect the diversified and differentiated characteristics of people's conception of thinking in the Bie-modern era. Gu Wenda argues that through the stone steles, more information about the communication and interaction between different cultural identities and different cultures can be understood.

《西游记·天堂红灯系列上海站》 *Heavenly Lantern, Project Shanghai*, 2016
尺寸：可变　材质：大地艺术

在谷文达的书法作品及艺术装置等创作中，前现代的记忆常常被作为意识形态的主体部分加以表达。作品《天宫红灯》以及个展

别现代：作品与评论

《西游记》，将"文革"时期的红色记忆铺天盖地般占领观众视野，正如他本人所说的，完全是由于对"文革"时期红标语、大字报的强烈记忆，挥之不去，所以在脑海中形成了带有别字的大字报、标语形态的书法艺术作品。

  大地艺术"天堂红灯"系列里前现代的色彩最为明显。2009 年，《天堂红灯——茶宫》，5000 个红黄相间的中国灯笼裹在布鲁塞尔市中心的王朝大厦上。《天堂红灯》（新加坡、香港）是他以中国传统文化符号介入全球文化视野的新尝试，也可以从中看出他"化全球"的民族野心。"天坛"系列也曾登上 1999 年《美国艺术》的封面，代表了前现代、现代以独特方式进行的一种交融互通。在现代化的城市中，延伸着中国人关于前现代的记忆，而公众类似于涂鸦的后现代式的文化参与将前现代、现代和后现代的时间区隔打破揉碎。谷文达认为中国的现实土壤是由中国传统文化和"文革"时期留下来的社会背景交织在一起构成的。当西方的当代（现代）文化融汇进来，就形成了一幅杂糅共生的局面。我们称之为别现代。谷文达认为在别现代这样一种环境中，让更多的人知道、了解、参与其中，才能更好地推广精英文化、主流文化、本土文化，才能使当代文化普及到大众当中去。

  In Gu Wenda's works of calligraphy and art installations, the memory of the pre-moder a strong memory of the red slogans and posters of the cultural revolution n is often expressed as the main body of ideology. The Work of "Red Light in Heaven" and the solo exhibition of "Journey to the West", make the audience's vision full of the red memories of the Cultural Revolution. Just as he said, because the intense memories of the red banners and big-character posters of the Cultural Revolution were still lingering, a calligraphy art work in the form of big-character posters and slogans with misused characters was gradually formed in mind. The color of the pre-modern is the most obvious in the land art of Heavenly Lantern series. In "Heavenly Lantern—Tea House" (2009), over 5000 red and yellow lanterns were used to cover Dynasty Building in the shape of a pavilion in downtown Brussels. For the projects of "Heavenly Lantern" (Singapore, Hong Kong), this is his new attempt to intervene in the global cultural field with traditional Chinese cultural symbols, which also reflect his ambitions of "assimilating the world". "The temple of heaven" series also featured on the cover of "American art" in 1999, representing a blend of the pre-modern and modern times in a unique way. In modern city which continues Chinese people's memories about the pre-modern, while the postmodern cultural participation similar to graffiti breaks the time segregation between the pre-modern, modern and postmodern. Gu Wenda argues that China's realistic condition is intertwined with traditional Chinese culture and the social background left behind from the Cultural Revolution. When western contemporary (modern) culture comes in, a mixture of symbiosis is formed. We call it the Bie-modern. Gu Wenda thought only when more people know, understand, and get involved in the Bie-modern environment, can the elite culture and the mainstream culture as well as the local culture be better promoted, and the contemporary culture be spread to the public.

别现代主义与中国当代艺术
——以陈箴装置艺术为个案

李 隽　刘海杰

研究中国当代文艺现状，现代性、后现代性等西方舶来的术语似乎无从回避。毋庸置疑，这些源自西方的批评术语为中国当代文艺理论的建设与发展注入了一股动力，但倘若将其原封不动地照搬至中国的文艺实践，其有效性很是值得怀疑：它们是否真的适用于中国语境，是否是借西方话语对中国艺术现状进行"强制阐释"，对中国学者而言，这是值得深入研究和探讨的问题。尽管"现代性"与"后现代性"被频繁用于概括中国当代艺术的现状，但事实上，我们无法将中国当代艺术完全纳入现代主义或者后现代主义体系之中。由于中国在现代性的构建尚未完成的情况下，带着前现代的残余匆匆地与后现代邂逅，因而不可避免地陷入了"前现代、现代、后现代的纠葛中"。① 虽然有些学者认为，在这种情况下，只有后现代适于描绘中国所处的状态。但是，用后现代理论描述并非处于后现代社会的中国现状未免有"强制阐释"之嫌。我们必须意识到，由于发展过程与西方社会迥异，"从存在样式到面临问题再到发展前景，中国都不同于西方的处境"②，很难假借西方理论诠释中国当代艺术的现状并解决中国当代艺术存在的问题。西方理论话语在诠释中国当代艺术上的疲软乏力，迫使我们亟待一种既立足于中国现实又放眼全球的"中国

---

① 王建疆：《别现代：主义的诉求与建构》，《探索与争鸣》2014年第12期。
② 同上。

话语"的出现，并以此重建新的理论规范。也许正是由于现实的呼求，"别现代主义"成为当下学术界的一个热点。[①] 基于此，本文尝试以王建疆教授的别现代主义为理论支点，建立起更为合理的中国当代艺术批评话语。为便于理解，本文还将引入陈箴的装置艺术作品作为研究个案。

一 别现代社会与中国当代艺术的困境

在西方20世纪后半叶的艺术景观里，黑格尔早在一个世纪前提出的"艺术终结"的声音格外嘹亮。倘若我们重温他那些有名的段落，就会发现在当代的西方艺术景观中，他的预言已经惊人地化为现实。尽管黑格尔的信徒丹徒对"艺术终结"和"艺术死亡"一再辨析，但这并不妨碍我们意识到在后现代的语境里西方的当代艺术已陷入困境。那么，中国当代艺术的命运又将如何？在回答这个问题之前，我们不妨回到本文开头时提及的一个事实：中国的社会形态既与西方迥异，在"前现代、现代、后现代的纠葛中"摇摆不定，无法归于现代或者后现代之列，那么我们应如何描绘当下中国的社会形态？王建疆教授将之概括为"别现代社会"。在《别现代：主义的诉求与建构》一文中，他对"别现代社会"的形成做出了精辟描述："中国作为从封建社会直接跨入社会主义的社会形态，在思想观念、制度政策、行为方式都还没有完全与前现代脱离就进入现代社会，作为后发国家还没有完全实现现代化，就遇到了后现代的裹挟……"[②] 西方当代文艺艰难跋涉，那么"别现代社会"下的中国当代文艺是否可安然无恙？

答案是否定的。2014年10月15日召开的文艺工作座谈会上的一个景观就是，几位艺术家不约而同地用"浮躁"形容当下的文艺现状。浮躁无疑成为制约当前文艺发展的一大顽疾。这种弥漫于当前社

---

① 潘黎勇：《"'别现代'时期思想欠发达国家的学术策略"高端专题研讨会综述》，《上海文化》2016年第2期。

② 王建疆：《别现代：主义的诉求与建构》，《探索与争鸣》2014年第12期。

别现代：作品与评论

会的浮躁情绪的症结何在？我们认为，"浮躁"背后即是别现代社会里当代文艺在"前现代、现代、后现代的纠葛中"不知何去何从的迷惘心境。自1979年中国当代艺术伴随着"星星画展"拉开序幕以来，在这逾30年的时间里它发生了翻天覆地的剧变，伤痕、乡土、理性绘画、政治波普、玩世现实等艺术形式层出不穷，去中心、符码化、挪用与混合、堆积与拼贴等艺术手段纷繁复杂，中国当代艺术一幅百花齐放的缤纷场景。然而这派花团锦簇的场景却没有构成一幅完整的图案，始终只是一片众声喧哗的浮躁图景。其原因或可归咎为艺术体制尚处于前现代时期，民族性在艺术现代性中缺失，消费主义、虚无主义等后现代价值观甚嚣尘上。

（一）艺术生产体制和评价体制尚处于前现代时期

中国当代艺术发轫于20世纪70年代末，90年代进入国际视野。计划经济时期，中国的艺术评价体制是西方19世纪沙龙文化的延续，通过官方参展是艺术家的作品得到传播流通的唯一渠道。彼时，尽管这一体制已伴随着改革开放的到来宣告打破，但合理有效的当代艺术评价体制尚未建立，运作手段及展示空间的匮乏，让中国当代艺术捉襟见肘。然而，失意的艺术家们很快找到了一条发展的捷径——向外国发展，将中国当代艺术推向西方，以"国际化"的方式取得认可。可以说，由于滞后的、尚处于前现代的艺术生产体制和评价体制已然无法匹配当代艺术的现代性进程，诞生伊始，中国当代艺术便是以一种依赖于西方当代艺术制度的模式发展。纷纷卷入全球化的艺术展览旋涡的中国艺术家们，立刻敏锐地意识到了权力话语的重要性。

1992年秋，策展人奥利瓦来到中国为次年举办的第45届威尼斯双年展挑选参展作品，艺术家王广义、方力钧、丁乙、冯梦波、李山、刘炜、孙良、徐冰等参加了主题展；与此同时，陈箴、吴山专、王友身等参加了同时在威尼斯举办的专题展与开放展。作为西方世界最重要的学术性国际大展之一，第45届威尼斯双年展首次比较系统地推出中国艺术家，无疑为中国当代艺术打开了一扇通往世界的大门。1999年，策展人哈罗德·泽曼挑选了以蔡国强为首的20位参展中国艺术家参加第48届威尼斯双年展，阵容之庞大甚至使东道国意大利黯然失色，蔡国强还因其参展作品《威尼斯收租院》将金狮奖收入囊中。时至今日，参加过威尼斯双年展仍是中国艺术家头顶上最耀眼的光环之一。譬如，所谓当代艺术"四大天王[①]"，都先后参加过威尼斯双年展，早在2007年，他们就已创下了千万级别的拍卖神话。发迹于西方展览的中国艺术家们带动了整个中国当代艺术圈对西方艺术展的趋之若鹜，然而也造成了一些艺术家在占据主流话语权的西方当代艺术面前丧失了自己独立的价值批判体系及身份体系，甚至甘愿自我"东方主义"，以向西方献媚。这种主动奉献的"被殖民心态"，即主动去除母文化投入强势文化的怀抱的心态令人担忧。譬如一度盛行于90年代的"政治波普""艳俗主义""玩世主义"即是部分中国当代艺术家的"被殖民心态"的集体表露。1992年，策展人奥利瓦赴华为第45届威尼斯双年展挑选作品，尽管中方的策展人栗宪庭对中国当代艺术做了全面的介绍，奥利瓦却只对政治波普和玩世现实主义感兴趣："而我把整个十年中国的当代艺术中凡有自己一点创造性的都选出一些代表，奥利瓦则认为其他东西不像波普、玩世更具个性化而拒绝。"[②] 发现了西方窥探中国政治的癖好，政治波普、玩世现实主义在中国掀起了热潮，部分中国艺术家为搭乘国际快车，纷纷加入否定本土、神往西方、滥用中国的文化象征物做"东方主义"的表演的行列里来，自甘匍匐在地做西方当代艺术的附庸！

然而，仔细想来，部分艺术家的这种行径实属因中国现行的艺术生产体制和评价体制尚处于前现代时期的无奈之举：倘若中国业已建立起推动当代艺术发展的管理机构、基金会、艺术赞助等机制，拥有一批在国际艺术领域享有发言权的中国艺评人和策展人，那又怎会有艺术家为谋发展频繁向西方献媚呢？西方的现代艺术评价体制是一个由艺术家、经纪人和收藏家共同构建的复杂体系。反观中国，目前既

---

① 张晓刚、岳敏君、方力钧、王广义四位中国当代艺术家被称为"四大天王"，他们的作品拍卖价在短短的五六年时间里劲升百倍，制造了中国当代艺术的价格神话，引发了巨大的当代艺术创作风潮和价值争议。

② 王南溟：《高名潞和栗宪庭的交战》，《美术学》2007年第6期。

无健全的艺术基金机制，又无成熟的艺术品市场。一名中国艺术家倘若想在国内美术馆或者博物馆办展，不仅要收取场租费，还可能因展出条件太差而倍感失望，而西方的美术馆既不会收取场租费，还会负责为参展作品投保及印制宣传画册，这都是西方业已成熟的艺术生产体制和评价体制决定的。倘若中国不及时建立与当代艺术发展进程相匹配的艺术生产和评价制度，哪怕艺术品拍出再高的价格，艺术家参加再多的国际艺术展，中国当代艺术也只能荫庇在西方艺术之下。

（二）民族性在艺术现代性中缺失

不可否认，在30余年的发展历程中，中国当代艺术取得了不容小觑的成就。然而我们同时也必须注意，在其现代性进程中，中国传统文化的价值体系在西方当代艺术的冲击下支离破碎，以"中国话语"关注"中国主题"并不为艺术家们所重视，民族性已荫庇在国际性之下。放眼望去，"北方艺术群体""南方艺术沙龙""新野兽画派""厦门达达"等有志于当代艺术的群体遍地开花，似乎一派欣欣向荣的图景，然而尽管他们的作品中也不乏中药、火药、风水、龙等中国元素，但这些元素往往只流于浅表，他们的作品内核却处处是西方的影子。譬如，在1989年的现代艺术作品展上脱颖而出的李山的行为艺术作品《洗脚》，很可能是对博伊斯1971年于巴塞尔进行的洗脚表演的一次模仿；1995年，来自北京"东村"的11名艺术家共同表演的《为无名山增高一米》的创意，则很可能源自博伊斯为柏林墙增高5厘米的提议。尽管当现代性融入艺术家的思维领域后，对传统的反拨势不可免，但我们认为在追逐西方当代艺术浪潮的热情消退之后，在频繁更迭地尝试西方当代艺术各个流派表达的激情冷却之余，中国当代艺术是时候立足本土重新思考如何以自身的文化语境、以更丰富的当代艺术语言诠释本土的文化传统和艺术经验了。

（三）后现代价值观甚嚣尘上

中国当代艺术遭遇的另一场危机则隐藏在一片车水马龙的繁华之后，各种私人、官方展览纷至沓来，国际前景似乎一片大好，然而繁华背后，后现代主义携带消费主义、虚无主义悄然袭来，金钱的诱惑、理想的丧失消磨了部分艺术家早期前卫的理想主义以及参与文化建设的信心与力量。譬如，部分艺术家在无法把握虚实的夸张拍卖价格诱导下，不断重复固定的"成功模式"，导致大量披着当代艺术外衣的商业艺术的出现；或在对国际认同的强烈渴望下，因西方策展人、收藏家对于具有中国符号及政治调侃意味的作品青睐有加，则不惜扭曲事实恣意迎合西方人的东方"想象"；或忽略东西方意识形态、文化传统的差异，盲目追求西方极端个人主义等消极的价值标准，结果"炼人油""吃死婴""公众场所性交"等不顾道义和伦理传统的暴力和色情表演招致各方面的口诛笔伐。

二 别现代艺术的典型代表：以陈箴装置艺术为例

陈箴，1955年出生于上海的一个医学世家，1982年毕业于上海戏剧学院，留校任教直至1986年移居法国，2000年病逝于巴黎。尽管陈箴在国际艺术界颇负盛名，但由于早在20世纪80年代去国离乡，又英年早逝，相较于与他背景相似的海外华人装置艺术家如蔡国强、徐冰等人，国内学者对他的关注并不多。因此本文以陈箴的装置艺术为个案，除方便理解别现代主义外，还期望唤起国内学者对陈箴的重视。

无论是对于装置艺术还是陈箴而言，20世纪90年代都是一个具有特别意义的时期。前者在90年代迎来了转折：早在改革开放不久，一些艺术家就试图假"85新潮"引进装置艺术，却备受冷遇，直至20世纪90年代，装置艺术卷土重来并大获全胜；后者则在90年代迎来了艺术创造的巅峰：1993年年底，去国多年的陈箴决定回国看一看，已发生翻天覆地之变的祖国激发了他的创作灵感，并以此创造了一系列装置艺术作品，至此陈箴进入了其装置艺术创造的高峰。这并不是一个巧合。90年代是一个有"魔力"的年代，随着改革开放的深入，中国与西方频频碰撞，前现代社会的劣根尚未根除，现代化建

别现代：作品与评论

设方兴未艾，西方又携带着后现代思潮呼啸而来，在这种背景下，中国逐渐过渡到别现代社会。别现代社会成为滋生装置艺术最为肥沃的土壤。在西方，装置艺术是后现代艺术的样式之一。在中国，装置艺术在别现代社会萌芽发展，呈现出一副截然不同的面孔："当代中国装置艺术在90年代不断本土化之际，受到了中国本身社会现实和传统文化的影响，同时，艺术家们出于装置中国化的理念，也在不断探索装置艺术的中国版本。因此，今日中国的装置已非西方典型的后现代样式，而是有着中国特色的带有现代性追求、超越后现代主义的当代前卫样式。"[1] 因此，我们可以认为在中国，装置艺术是一种别现代艺术的样式。

在陈箴的作品中我们随处可见别现代社会的隐喻，如完成于1996年的大型装置艺术作品《日咒》（*Daily Incantation*）。该作品由101只按照战国编钟方式排列的墩形老式木马桶组成一个乐器装置，其中的一部分马桶还被改装成音响，播放着电视广告人声音与刷洗马桶时的混合声。作品中间部分是一个巨大的地球仪，里面充斥着现代社会产生的典型垃圾：键盘、显示器、电线……旧式马桶隐喻前现代时期，作品中央的一大堆工业垃圾象征着现代时期；将代表中国古代礼乐制度最高形式的编钟与代表中国世俗文化中最污秽之物的马桶并置，将一大堆工业垃圾填入被誉为"人类母亲"的地球之中则是一种后现代的祛魅。同年完成的另一装置作品《兑换处》（*Exchange Agency*）将20世纪80年代城市居民生活中随处可见的前现代公共厕所蹲坑与"中国银行""中国人寿保险集团"等牌匾置于一处，粪池里散落着的各国货币则是一种后现代式的价值解构。1997年完成的《经轮——有钱能使鬼推磨》（*Prayer Wheel：Money Makes the Mare Go*）挪用了藏传佛教中的转经仪式，一个被称为"神殿"的白色闭合空间中矗立着由若干算盘和计算器组成的巨大转经轮，当观者走进并推动转经轮便会发出收银机收银声或者算盘被拨动的声音。算盘和收银机这些前现代和现代的不同象征，与佛教转

---

[1] 贺万里：《论中国当代的装置艺术》，《文艺研究》1998年第1期。

经轮的组合，不失为一种后现代反思。然而，要对陈箴艺术特征进行总体概括，非别现代莫属。因为这里虽然有着现代、前现代和后现代的艺术元素，但又非其中任何一种简单的元素可将其完全概括，只有别现代才是最恰当不过的表述。

此外，陈箴装置艺术的表现方式亦是一种典型的别现代言说方式，即时间空间化。装置艺术作为一种空间艺术，是表现"时间空间化"的极好载体，陈箴的作品更是完美地诠释了这一点。他通过将象征着前现代、现代、后现代的三个意象并置，以空间的形式表达前现代、现代及后现代三个不同层次的时间意象，发挥形象对观者的诱导，完成对过去、未来的补充和对现状的反思，使时间同时获得构图空间及审美空间的意义。换而言之，"过去"和"未来"在陈箴的艺术品中转换为"当下"同时生效，构成了一个前现代、现代和后现代并存的张力结构，从而使时间获得了构图上的意义；另外，时间在陈箴的作品中并非静止不流，在艺术家构建的别现代的张力结构中，"现代、前现代、后现代的任何一方都有可能导致社会向自己的方向发展"[1]，也就是在三者的交集和纠结中会形成一种倾向性并不明朗的主导性的力量，因而激发了观者极大的想象力，使之精骛八极、视通万里，跨越了时间的距离、自然空间的藩篱，进入了自由的审美空间。

在思想内涵方面，陈箴作品的思想蕴含和思维方式是一种"跨越式停顿"——这是别现代主义的又一关键词。"跨越式停顿是在高速、高度的跨越发展时自主性的停顿，消解惯性，用于自我反思既定路线，寻求更佳的发展路径。"[2] 也就是说，跨越式停顿并非不得已而为之的选择，而是在看似一帆风顺之际，主动停下来自我更新。陈箴创作于20世纪90年代的诸多装置作品，都是在目睹了祖国日新月异的飞速发展后创造的，然而在一切欣欣向荣之际，陈箴开始有了几许忧思。我们上面提及的《日咒》（*Daily Incantation*）、《兑换处》（*Ex-*

---

[1] 王建疆：《别现代：话语创新的背后》，《上海文化》2015年第12期。
[2] 王建疆：《别现代：跨越式停顿》，《探索与争鸣》2015年第12期。

change Agency)、《经轮——有钱能使鬼推磨》(Prayer Wheel: Money Makes the Mare Go)莫不如此,在惊叹祖国高速发展之际,莫不流露出对当下混杂着前现代、现代及后现代的中国社会的担忧。最为典型的作品或许是他的《早产儿》(Precipitous Parturition)。该作品的灵感源自陈箴的一次回国探亲。当时,他在国内目睹了这样一句口号:"2000年有1亿中国人拥有自己的汽车,欢迎来中国参与汽车工业竞争!"在惊叹祖国的发展速度之余,陈箴却颇感担忧,他认为这样过快的发展速度有些可怕,因此在其装置艺术作品《早产儿》(Precipitous Parturition)中表现了这一灾难式的场景:无数自行车内胎缠绕成龙形,龙头是残破的自行车,龙身爬满了被漆或被染成黑色的玩具小汽车,巨龙在展厅上空摇摆,看似凶悍威猛,可它扭曲的姿态和胀裂的腹部告诉我们它已如负载过重的高架桥,无法消化迅速增长的车辆。在该作品中,陈箴终止了线性思维,消除了肯定—否定,前进—倒退等庸俗的辩证法,他将过去(自行车)、现在(汽车)和可能到来的未来(姿态扭曲、腹部膨胀欲裂的龙)置于一个平等、共享的空间重新谋划。从而使我们不必"沿着纵向导时间之矢自说自强,而是让未来和历史所构成的空间来评判谁最强"[①]。在这种过去、现在、未来的多种维度中,陈箴颠覆了线性思维的统治,为思维的跨越提供了可能,为我们能更好地反思中国在城市化进程中遇到的各种问题,提供了艺术的智慧和美学的反思。由此可见,陈箴的作品可被视为王建疆别现代主义装置艺术的典型代表,他的作品也许会随着别现代社会的进一步发展而显示出更多的寓意。

三 别现代主义与中国当代艺术的可能性路径

回顾30余年的发展历程,中国当代艺术繁花似锦的表象背后问题迭出。然而中国社会发展的独特性使我们无法向西方求得解决问题的灵丹妙药。事实上,学术界对中国处于前现代、现代、后现代三者

---

① 王建疆:《别现代:跨越式停顿》,《探索与争鸣》2015年第12期。

间纠葛徘徊的现状的认识早已达成一致,却因囿于西方文论的既成概念未能对其做出精准的概括。因此,"别现代"概念的提出又可引发我们的另一遐想:我们是否可依据别现代主义对别现代性的批判来达到超越前现代性、完善现代性、扬弃后现代性的目的?是否可利用"假道西方现代和后现代而又完全不同于西方哲学体系和价值体系,具有创新型理论和中国本土特征[①]"的别现代主义为身陷囹圄的中国当代艺术谋得出路?

2014年上半年,王建疆教授在上海市美学学会于上海师范大学召开的一次美学和艺术学讨论会上首度提出了"别现代"的概念。他认为,当下中国美学面临的问题"不是现代性的问题,而是别现代的问题"[②],因为"中国正处于特定的历史时期和特定的社会形态中,这里既有高度发展的现代化物质基础,又有前现代的意识形态和制度设施,还有后现代的解构思想"[③],是"不同于现代、后现代、前现代,但又同时具有现代、后现代、前现代的属性和特征的社会形态或社会发展阶段"[④]。因此,王建疆教授主张,我们在思考中国美学问题时,应该充分考虑别现代时期的社会需求、时代问题及文化背景,切勿"把西方的需要当成自己的需要,把后现代的问题当成自己的问题"[⑤]。由此可见"别现代"的提出具有极强的现实针对性和时代使命感。

下面我们不妨从思维和价值两个维度对"别现代主义"进行分析,以检验其为中国当代艺术谋出路的有效性。别现代主义表明了一种完全不同于前现代、现代和后现代的思维方式,它力图突破前现代僵化的思维,秉有颠覆现代性话语的潜能,但又迥异于后现代思维过于关注反思而疏于建构的倾向。

在思维方式上,别现代主义肯定了世界的多样性和丰富性,主张

[①] 王建疆:《别现代:主义的诉求与建构》,《探索与争鸣》2014年第12期。
[②] 王建疆:《别现代:话语创新的背后》,《上海文化》2015年第12期。
[③] 同上。
[④] 同上。
[⑤] 同上。

别现代：作品与评论

从多视角出发认识和理解世界；意识到了中国在前现代、现代、后现代三者间纠葛徘徊的尴尬现状，倡导超前意识，通过"跨越式停顿"达到对更高境界的追求。"跨越式停顿"是指"在事物发展到高潮时，如日中天之时，突然停顿，另辟蹊径"。① 这样的思维方式类似于中国古代的急流勇退，是对事物发展有限性的深刻认识。将它运用到当代艺术实践及理论创新中，既有助于艺术家们打破旧思维开阔新视野，又对突破既有的艺术秩序，建立健康积极、符合本土氛围的新秩序大有裨益。

在思维内容上，别现代主义倡导对别现代社会进行反思，是对处于前现代、现代和后现代之间的诸如"理性与反理性、本质与反本质、中心与去中心、权威与反权威、进步与反进步、启蒙与反启蒙、体系与反体系、进步与反进步、解放与反解放、启蒙与反启蒙、一元与多元、高雅与大众、宏大叙事与微叙事之间的诸多对立"② 的深层次思考，但又不囿于此，还将对当下现实问题和理论建构予以关注，着力制定适应当下形势的文化策略和发展道路。

在价值层面，别现代对尚处于前现代社会的贞操观、香火观、迷信观等封建糟粕坚决抵御，对现代社会重科技轻自然的思想状况予以警醒，呼吁重视我国属于"思想欠发达国家"的现状，并努力改变，使我国在经济发展高歌猛进之际，软实力也要跟上，但又切忌邯郸学步，脱离当代中国文化语境，全盘接受西方价值观，尤其与历史虚无主义等动摇我们的指导理论、扭曲我们的道路选择、麻痹我们的价值判断等危险的价值观划清界限。

中国当代艺术诞生伊始就奉西方现代艺术为模板，从观念、图式、逻辑等层面上对西方现代艺术进行了全面临习、模仿、移植、嫁接和融合，因此消解西方意识形态强势话语，发出自己的声音显得尤为重要。尽管近年来，随着中国当代艺术的发展，艺术家们已尝试在艺术创造中逐步回归到对中国本土文化资源的利用中来，但少数艺术

---

① 王建疆：《别现代：话语创新的背后》，《上海文化》2015年第12期。
② 王建疆：《别现代：主义的诉求与建构》，《探索与争鸣》2014年第12期。

家良莠不分，一些陈旧落后的封建意识形态在他们的作品中有所抬头。在这种情况下，别现代主义既对尚处于前现代时期的过时价值观进行批判，反思现代价值体系的不足，又对后现代主义的去思想化、去价值化、去历史化、去主流化着手反拨，呼吁培养和实践中华民族的核心价值观，建立起合理的中国当代艺术价值观。

别现代主义倡导多元价值观，主张尊重个体意愿，但并不认可价值解体、意义消弭等后现代价值景观。事实上，"别现代"这一术语诞生伊始便与"构建"一词建立起了联系，意义构建及价值构建正是"别现代"的着力之处。可以说，这一术语提出的本身即是王建疆教授构建主义、改变中国思想欠发达现状的一次尝试。在其不断发展过程中，"别现代正在突破话语霸权，建立中国式的话语场和思维场"。伊哈布·哈桑将后现代主义称为"摧毁"（unmaking）运动，形象地表达了后现代主义的否定性倾向。然而，我们需注意到由于后现代主义勤于否认、疏于建立，难免落入虚无主义的窠臼。别现代主义倡导的是一个价值观多元的和谐社会，并呼吁在此基础上弘扬中华民族核心价值观，以掌控由前现代、现代和后现代共时存在造成的"别现代的张力结构，使其发挥正能量"。这种价值观建立在优良的民族文化传统之上，反映着一个民族最深沉的精神世界和价值追求。

正如陈箴和其他先锋艺术家的不同作品所显示的那样，别现代是现代、后现代、前现代之间的角力场，随着主导性力量的不同时代特征而具有多种可能性前景，这种前景也许如陈箴所展示的那样创新、审美和再造艺术空间，也许会沦落为西方艺术的翻版，也许只是浮躁情绪的发泄。因此，我们倡导的别现代主义艺术应是一种全新的艺术景观，它消解了旧的话语体系，通过对现代性与后现代性检视与反思，构建更合理的艺术形式。我们习惯于从与西方的关联中去思考中国当代艺术的发展策略，然而要为中国当代艺术谋求真正的出路，我们需要的或许是在借鉴西方经验的同时，立足中国处于别现代社会的现实，进行别现代性反思，甚至像王建疆教授所说的要在别现代时期思考后现代之后的事情，在中西方巨大的空间错位和时间错位中做未雨绸缪的工作,秉持跨越式停顿思维方式,从而寻找到突破口,制定适合当代中国发展现状的艺术制度,并鼓励艺术家们以独特的艺术表达,创造出既有地方性、民族性,又有全球性的伟大的艺术作品。

第三辑 别现代建筑装饰艺术与评论
Part Ⅲ Bie-modern: Architectural Art & Decorative Art

周 韧 供稿解说

李 隽 翻译

一 江苏江阴华西村建筑群
Architectural Complex in Huaxi Village

华西金塔，江苏江阴华西村，1996
Golden Pagoda of Huaxi Village, Jiangyin, Jiangsu Province, 1996

■ 别现代：作品与评论

华西村微缩版紫禁城，江苏江阴，1996　Miniature Version of the Forbidden City in Huaxi Village, Jiangyin, Jiangsu Province, 1996

图片来源：http://www.sohu.com/。Source: http://www.sohu.com/.

　　这个在改革开放政策下富裕起来的集体所有制村庄，35平方公里的土地几乎成了古今中外的著名建筑大杂烩，把中国天安门、万里长城、五亭桥和欧洲的凯旋门、美国国会大厦、澳大利亚悉尼歌剧院再加上自建的华西金塔和各种为迎接游客而建的现代玻璃幕墙酒店大厦不可思议地拼凑在了一个狭小区域之中。这种拼凑，乍一看形式上似乎还挺符合后现代的路数：通过颠倒、重构各种既有语汇之间的关系，从逻辑上否定传统的基本设计原则由此产生新的意义。把著名建筑山寨过来作为个体打碎重组，形式上固然与解构主义有相似之处，但与解构主义的去中心化相反，山寨、拼凑的目的却是要建立体现权力和权威中心、彰显华西村众妙所归的"土豪"气派和"天下第一村"的招牌，无疑具有现代商业通过眼球经济来吸引游客的利益驱动。这种披着后现代外衣实则受前现代威权主义思想影响和现代商业利益驱动的建筑形态，实则正是三者和谐共谋于一体的别现代艺术典型。

　　It is a collectively owned village which has become rich under reform and opening policies. In its 35 square kilometers of land, there is a hotchpotch of famous buildings around the world, including Tiananmen Square, the Great Wall, the Five-pavilion Bridge, European triumphal arch, the United States Capitol building and the Sydney opera house. In addition, there are self-designed Huaxi Gold Tower and various glass-walled skyscrapers for hosting visitors. Inconceivably, all of these are squeezed into a narrow space. In form, it is seemingly post-modernism: it denies traditional basic design principles in terms of logic so as to produce new meanings by subverting and reconstructing the relationships between defined words. The cheap copy of famous buildings is seemingly similar to Deconstructivism in form. However, contrary to Decentralization in Deconstructivism, it tries to establish power and authority so as to manifest its superior extravagant style as well as its title as "the first village in the world". No doubt it is a profit-driven architectural form which is often used as an eyeball economy to attract visitors by modern commerce. In that way, a typical Bie-modern aesthetics is produced by the harmonious development of post-modern disguise, pre-modern thought of Authoritarianism and modern prolific driving force.

二 石家庄新长城国际影视城
The New Great Wall International Studios in Shijiazhuang

新长城国际影视城,河北石家庄,2015
The New Great Wall International Studios in Shijiazhuang City, 2015

第三辑 别现代建筑装饰艺术与评论

新长城国际影视城建筑内景，河北石家庄，2015
The New Great Wall International Studios Interior, Shijiazhuang City, 2015

新长城国际影视城建筑全景，河北石家庄，2015
The New Great Wall International Studios Panorama of Building in Shijiazhuang City, 2015

图片来源：http://www.people.com.cn/, Source：http://www.people.com.cn/.

该建筑造型一半由故宫祈年殿一半由美国白宫拼凑而成，从中间看黑白分明，正好一分为二。这座不伦不类的奇葩建筑就是为拍摄电影和作为旅游景点而建的。这种以拼凑为主导的伪后现代，紧紧包裹在其中的，仍然是现代商业至上的观念。

The building is composed by half the Hall of Prayer for Good Harvests of the Imperial Palace and half the White House of America. If we view it from the middle, we can see that it has two handles with a clean distinction between black and white. Such a nondescript building is built for producing films and for visiting as a sight spot. The essence of such kind of pseudo Post-modernism which is produced by collage is still the modern views of commercial first.

三 陈展辉"建筑之外"系列
Chen Zhanhui's Beyond Architecture

陈展辉,广州人,毕业于深圳大学建筑学系。"建筑之外""城市之外"发起人及总策划,马达思班建筑事务所、玉川酒庄、思班机构、智库咖啡创始合伙人,"凹凸无限"主创设计师。上海尚都里文化交流中心艺术总监,联合国教科文组织创意城市上海推进办、上海设计之都促进中心顾问和特邀策展人,上海设计创意100推荐榜组委会成员及总策展人。保利拍卖建筑师专场召集人,今日美术馆学术委员会理事。北京《俱乐部》客座主编及专栏作者,上海《CEO》顾问及专栏作者。

Sunny Chen, born in Guangzhou, is the initiator and chief planner of "Beyond Architecture", and the founding partner of MADA s. p. a. m architectural studio. Sunny graduated in 1992 from the Architecture Department of Shenzhen University. In 1999 he co-founded MADA s. p. a. m architectural studio with Qingyun Ma in Beijing. Afterwards he invested in other "beyond architecture" fields such as winery, exhibitions, contemporary arts, agricultural real estate, and travel etc. Sunny served as the co-curator of 2007 Shenzhen Hong-Kong Biennale, co-curator of 2010 Chengdu international architecture biennale, convener of the architecture special session of Poly auction since 2012, launched and as the curator of the first "beyond architecture" exhibition in 2013 and has held over 30 international tours till today; in 2015 he launched "Design for Children" platform and a series of exhibitions.

别现代：作品与评论

兰州城市设计展览馆建筑之外展，2015.10.20
Lanzhou Urban Planning Exhibition Hall Beyond Architecture, 2015.10.20

东京"大视界"建筑之外展，2015.11.25
TOKYO BIG SIGHT Ondesign, 2015.11.25

第三辑 别现代建筑装饰艺术与评论

承德建筑之外展，2016.5.12
ChengDe，2016.5.12

纽约贾维茨会展中心建筑之外展，2016.5.14
New York Javits Exhibition Center，2016.5.14

别现代：作品与评论

北京圣公会建筑之外展，2016.4.10
Beijing Anglican Church, 2016.4.10

第三辑　别现代建筑装饰艺术与评论

南非·约翰内斯堡建筑之外展，2016. 6. 19
Johannesburg South Africa，2016. 6. 19

别现代：作品与评论

中欧国际金融学校建筑之外展，2016.6.8
China Europe International Business School, 2016.6.8

第三辑　别现代建筑装饰艺术与评论

上海"风雨筑"建筑之外展，2016.7.1
ShangHai Feng Yuzhu, 2016.7.1

上海设计周建筑之外展，2016.8.26
Shanghai Design Week, 2016.8.26

陈展辉别现代宣言：别现代之"凹凸无限"

陈展辉

凹凸系列是象形文字与阴阳哲学观念及极简主义建筑理念的叠加。属于别现代建筑理念的创新性尝试，也预示着传统到未来的无限可能。凹凸系列将中国古代道家推崇的五行学说与阴阳对立统一学说相结合，并运用现代设计工艺、材料加工制造而成"建筑之外"衍生品。从金玉结合的结婚对戒，到凹凸陶器，再到城市的系列设计，多聚焦于室内家具和城市公共空间装置尺度的创作和演绎，不一而足。对于"凹凸"来说，凹凸不只是装置艺术以及现代家居展品，这一组站立起来的文字也是一组空间感极强的图形、图腾，极具别现代主义意识，这就是立足前现代文化遗产和现代城市生活，在以解构中心为标志的"建筑之外"，重构以阴阳平衡为标志的凹凸对接。是中国传统文化艺术在当下最有前沿性和革新性的代表之作。树立于广场上的凹凸作品既可以说是一件（组）雕塑，也可视其为一种带有观念的当代艺术形式。中国传统的象形文字作为一种形象，其生存的空间由二维转为三维，色彩由单一变为五行五色：黑对应水（代表润下）、红对应火（代表炎上）、白对应金（代表收敛）、绿对应木（代表伸展）、黄对应土（代表中和）。这种变化本身就在描述中国古代哲学思想的当代转化。即用五行理论来说明世界万事万物的形成、运行规律、运动形式及其相互转化关系。"和"的理念在凹凸的诠释中得到完美体现。

从金玉结婚戒指而呈现男女平衡关系，从五色装置再现天地风云雷电等大自然与人类的和谐关系。凹凸诠释了上下、前后、深浅、高低；在点、线、面的平面组合中再现立体世界的无限可能。凹凸从波折起伏之意一路流变至今，代表了男性的刚强，女性的曲线，预示了人生的不平凡与超越无限。凹凸构筑了空间，成就了生活的界限，也反思了阴阳、五行、天地、建筑、男女，以及相生相克，相拥相离的人生百态与生活、世界的万般模样。

凹凸时常自兼主角和配角，以它的灵活和包容统领了不同场地和空间，也担负起中国文化传播的使命。它代表上海创意远赴东京、法兰克福、迪拜、纽约、约翰内斯堡，为上海设计的"一带一路"冲锋陷阵，它成为上海设计周和北京设计周的亮点，在时尚家居创意设计方面占一席之地；它也作为建筑师的创作从一千幅作品中突围而出被艺术界选为 Top 50 的雕塑，并获得大众评选前三名；它还在威尼斯双年展展出，同时被温哥华力邦美术馆收藏并展出。凹凸是文字，是符号，是阴阳，是形式，也是生命和爱。

凹凸建筑造型体现的是别现代主义美学的张力结构和生成机制。

Chen Zhanhui's Bie-modern Announcement：
"Infinite concave-convex" of Bie-modern Art

Chen Zhanhui

The concave-convex series is a combination of hieroglyphs, Yin and Yang philosophy and minimalist architectural concept. It not only belongs to an innovative attempt of Bie-modern architectural concept but also foreshadows the infinite possibilities from the tradition to the future. The concave and convex series combines the five elements advocated by ancient Chinese Taoists with the Yin-Yang theory of the unity of opposites, and employs modern design technology, manufacturing materials to make "building outside" derivatives, including the marriage rings made of gold and jade, the concave and convex potteries and the city series design. Most of these products focus on the interior furniture and urban public space. The concave-convex series is not just installation art and home exhibits. As a group of erect Chinese Characters, it is a group of figures or totems with a strong sense of space. In that way, the concave-convex series is full of post-modern sense, and can be considered as the most innovative and pioneering work of Chinese traditional art in the present. For example, the concave and convex works in the square can be regarded as either a (or a group of) sculpture or a contemporary art form with certain concept. As an image, The existing space for traditional Chinese hieroglyphs changes from 2D to 3D, and its color changes from single to five lines of five colors: Black corresponding to the water (on behalf of nourishment), red corresponding to the fire (on behalf of flame), white corresponding to gold (on behalf of convergence), green corresponding to wood (on behalf of stretch), yellow corresponding to soil (on behalf of neutralization). This change itself is a contemporary transformation of Chinese ancient philosophy thought i. e. to use the theory of five elements to illustrate the formation of all things in the world, operating rules, forms of movement and mutual transformation. The concept of "harmony" is well shown in the interpretation of "concave-convex".

From presenting a balance between man and woman via marriage rings made of gold and jade to reproducing the harmonious relations between the natural as the heaven and earth, the wind and cloud, the thunder and lightning etc., and human beings. Concave-convex interprets the up and down, the front and back, the depth and shallow, the high and low, and it reproduces the infinite possibilities of the three-dimensional world in the flat combination of point, line and plane. The connotation of concave-convex changes from its original meaning of ups and downs to nowadays, it can represent man's masculine, woman's curve, and can also foreshadow the extraordinary and transcendental life. Concave-convex creates the space, and makes the limit of life as well as reflect the Yin and Yang, five elements, the heaven and earth, architecture, men and women and all walks of life and world.

Concave-convex is both the protagonist the supporting role. With its flexibility and inclusiveness, it has managed different venues and Spaces, and has also taken on the mission of Chinese cultural communication. It went to Tokyo, Frankfurt, Dubai, New York, Johannesburg with the identity of Shanghai creative product; it has become a highlight of Shanghai design week and Beijing design week, and has a place in fashion home creative design; it was also selected as the top 50 sculpture from 1000 works and won the top 3 in the public selection; it is also on display at the Venice biennale, which is also on display at the Libang art gallery in Vancouver. Concave and convex is the character, the symbol, the Yin and Yang, the form, and also life and love.

Concave-convex architecture reflects the tension structure and generative mechanism of the Bie-modernism aesthetics.

Trans. Li Jun

四 别现代装饰艺术：松江钟书阁内部装饰
Bie-modern Decorative Art: Decorative Art of Zhongshu Pavilion

坐落在上海松江泰晤士小镇的钟书阁被誉为"中国最美的书阁"。不仅藏书丰富，品位高雅，而且装潢十分精美时髦，成为旅沪游客必访的一站。但无处不在的别现代也在这里出场。在"国学精粹""格物致知""博物广志""点石成金""鉴往知来""字字珠玉"这些最具有中国前现代国粹意味的书阁名称的顶端，却是西方油画中的玉体横陈和马蹄飞扬。后现代虽然不是中国人的发明，但在所谓中西结合、土洋结合、古今结合的口号下，现代、前现代、后现代的杂糅已成为别现代的试验场，也由此而成为最大的中国特色。

Zhongshu Pavilion, which is located in the Thames Town in Songjiang district of Shanghai, is honored as the most beautiful bookstore in China. In addition to its rich collection of books and elegant environment, its exquisite decoration makes it be a must-see place for visitors to Shanghai. However, ubiquitous "Bie-modern" in China can also be found here. Above the plaques which are engraved the bookshelves' names such as "The essence of traditional Chinese culture", "Practice and then know the Nature of Things", "Turning stone into Gold by Touching", "Counting the Past and Knowing the Future" and "Each Word a Gem", all of which are full of the quintessence of Chinese culture, there are western oil paintings of nudes and horses. Under the claim of integrating Chinese and

第三辑　别现代建筑装饰艺术与评论

western characteristics, elite culture and pop culture, traditional and modern elements, a test-ground for the "Bie-modern" is produced by hybridizing modernity, pre-modernity and modernity, so as to be a decorative art with Chinese characteristics.

松江钟书阁"国学精粹"书屋，屋顶是西方半裸体画，与书屋屋名"国学精粹"杂糅在一起。摄于 2016 年

别现代：作品与评论

松江钟书阁"格物致知"书屋屋顶的西方裸女油画，与书屋屋名"格物致知"杂糅在一起。摄于2016年

松江钟书阁"博物广志"书屋屋顶的西方裸女油画，与书屋屋名"博物广志"杂糅在一起。摄于2016年

第三辑　别现代建筑装饰艺术与评论

松江钟书阁"点石成金"书屋屋顶的西方油画中的裸体人物和马蹄与书屋屋名"点石成金"杂糅在一起。摄于2016年

松江钟书阁"鉴往知来"书屋屋顶的裸体天使与书屋屋名杂糅在一起。摄于2016年

■ 别现代：作品与评论

松江钟书阁"字字珠玉"书屋屋顶的西方油画裸体人物与书屋屋名杂糅在一起。摄于 2016 年

五 别现代具象建筑
Strange Buildings in Bie-modern Era

《超级大闸蟹》(局部) 江苏·昆山 "*Super Hairy Crab*" Building in Kunshan, Jiangsu, 2017

别现代：作品与评论

《超级大闸蟹》（足部）江苏·昆山 "*Super Hairy Crab*" Building in Kunshan, Jiangsu, 2017

《超级大闸蟹》（头部）江苏·昆山 "*Super Hairy Crab*" Building in Kunshan, Jiangsu, 2017

第三辑　别现代建筑装饰艺术与评论

河北白洋淀荷花大观园金鳌馆 Golden Huge Turtle Building in Hebei, Bai Yangdian, 2012

海南三亚"菠萝"建筑 "Pineapple" Building in Sanya, Hainan, 2015
图片来源（搜狐网）：http://www.sohu.com/a/151953761-355529。

别现代：作品与评论

贵州湄潭县茶文化陈列馆 Meitan Tea Culture Museum in Guizhou Province, 2006

四川宜宾五粮液总部大厦 Yibing Wuliangye Headquarters Building in Sichuan Province, 2000

第三辑 别现代建筑装饰艺术与评论

湖北省宜昌市夷陵区龙泉镇13层稻花香酒瓶楼 13-story Rice Flower Building in Longquan Town, Yiling District, Yichang City, Hubei Province, 2011

河北天子大酒店 The Emperor Hotel in Hebei Province, 2009

别现代：作品与评论

河北天子大酒店 The Emperor Hotel in Hebei Province, 2009

图片来源：http://fz.comnews.cn/。Source: http://fz.comnews.cn/.

奇葩建筑：别现代时期的具象设计

周　韧

2017年11月，一则新闻引爆了微信朋友圈，苏州市东阳澄湖岸边矗立起了一个庞然大物，这个"建筑"青背、白肚、金爪、黄毛，整体外形完全是根据大名鼎鼎的阳澄湖大闸蟹来进行等比例放大建造的，造型可谓是栩栩如生。据《扬子晚报》报道，这个整体横跨75米，高约16米的巨型建筑是建造中的大闸蟹生态馆，未来将在这里建造成以蟹文化体验为主的商业综合体。

此建筑一出，立刻引起了网友的无限遐想和热烈讨论，除了极少数持中立或肯定态度的网友认为"挺不错，简单直白，能推广大闸蟹就是好建筑，不知道晚上能变红不""这是旅游景区做的。有什么可非议的""我觉得还原度还是挺高的。希望晚上能加上橙红色的灯光效果"……不出意料更多的是铺天盖地的各种调侃、挖苦与吐槽，"设计院都不敢承认是自己做的吧""估计是施工方直接承担设计才搞得出来的吧""天哪，栩栩如生，巧夺天工，真是太美了。领导眼光这是杠杠滴""用来建模的大闸蟹原型肯定是万里挑一的强壮肥美，英俊挺拔""看得我都饿了""伟大的设计师真了不起，最好建公母蟹两座就更好了""有种把蟹腿掰了的冲动""真的很想知道哪个设计院的作品，还想了解主创的心态""做结构的哭了""甲方开心就好，或者是甲方给钱就好。这真是中国建筑的悲哀""设计师呢？拖出去蒸了"……

更有好事的媒体将中国各地的形形色色的具象奇葩建筑进行了罗列比较，不禁令人叹为观止：河北白洋淀长68米、高18米的巨型中华田园鳖、麻辣小龙虾、扬中园博园的金色河豚、五彩斑斓的海螺、酒壶形的贵州湄潭县茶文化陈列馆、三亚1号港湾城的大菠萝……可以说,从动物到植物,再到生活器皿,应有俱有,形成了中国当代建筑界的一道奇观,也一次又一次地考验着国人的审美底线。

　　这些具象奇葩建筑,若用现有的美学理论来进行解读,不免产生审美上之极大困惑。从其建筑造型来看,与古典建筑,无论是中式汉、唐、明、清风格,或是古希腊、古罗马,中世纪的哥特,文艺复兴之后的巴洛克、洛可可以及新古典主义风格,自然是毫无瓜葛。与现代主义风格发祥地包豪斯所倡导的"少就是多",以最简约、经济的外观形式来适应工业时代需要的建筑设计理念也同样大相径庭。

　　如果以后现代审美来看,冠之以"仿生"之名义,以追求"自然的回归",倒也貌似理直气壮。但细究仿生设计本质,其概念本源于产品设计,主要是运用艺术与科学相结合的思维与方法,不仅在物质上,更是在精神上追求传统与现代、自然与人类、艺术与技术、主观与客观等多元设计融合与创新,体现辩证的共生美学观。由此可见,仿生设计的核心内涵是设计模仿自然界生物的特殊本领,利用其结构和功能原理来设计产品,以自然界生物的"形""色""音""功能""结构"等为研究对象,应用这些特征原理进行创意创新,为设计提供新思想、新方法和新途径,而非对仿生对象的照搬或"话展"。

　　其实早在我国春秋时代就已有朴素的仿生设计思想,鲁国名匠鲁班,从一种能划破皮肤的带齿的草叶得到启示发明了锯子,从而极大地推动了木工业的发展。到了现代,仿生设计思想更是被普遍地运用在了产品设计和科技领域,从蝙蝠声波中受到启发而发明的雷达,根据青蛙眼睛的特殊构造而研制的电子蛙眼,依靠空气动力学原理仿照鸭子头形状而设计的高速列车,模仿某些鱼类所喜欢的声音来诱捕鱼的电子诱鱼器等。这些设计并不是只追求造型的相似,确切地来说,造型相似只是手段而并非设计的最终目的,与这些从一开始就已经预设造型模仿的奇葩建筑自有云泥之别。而从后现代建筑设计理论提出者文丘里以及后现代建筑理论代言人斯特恩的思想来看,后现代建筑设计的三个最重要特征为"文脉主义""隐喻主义"和"装饰主义",所谓装饰,指的是对现代主义建筑走向千篇一律"方盒子"极端的一种纠正,追求自然适当的美学装饰回归,而"文脉"和"隐喻"则是后现代更为重要的设计思想。

正如艾尔弗内德·克罗伯所认为的"文化的基本核心,包括由历史衍生及选择而成的传统观念,尤其是价值观念"。因此,后现代建筑主义者主张"从传统化、地方化、民间化的内容和形式(即文脉)中找到自己的立足点,并从中激活创作灵感,将历史的片段、传统的语汇运用于建筑创作中,但又不是简单的复古,而是带有明显的'现代意识',经过撷取、改造、移植等创作手段来实现新的创作过程,使建筑的传统和文化与当代社会有机结合,并为当代人所接受"。

这其中一个重要的审美表达方式就是隐喻,正如上海的金茂大厦从嵩岳寺塔造型中汲取了足够的灵感,又不失现代钢结构建筑灵性;悉尼歌剧院外形源于贝壳,建筑内部又融入了玛雅阿兹特克文化;上海博物馆形如铜鼎,又暗合"天圆地方"的中国古代阴阳学说思想;国家体育场(鸟巢)既一目了然,又饱含现代构成主义的审美情趣。这些建筑,都成为后现代建筑"文脉""隐喻"和"装饰"相融合的经典之作。

如此来看,这些冠冕堂皇的"仿生"型奇葩建筑与后现代建筑思想相去甚远,只知将自然对象依葫芦画瓢按比例放大,完全不知还有"文脉"和"隐喻"一说,甚至丧失了建筑设计作为一种独立艺术门类的本体语言,直接将建筑设计变为雕塑设计或者产品设计的附庸。如此简单粗暴的构思,不论当今,也颠覆了中国的传统审美观。中国传统审美形态讲究中和、意境、气韵、空灵、飘逸,尤其是中和之美,讲究的是适度和含而不露。正如中国传统国画追求写意,如明代董其昌所论"画山水唯写意水墨最妙。何也?形质毕肖,则无气韵;彩色异具,则无笔法"。徐渭在题画诗中也谈道"不求形似求生韵,根据皆吾五指裁"。即便是明代小说《西游记》,里面描述的千奇百怪的妖精原型大多都是源于自然界的各种动物,如黑风怪(黑熊)、黄风怪(黄毛貂鼠)、虎力大仙(黄毛虎)、灵感大王(金鱼)、牛魔王（白牛）、九灵元圣（九头狮）等，但是吴承恩在描述他们的外形时，也多半加入了自己的艺术想象，如牛魔王"头上戴一顶水磨银亮熟铁盔，身上贯一副绒穿锦绣黄金甲，足下踏一双卷尖粉底麂皮靴，腰间束一条攒丝三股狮蛮带。一双眼光如明镜，两道眉艳似红霓。口若血盆，齿排铜板"。通篇没有将其外形和牛直接挂钩，而是给予了读者足够的想象空间。

倘若不被这些具象奇葩建筑后现代"仿生"审美表征所迷惑，而更多地从其审美内涵来解读，这些千奇百怪的"仿生"建筑则更多地体现了王建疆教授所提出，目前在学界所热论的别现代语境下的美学特征，即在一种"既是后现代之后的历时形态，又是前现代、现代、后现代共处的共时形态"的混合审美特征。别现代是现代、前现代、后现代的和谐共谋时期，也是一个消费时代，具体在审美内涵上则体现了一种前现代、现代和后现代文化的相互交织与纠葛。

这些"仿生"奇葩建筑，在审美表征上或许呈现出一幅后现代仿生设计图景，但根本就是貌合神离，其本意并非为了从仿生中汲取自然灵感，而纯粹就是为了形似而形似，况且仿生设计除了形态仿生，更多的是需要借助于生物各种长处来满足设计功能需要。

当然，如果要从建筑目的来说，这些奇葩建筑本质，或者说设计目的更多的不是出于审美，而是源于一种现代商业驱动，正如鲍德里亚所提出的，现代消费社会，为了经济目的"任何生产出来的东西，都因存在这一事实本身而变得神圣"。以至于"任何生产出来的东西都成为积极的"。

奇葩建筑自不例外，阳澄湖的大闸蟹、盱眙小龙虾，正是消费社会、"吃货文化"下的产物，中国早在陈寿的《三国志》中就有"民以食为天"之说，吃文化可以说是中国前现代的典型代表，改革开放以后，逐渐富裕起来的中国人更是吃遍天下，吃出国门，甚至跑到丹麦吃生蚝，德国吃大闸蟹——这些当地人不吃，以至于泛滥成灾的入侵物种。吃也成了当今消费社会下一个极大的产业。根据统计目前江苏省大闸蟹产量已占全国总产量的一半以上，产值达 150 亿元，而根据全国水产技术推广总站编写的《中国小龙虾产业发展报告》，2017

年中国小龙虾经济总产值更是达到了令人咂舌的 1466.10 亿元人民币，全产业链从业人员近 500 万人。如此巨大的商业利益，当然必须得先入为主、抢得先机，建筑美不美观已经无关紧要，重要的是能够夺人眼球，吸引饕客蜂拥而至，此次阳澄湖大闸蟹建筑如此受人关注，甚至未发先热，几乎成为一个现成的免费广告，恐怕只会暗中鼓励更多后来者效而仿之。

此外，就设计本身而言，恐怕但凡受过高等学校建筑专业正规学习的设计师，都不可能设计出这样的作品，也没有哪个设计院好意思理直气壮地说这个设计是自己的作品，这些建筑更多地体现了地方政府部门管理者的权力干涉和长官意志，导致建筑理念畸形，形形色色的此类奇葩建筑层出不穷。在政绩、商机、业绩的驱动下，这种前现代长官意志与现代商业动机的相互混合，形成了一种如此奇葩的别现代建筑风格。

这些硕大具象建筑，即使个别如"海螺"等某些少数建筑来说，因为模仿的对象原因，从造型审美上看也还不错，但究其本质，这种"设计"手法已经丧失了现代建筑作为独立设计门类的本体语言，而成为前现代、现代及后现代交织、混合下的别现代典型审美产物。

第四辑　别现代影视艺术与评论
Part Ⅳ Bie-modern：Film and Television Art and Commentary

徐　薇　王建疆　王维玉　周　韧　供稿解说
徐　薇　翻译

别现代穿越剧
Time-travel Series

《太子妃升职记》：别现代时期时间的空间化
"Go Princess Go": Temporal Spatialization in Bie-modern Era

《太子妃升职记》 *Go Princess Go*, 2015

别现代：作品与评论

该剧讲述了现代男性穿越到古代变身为拥有男儿心女儿身的"太子妃"，一路升职为"太后"的故事。该剧在古代故事中混杂了各种当代的潮流元素，具有鲜明的别现代时期艺术的属性。尤其是古代服饰与现代英伦元素的结合，产生了冲突的美感和奇妙的张力。男主人公太子的服装造型借用了"克雷格·格林（Craig Green）2015春季秀场"的设计，同时保留了中国传统服饰的风格。作为财富地位象征的黄色锦鲤点缀于黑色的背景之上，展现了逆流而上的坚毅气质。背上的战旗寓意身份尊贵，也与中国京剧武生的传统程式相呼应。裤腿部分的开衩设计与凉鞋的搭配将《斯巴达勇士》中露腿穿鞋的质感表露无遗。太子的发型参照了时尚大片，被定义为"男士发髻"（Man Bun）。网友评论该剧为"穷得坦荡，雷得销魂"的史上第一网剧。

The TV series tell a story that a modern man called Zhang Peng traveled time to the ancient dynasty of NanXia and became Zhang Pengpeng with a male's mind in a female's body who got promoted from "Crown Princess" all the way to the "Empress Dowager". The play mixes with a variety of modern and fashion elements, thus featuring distinct artistic attributes of the Bie-modern era. Especially, the combination of ancient Chinese clothing with modern elements of England generates the beauty of conflicts and fantastic tension. In the play, the costume of crown prince borrowed the design of Craig Green spring 2015 menswear based on the style of traditional Chinese garment. A yellow brocade carp, the symbol of wealth and status, is dotted on the black background, showing the firm spirit of swimming against the stream. The banner on the back implies noble identity, also echoing with traditional Chinese opera programs. The collocation of vented pants and sandals exhibits the sensation of "Spartan". His hair style is defined as fashionable "Man Bun", which means a type of long hairstyle that involves the tying of one's hair into a single bun to be placed upon the crown area of the head. The netizens commented on the play as the first "cheap" and "ridiculous" drama on the net.

《太子妃升职记》 *Go Princess Go*, 2015

在《太子妃升职记》中，柴可夫斯基的《天鹅湖》被搬到了古代的皇宫，由男性表演四小天鹅，这种恶搞、无厘头的效果来自别现代异质与复杂性的特点以及由此营造的前现代、现代以及后现代之间的矛盾与冲突感。白色的天鹅变成了山寨的绿色火鸡，一方面绿色的服饰与红色的舞台背景产生了鲜明的对比；另一方面绿帽成为皇宫里的时尚，产生了颠覆性的荒诞效果，也引发了强烈的戏剧张力。该剧是别现代时期时间空间化，传统与现代风格的碰撞以及无所不用其极的后现代的制作方法的集中体现。

Tchaikovsky's "swan lake" was moved to the ancient royal palace, performed by four little male swans, this funny effect of parody comes from the characteristics of heterogeneity and complexity of the Bie-modern era and the contradictions and conflicts between pre-modern, modern and post-modern. White swan turned out to be fake green Turkey. On the one hand, the green dress produces a striking contrast with the red stage; on the other hand, the green hat (the phrase "wearing a green hat" refers to a cuckold) that became a fashion in the palace generates the disruptive absurdity and also causes strong dramatic tension. The play illustrates the features of the Bie-modern era, such as time spatializaiton, the combination of traditional and mod-

別现代：作品与评论

ern styles as well as various postmodern techniques.

《神话》：别现代时期的和谐共谋
"Legend": Harmony and Conspiracy in Bie-modern Era

《神话》 *Legend*, 2010

该剧讲述了一段跨越千年的爱情与一个男人从轻狂不羁的现代少年到指挥千军万马的将军的成长故事。作为穿越到古代的现代人，易小川用手机与刘邦、项羽等人大玩自拍，传递与玉漱公主之间的爱情。手机作为现代文明智慧的象征出现在前现代的时空，这种拼接与位移的后现代主义艺术创作手法的应用，使该剧充满了矛盾、冲突和超越。另外，前现代、现代与后现代的种种元素在该剧中达到了短暂的融洽的统一，这就恰好构成了别现代的和谐共谋。

The story is about time travel, romance, family love, and brotherhood. Yi Xiaochuan, a modern-day archeologist who travels to ancient times and becomes a national hero and noble warrior. A parallel story follows a romance that spans a thousand years. The show is a combination of ancient epic, modern style, legendary mystery, and intense suspense. Yi Xiaochuan brought a whole array of modern gadgets like a mobile phone and a digital watch to the past. He used the mobile phone to take video clips with Liu Bang (the founder and first emperor of the Han dynasty) and Xiang Yu (a prominent warlord in the late Qin dynasty), and expressed his affection for Princess Jade. The mobile phone as the symbol of modern civilization appeared in the pre-modern space. Because such creation techniques of postmodern art as collage and displacement are widely used, the play is full of contradictions, conflicts and transcendences. However, all sorts of pre-modern, modern and post-modern elements reached transient and harmonious unity, which constitutes the harmony of the Bie-modern era.

易小川一身现代人的装扮出现在古代的社会环境中，另类与突兀自不待言，虽看似滑稽可笑、乖张怪诞、不同寻常，却有其存在的合理性。其独特之处就在于现代时空与前现代时空交叉错置，穿越主体带着现代的社会属性，与穿越的前现代时空的社会特质之间发生碰撞，互相吸引，又互相排斥，引发了两种社会文明之间的文化对撞。不同时空下的社会制度、文化逻辑、科学技术、思想道德、生活习俗等互相交织缠绕，在冲突曲折中蜿蜒前进，充分体现了别现代时间空

《神话》 Legend, 2010

间化的特点。

Yi Xiaochuan dressed up in modern clothes and appeared in the ancient social environment, though seemingly ridiculous, weird and unusual, it is reasonable. Its uniqueness lies in the entanglement of the modern and pre-modern time and space; the subject with modern social attributes travels to the ancient time and has a collision with the social characteristics of the pre-modern space, mutually attracted and exclusive to each other, causing the cultural conflicts between the two kinds of social civilization. Social system, cultural logic, science and technology, ideology and ethics, life and customs under different time and space, are interwoven with each other, walking forward despite twists and turns, which fully embodies the characteristics of the Bie-modern era.

《步步惊心》：现代与前现代的矛盾结合
"Startling by Each Step": Modern and Premodern Coexistence in Bie-modern Era

《步步惊心》 *Startling by Each Step*, 2011

  该剧讲述了现代白领张晓因车祸穿越到清朝康熙年间成为满族少女马尔泰·若曦，后卷入"九子夺嫡"的纷争并与皇子之间展开一段爱恨情仇的故事。主人公秉承现代性思维穿越到古代社会，成为现代与前现代的矛盾结合体。古今时空的杂糅将历史、现实与想象融合在一起，彻底颠覆了影视剧传统的线性叙事结构，成就了别现代影视艺术的特征。播出后取得巨大成功，风靡日韩，获2012年韩国首尔国际电视节最受欢迎海外电视剧大奖。被认为是一部有新意的、超越常规却又尊重历史的言情穿越剧。

  Zhang Xiao, a contemporary, ethnically Han Chinese young woman from the 21st century, accidentally travels back in time to the Qing Dynasty period during the reign of Kangxi Emperor after experiencing a deadly combination of traffic collision and electrocution, which forces her to assume the identity of Maertai Rexi, teenage daughter of a Manchu nobleman. She is involved in a dangerous power struggle between the scheming princes for the throne, and meets with the princes' romantic affections towards her. The protagonist adhering to the modernity travels to the ancient society, becoming a complexity filled with the contradiction of modern and ancient styles. The mix of ancient and modern time and space results in the fusion of history, reality and imagination, subverting thoroughly the linear narrative structure of traditional films and TV plays, and constituting the characteristics of Bie-modern film and TV art. The series has achieved great success, and gained a large popularity in Japan and South Korea. It won the most popular overseas TV awards of 2012 Seoul International TV Festival. It is also considered to be an innovative time-travel romantic series which surpasses conventions but respects history.

别现代:"消费日本"与英雄空间的解构

王建疆

我们正处于现代、前现代、后现代交集纠葛的时代。具有现代性的制度和思想正在建立中,但前现代的制度和观念仍根植于现实的社会和人生中,同时,后现代的文艺思潮和美学思潮已在中国流行。这种现代、前现代和后现代并置的现象在断代式的欧美国家并未出现,因此,很难有个现成的名词对这种现象予以概括,无奈之余只好将之称为"别现代"(Bie-modern; Bie-modernism)。别现代既涉及现代、前现代,又涉及后现代,但它既不是单一的现代,又不是单一的后现代,更不是单一的前现代,因此,只能是别现代。别现代只是借用了"现代"这个词,而非别现代就是现代的一种,也不是说,别现代属于复杂的现代性。因为,中国的现代性尚在路上、尚不具足。除了现代性的因素外,还有前现代性和后现代性的同时存在,所以,所谓复杂的现代性并不能概括别现代的非现代性和伪现代性。相反,别现代却恰当地涵盖了现代/现代性、后现代/后现代性、前现代/前现代性交集纠葛的"非标"状态。因此,别现代就是别现代,不是英语表述中的可选择的/另类的现代性(Alternative modernity)或其他现代性(Other modernity)所能概括的。从哲学上而非字面上讲,别现代包含了虚妄不实的现代性和期许建构别样现代性的思考和主张,因而既是对社会形态的描述和概括,又是一种价值倾向和主义主张,是在概括别现代现状之外对别现代的一种更新和超越。如何准确地把握这个时代的特点,对我们正确地认识和评价趋于现代化生活中的文化现象、审美现象、文艺现象不无裨益。正是本着这个思想,我们愿就现实社会和文艺作品中同时存在的"消费日本"现象和英雄空间现象进行考察，试图提供一个新视角和新话题。

一 别现代时期的"消费日本"现象

别现代时期是现代、前现代和后现代的和谐共谋期，其"共谋"表现在社会生活的方方面面。就社会的经济形态而言，各种所有制和谐共处，国有、私企、外企并驾，现代化大工业、家族企业和私人小作坊齐驱，计划经济与市场经济混合。

就社会的管理制度而言，具有现代意义的法律和管理制度正在建设中，但同时，与现代法律和管理制度相矛盾的现象比比皆是。或没有原则，没有法规；或有法不依，没有边界、放弃原则、妥协、交易（权钱交易、权色交易、权法交易、行贿受贿）等；不断更改规矩、实行潜规则；有选择地遗忘和遮蔽历史；畅行无阻地造假贩假等；前现代的思想观念和行为方式因现代制度的缺位而由后现代的跨越边界（cross border）、解构中心、消解原则来加以表达，形成混沌的和谐，可以浑水摸鱼。这一点在当今那些高智商、高学历、高级别、受过现代教育、出过国、留过洋但又贪污腐化、身败名裂的人身上得到了最为集中的表现。

就社会的文化形态而言，一方面是传统文化与当代文化之间的矛盾，中国文化与西方文化之间的矛盾。另一方面是现代、后现代与前现代之间的彼此适应、和谐共处。

就社会的文艺现象而言，异彩纷呈。现代的场景、背景、技术，与前现代的理念和后现代的手法同台亮相。现代的场景、背景、技术自不用说，前现代的香火观念、专制思想、迷信思想等影响仍在，后现代的戏仿、恶搞大行其道，英雄和英雄空间[①]都被以戏仿、娱乐、恶搞的方式解构。

但别现代诸多特征中一条贯穿性的主线是消费。这种消费似乎在

---

① 王建疆：《后现代语境中的英雄空间与英雄再生》，《文学评论》2014年第3期。

印证着后现代消费理论的正确性。但在中国，这种消费是一种非常复杂的现象。比如，物质消费与精神消费之间的差异，实体消费与虚拟消费之间的不同，实物消费与象征消费之间的区别，不同阶层之间的不同消费，以及不同阶层的不同形式的消费等，很难用西方现有的理论来解释。如果套用当下正流行的鲍德里亚符号消费理论来解释中国的消费现象，会认为中国人目前的消费也是对符号的消费，而非对于实体的消费，因而是一种浪费。但是，在中国，现阶段的消费首先是对物质的消费，是对质量比较高的生活必需品的消费，是一种实实在在的消费，而非显富摆阔式的以商品为富有象征的消费。

这一点，只要看看电商网购那些超低折扣对亿万消费者的吸引力和数百万游日旅客对日本原产商品质量的信赖及抢购，就可以明白，中国人当前的消费并没有脱离物质消费，没有进入后现代的符号消费阶段，而是前现代物美价廉观念的延续而已。因此，中国迫切需要来自中国现实和解释中国现实的消费理论，而非来自对西方现实概括总结的西方消费理论。

近年的中国消费，以电商网购和消费日本最为引人注目。电商网购是利用互联网廉价消费吸引亿万消费者，而消费日本却是要到日本去消费。据日本观光厅数据显示，2015年有近500万中国游客赴日旅游购物，花费近800亿元人民币。[1] 除此之外，消费日本就是观赏抗日题材的影视作品。虽然物质上的消费日本现象看起来要比电商网购原始一些，但消费日本却因中国影视观众对于以"抗日神剧"为代表的涉日题材的青睐而具有了超出物质消费的更多含义，比如，情结的释放、情感的愉悦、无聊的打发、肾上腺素的分泌等，更具有精神消费的特点。

由于日本与中国在文化上的历史渊源和现代纠葛，中国人对于日本的消费就显得格外引人注目。就物质消费而言，中国人到日本旅游并"扫货"，与中国部分民众不时发起的反日情绪，如抵制日货等，

---

[1] 陈杰、左婧远：《去年内地赴日游客人数同比翻倍》，2016年1月21日，http://www.bbtnews.com.cn/2016/0121/137111.shtml，2017年3月8日。

别现代：作品与评论

貌似对立。但日益火爆的赴日游和不可思议的"扫日货"现象，却一直在刺激着中国人的神经。从媒体对这一现象的高频次报道中，不难看出中国人在消费日本中的这种纠结。这一纠结是现代与前现代某些观念在消费中的妥协、共谋与和谐，也体现出后现代解构中心观念下离散的、随机的消费模式。

这种模式集中体现在：消费日本现象中上述两方面都不再是具有独立支配意义的中心，也不再是单一的、排他的主宰，相反，二者完全可以含混并置，从而形成和谐共谋的平行观念或交叉观念。可以说，在消费日本现象的背后，是物质消费与精神消费的合谋。

就精神消费而言，消费日本未必要去日本，只要在家中打开电视热播节目，总有抗日题材的作品可供观赏。不管是日本人出演的"日本鬼子"，还是中国人出演的"日本鬼子"，都已成为地道的精神消费品。这种对日本的精神消费，虽已持续多年，但观众、编导和出品人的兴趣并未随着岁月的流逝而减弱，相反，有着"心潮逐浪高"的势头。往往是那些骂着"弱智"的观众，说起"抗日神剧"来头头是道，比一般观众看的"神剧"更多，也有更深的体验。甚至，现在推荐看"神剧"的是愈来愈多的女性观众。总之，消费日本正在成为别现代时期的奇葩现象，也正在成为不断成长的基金，不仅中国人投注，日本人也在投注。[①] 精神消费远比物质消费复杂得多、深奥得多。也许有人会问，看电视也叫消费？是的。从购买电视机之日起，为电视节目付费已成事实。消费的实质是商业、商品与消费者之间的和谐共谋。商业、商品、消费者缺一不可，这才构成消费。但是，以电视机为播放器、以文艺为载体的消费日本现象，却要比一般的文艺作品消费复杂得多，纠结得多。因为这里不是简单的消遣和纯粹的文艺鉴赏，而是有着民族无意识的集体记忆和不言自明、难以了断的情结，是一种别现代式的对前现代历史的回顾和对后现代戏仿恶

---

① 比如，2015年中国曾播出一部由日本TBS电视台制作并播出的《红十字：女人的入伍通知单》（日文名为"レッドクロス～女たちの赤紙～"），该剧是日本为纪念世界反法西斯战争70周年所作，播出后引起了中国网友的关注与热议。该剧从侧面描写了日本对中国的侵略战争，不禁让人好奇日本人到底会怎么拍摄这部抗日战争题材的剧集。

搞的勾连。

消费日本中的精神与物质这两种情况之间颇具张力。一种情况是在游日的过程中给日本的 GDP 做贡献，已然与抵制日货等反消费行为构成矛盾，形成现实主义消费与对日复杂情绪之间的巨大张力。另一种情况却是在消遣、娱乐的过程中宣泄情绪，形成消费主义与道德主义之间的张力。尽管这两种情况看起来截然不同，但在消费的意义上没有大的区别。有的只是支付方式的不同，而无性质的不同。一个支付的是钞票，一个支付的是精力。只有财力和精力同时充裕的人才可能全面地消费日本。

消费日本是个特殊的时代现象。一方面，消费日本是中国改革开放以来经济发展的结果。在此之前，中国的普通民众何尝会想到去日本旅游并大宗地采购，将其看中的存货买光呢？也只有到了 21 世纪 10 年代后才有了这种消费日本的现象。相较于改革开放前的物质贫乏与经济拮据，这种现象可谓"天翻地覆慨而慷"了。另一方面，世界上还有其他曾经遭受过侵略的国家，如波兰。虽然该国首都华沙的博物馆、大商店，甚至首饰店里播放着当年反抗德国侵略的纪录片、故事片等，但与中国的交集纠葛不同，波兰与德国的经济合作却是若即若离的，不像中国这样与日本有着非常紧密的经济与文化合作。对日本的物质消费与精神消费表面上看来完全是两股道上的车，互不搭界，一股道是买你的东西，一股道是表达我对你复杂的情感。但是，这两股道之间之所以构成了一种张力，就在于它们之间既紧张对立，又和谐共谋，不会因为购买你的商品而放弃观看"神剧"的痛快，同样，也不会因为宣泄情感而放弃对你的消费。也许，这是一个民族逐渐走向成熟的标志，但是，首先应该说明的是，这是现代中国人多种需要的消费化表现，是现代、前现代、后现代时间空间化带来的必然结果。

消费日本是对前现代神武英雄的钩沉和打捞。很难想象，在民族观念和边界概念式微的欧美国家，还会出现这种对于曾经的敌对国的精神消费，还会出现反抗侵略的神武英雄。事实上，欧洲自詹姆斯·乔伊斯（James Joyce）的意识流小说《尤利西斯》出版后，英雄已成过去。美国人于 1990 年编写的《当代全球英雄》,已然没有战斗英雄,有的只是职业英雄(professional model)和民主斗士。[①] 因此,正是中国社会现代、前现代、后现代的交集纠葛所构成的别现代才孕育了消费日本的物质与精神两束奇葩。说它奇葩,是因为在抗战"神剧"中,前现代的神武英雄又从脱魅中重新复魅,如"手撕鬼子"的情节就是对隋唐英雄李元霸"手撕英雄"的复制,神武英雄从经典的沉潭中被打捞出来。

对日本的精神消费有着比对日本的物质消费更为深刻的原因。也许有人误认为"抗日神剧"是随着中国人民抗日战争胜利 70 周年纪念活动才开始热播的,实际上从 2000 年开始,"抗日神剧"就逐渐走红了。其直接的原因似乎是钓鱼岛争端,但深层的原因却在于中国的爱国主义、民族主义,而最深层的原因却是出于凝聚人心的需要。这些深层原因较物质消费而言是更为复杂和深刻的。通过战争回忆把整个民族重新唤醒这种现象,只有在现代、前现代、后现代交集的国家才会发生,才会产生巨大的精神能量,而在美国、英国这些"二战"时期日本的敌对国和战胜国身上,都不可能发生。但是,同样作为战胜国的中国,为什么会出现以文艺的形式消费日本这一现象,这应该是一个深刻的课题,其中深藏着民族情结的密码。

消费日本现象需要新的消费理论。按鲍德里亚的说法,在消费社会,随着媒体的发展,"已经没有意识形态这样的东西,只有拟象"。[②] 电视剧自然是拟象,而非现实真实的记录,但电视剧包括"抗日神剧"消费能否否定意识形态、遮蔽意识形态、消解意识形态,至少在消费日本现象面前是值得怀疑的。因此,针对消费日本现象建立一种新的中国式的消费理论也是势在必行。

新的中国式消费理论就建立在社会形态基础上民众消费与意识形态之间既和谐共谋又矛盾对立的辩证运动中。一方面,在别现代时

[①] 参见 R. B. Browne, G. J. Brown, K. O. Brown and D. G. Brown, eds., *Contemporary Heroes and Heroines*, Detroit: Gale Research, 1990.

[②] [法] 让·鲍德里亚:《象征交换与死亡》,马海良译,转引自汪民安、陈永国、马海良编《后现代性的哲学话语:从福柯到赛义德》,浙江人民出版社 2000 年版,第 304 页。

期，无论物质消费还是精神消费，都形成了对民众的主宰；另一方面，消费并不可能抛弃意识形态，相反，在别现代时期，意识形态对于精神消费的制导作用从来就没有消失过。不仅没有消失过，相反，会随着消费的增长，愈加明显。在消费的主宰和意识形态的制导之间，任何一方的超强，都会导致另一方的衰弱甚至失效，即形成了替代。因此，二者之间需要和谐共谋。但是，二者之间也不可能合二为一，相反，是要保持距离，保持对立的状态，相互制约，形成一种张力。只有这样，双方才会独立存在。这种张力的存在将导致消费日本现象，即物质消费与精神消费共存现象的长期存在，从而形成具有中国特色的消费理论和中国特色的意识形态掌控理论。

消费与意识形态二者之间既可分，又可合。分则构成意识形态与消费现象的对立，合则构成意识形态与消费现象的和谐共谋。因此，别现代时期的中国消费理论应该是对法国消费理论的修正，不再是消费与意识形态的分裂，或与意识形态无关，相反，而是消费与意识形态的分合共管。正是这种分合共管，构成了我们这个时代文化产业的双重使命，既要保证消费量的不断增大，又要严格的意识形态主旋律控制，从而使民众消费，尤其是消费日本现象，总会在物质与精神的悖论中存在，不断地生长出奇葩来。

二　英雄盛筵与欢乐神话

消费是工业文明的标志，虽然中国尚未完全进入消费时代，但是，随着投资、外贸和消费"三驾马车"中消费占比的日益提高，中国完全进入消费时代已是预料中的事。在现代、前现代、后现代交集的别现代时期，消费正在成为主旋律。在别现代的消费中，英雄也难逃厄运而成了消费品。

别现代的英雄消费，具有盛筵的特点。爱国主义的、民族主义的、民粹主义的、人道主义的、普世主义的、救世主义的、神秘主义的英雄观多元并置导致了多种英雄谱系的并存。但所有谱系一旦被试图导向神坛和复魅时，就被菜谱化、消费化了。当张艺谋导演的电影

《英雄》中刺秦而又最终放弃刺秦的残雪（李连杰饰）甘愿自己受死时，当电视连续剧《二炮手》中那位专打黑枪而又流里流气的"二炮手"（孙红雷饰）竟然成了抗日"神人"时，当《王大花的革命生涯》中的王大花（闫妮饰）以一己之文盲而使日本特高课、共产国际远东情报组织和中共地下党都围绕着她而奔忙时，英雄的崇高已被莫名其妙的转换和滑稽逗乐的表演所替代，成为快乐消费的增长点。别现代时期影视剧就如现实社会中那样"英雄辈出"却难定于一尊，即使是那种"数风流人物，还看今朝"的豪迈超拔的英雄，充其量也就是英雄盛宴中的一道菜，这一道菜不可能取代其他菜而独霸宴席。这就如今日普通百姓餐桌上的菜碟，早已告别了单一和贫乏一样。

在别现代语境中，英雄正在被英雄空间所代替。所谓英雄空间，就是由多元英雄观构成的巨大的想象空间和塑造空间。在这个空间中，人们都可以根据自己的价值观和审美观想象自己心目中的英雄，塑造自己心目中的英雄。因此，这个英雄空间就是英雄盛宴，包括经典英雄、当代英雄、道德英雄、职业英雄、神武英雄、平凡英雄、恶魔英雄、游戏英雄等。随着全球化的推进，人类英雄谱系从未像今天这样庞杂过，彰显着英雄空间的巨大无比。在这个巨大无比的英雄空间中，既有欧洲尤利西斯式的委顿英雄，也有美国式的科技生物英雄；既有反法西斯的战斗英雄，又有恐怖主义的反人类英雄；既有脱魅平凡的职业英雄，又有为国家争光的民族英雄。但无论人类的这个英雄空间如何巨大，其英雄的存在还是在于被消费，尤其是通过文艺的审美来消费而非被崇拜、被模仿。

消费时代的英雄消费，是一种审美的消费，是对政治伦理压力的缓释。英雄虽然只是凤毛麟角，但具有全息能性质，集中体现了不同的核心价值观。美国的职业英雄、社会主义国家的战斗英雄，恐怖主义的反人类英雄，都凝聚了人类的多元价值观，使得英雄更具有意识形态属性。但同时，作为审美消费对象的英雄，由于其戏剧化、戏谑化、滑稽化、神秘化处理，而具有了艺术魅力。《二炮手》（孙红雷主演）中的主角劫财、撬别人的未婚妻、与首长争风吃醋，但打起

"日本鬼子"来干净利落无往不胜，可以说虽然没有文化，但样样不落，本来是道德谴责和政治打压的对象，却因抗日而获得了光环并独享尊荣，又因其随身遍布的笑点而获得了审美的价值。还有瘸子英雄、厨子英雄、戏子英雄等，都是在缓释政治伦理压力的情况下，凸显神奇，从而超越了生理的、政治伦理的缺陷而高大起来。同时，各路英雄的卖萌、诙谐、搞笑，无不强化了审美的消费主义倾向，其好看之处，正是其政治伦理受到调侃和挤压之时，也是消费者为之而感到愉悦的地方。当二炮手从晋军团长手里撬拐其未婚妻时，当二炮手与战功赫赫的八路军司令争夺情人而取胜时，英雄就已然是被消费的对象而非被崇拜的对象，英雄已然是英雄盛宴或英雄空间中一道色香味俱全的上品佳肴。

别现代的英雄消费有其自己的特点。就其消费日本中的"神剧"而言，可以说前现代遭遇了现代，然后又遭遇了后现代，从而造就了国民的消费对象——欢乐神话。一场起初以大刀长矛对付坦克大炮的战争，本身是前现代的不幸，但这种不幸却因后现代艺术的包装而有了亦神亦幻、亦悲亦喜的欢乐神话的审美消费特点。

神话是人类脱魅前的事，但在现代政治伦理理念的驱使下复魅并非不可能。如果这种复魅是一本正经地进行，可能会引人厌恶。这方面，马克思曾说过："任何神话都是用想象和借助想象以征服自然力，支配自然力，把自然力加以形象化；因而，随着这些自然力之实际上被支配，神话也就消失了。"① 因此，上古英雄、中古英雄的不断脱魅是历史的必然。但是，由于人们心中对于英雄的集体无意识情结，总会给英雄的复魅留有广大的空间。中国古代的"五虎上将"及其神勇就曾在多部历史小说中出现，并一直延续到抗战时期国军的"五虎上将"。如果这种复魅借助了后现代的反宏大叙事和去崇高化，如戏仿、搞笑、恶搞等，就有可能形成欢乐神话。欢乐神话的最大特点就在于不是以平庸表现伟大，而是以崇高表现滑稽，从而将英雄解

---

① 马克思：《〈政治经济学批判〉导言》，《马克思恩格斯选集》第二卷，人民出版社2012年版，第711页。

构，将崇高娱乐化。

近年"抗日神剧"吸引眼球的地方在于：

一是削平崇高的娱乐化。"神剧"的卖点即在"爆笑"，即大笑的被引发。引起爆笑的原因或在于语言的幽默，或在于动作的滑稽，或在于表情的有趣。为达此效果，往往选取有生理缺陷、知识缺陷、道德缺陷的角色，与其英勇神武的表现形成强烈的反差，从而产生引人发笑的效果。《我的兄弟叫顺溜》就选取以"土得掉渣"又憨得可爱、外傻内秀而知名的王宝强做主角，在其时不时出人意料的言语中引爆笑点。其他的瘸子、戏子、痞子、二流子等，都是以其生理缺陷或道德缺陷与其抗日的本领形成强烈的反差而引人注目的。有时还要佐以无知的聪明，像《王大花的革命生涯》中的王大花那样，无知却能背着"戏匣子"（发报机）而调动东亚几大间谍、特科、情报系统围着自己转。

这种巨大的反差最容易产生幽默、滑稽的效果。但这里的幽默滑稽并非正戏，而是欢喜剧，是制造看点和制造笑点的精心设计，其戏剧效果并无悲剧的悲壮，亦无喜剧的暴露和批判，有的只是笑点的被引爆，产生为之一笑的娱乐效果。这种娱乐效果具有审美的属性，但属于浅层审美，即娱耳悦目之类。因为在此娱乐中，英雄的神圣和崇高被解构，英雄成了搞笑的元素。王大花无意中帮了中共地下党，在不知道毛泽东是何许人物的情况下非要找他去讨公道——以加入中国共产党来作为对她的报答，在凸显英雄性格的同时，已将崇高削平，将英雄搞笑，成为娱乐的对象。

二是惊悚化。神武英雄能够做出一般战士做不出来的动作，构成惊心动魄的情节，吸引观众眼球，加速观众肾上腺素的分泌。王大花给日本特高课课长下药，以文盲之身偷拍自己根本就不认识的日军文字情报；《异镇》中中统特勤人员在被活埋的瞬间做出的反制等，无不令人惊叹唏嘘。这大概也是"神剧"人"骂"之而又人看之的原因吧。我们的生活太单调贫乏，如果不打游戏，看看"神剧"也不失为一种消遣和调节。

三是引人入胜的随机化故事。近年来"抗日神剧"的主人公大多是在无知的情况下凭着阴差阳错的运气而干出惊天动地的大事的。王大花偶然间从自己的情人口里得到日、苏、中三大谍报系统寻而不得的"戏匣子"如此，牙医王天桥（《虎口拔牙》）得到日本特高课、国民党军统和共产党地下组织都在搜寻的印有14000多件国宝藏地图标的胶卷亦如此，都是天上掉馅饼、掉机缘的事。仿佛倒霉的日本侵略军走错了路，一头撞到了遍布"神功异能"和得道多助的华夏神州，只有被戏耍、宰割、消灭的份儿了。这些随机化的故事在应验中国古代"无巧不成书"的理念时，平添了许多悬念，使得故事情节波澜起伏，惊心动魄，看点频出，引人入胜。但这类故事情节毕竟是建立在随机性基础上的，因而能将崇高和伟大轻掷，不必有声，看完之后能够一笑了之。

这大概就是后现代去除了崇高这种与惨厉相伴随的审美形态之后而产生的另一种审美效果，仿佛在小吃一条街上徜徉，随时随地都可以得到口福之乐。

别现代时期，消费不仅主导着国民的社会生活，而且主导了意识形态和文艺作品。

消费日本现象中"抗日神剧"的英雄塑造犹如菜谱迎合观众的口味而风行起来。"抗日神剧"作为消费品，不乏为商业的明智之举。因为它"为老百姓所喜闻乐见"，于是就有市场，有票房，就有艺术生存的土壤。但随之而来的代价却是违背了塑造英雄、宣传英雄的初衷——崇高被随意化和娱乐化，从而去除了其意识形态的教化功能。

"抗日神剧"完全是消费时代的产物，在它的背后有一种主导性的力量。表面上看是艺术迎合了主流意识形态和审片规则，但实际上却是在迎合消费市场。在市场起主导作用的情况下，爱国主义的精神指导正在被文化消费所浸透、所改造，成为消费的另一盘菜，这就是解闷、释放欲望、调节肾上腺。在这种情况下，英雄的塑造完全是为迎合观众的口味而订制的。"抗日神剧"中的"手撕鬼子""裤裆藏雷""子弹拐弯"等情节，虽然过于玄幻而被观众吐槽，但更多的离奇情节还是被观众所接受，而且近来"神剧"之"神"正在升级，已由拙劣的"裤裆藏雷""手撕鬼子""子弹拐弯"升格为由中国共产党主导中国国民党军统（《虎口拔牙》）、主导国民党中统（《异镇》），甚至主导日本谍报系统特高课（《王大花的革命生涯》）。这些颇有浪漫主义色彩的影视片并不因为其新的历史知识而吸引观众，而是由于情节的引人入胜和演员的优秀表演而吸引观众。正应了消费时代里"消费者是上帝"的这一说法，是一种编导与观众、文化产业与大众文化消费之间的和谐共谋。

消费日本中人们到底消费了什么？也许有人会说，影视作品里的"日本鬼子"并非真正的"日本鬼子"，而是拟象，是符号，而非真人，因此属于鲍德里亚所说的符号消费。但是，消费日本具有多重的含义。到日本去消费，表面上看是在消费日本的物质和商品，实际上也是为日本的商业和经济做贡献，因为这是由需要主导的实实在在的消费，而非鲍德里亚所说的浪费，也不是为了显示财力而消费符号。但在影视中对于日本的消费，却并不为日本的GDP做贡献，而是观众自己在消耗自己的精气神，是在无聊中打发日子，过日子，但这些实际上只是观众对自己的消费，与一海之隔的日本并无关系。因此，这两种消费日本现象，性质截然不同，而且与鲍德里亚的符号消费理论相对照，并不合辙。鲍德里亚关于消费是浪费，是对符号的消费这一说法可能过于欧洲化，没有看到中国在现实消费中消费者的上帝身份和在精神消费中对自我的消费这些情况。

总之，在别现代时期，虽然英雄依然是人类的精神食粮和崇拜对象，但难以逃脱精神消费的魔咒，处在英雄空间和英雄盛宴中的英雄不再是被崇拜的对象和被效仿的楷模，而是成了被消费的对象，成了消费品。当英雄的复魅遭遇后现代的洗礼后，欢乐神话的出现就成了必然，而"抗日神剧"只不过充当了欢乐神话的一个角色而已。

三　后现代之后的英雄空间

利用英雄的复魅创造"神剧"，会产生一种消费的快乐，带来焦虑和苦闷的暂时消除，这是英雄被塑造和被消费的心理原因，也是中国人"过日子"的现实依据。"抗日神剧"持续走俏，就说明了它的市场需要有多大。但"神剧"走俏的同时，批评和嘲讽如潮，这本身就是在英雄被解构之后英雄空间的扩张。较之"文革"时期全国人民学唱革命样板戏、学习革命样板戏英雄来，我们的时代的确进步了不少。

但是，"神剧"之殇在于现代文化工业的复制。这种复制不是拷贝，而是不同剧组对类型题材没有太大差别的制作，因而难免雷同。有个叫于震的演员，被称为"神剧专业户"，他领衔的"神剧"连续剧在电视频道上已不下两位数。也许是面熟了，觉得他和他的剧组就那么一套，比划出来的神武，装出来的威风，没有什么新奇的。而且在这种复制中，前现代的情结和观念几乎无一例外地贯穿其中。有一部叫《大秧歌》的"神剧"，主角拿着狼牙棒给日本军官行家法，较之《我的兄弟叫顺溜》中顺溜非要将盛有侵略者骨灰的骨灰盒击碎，的确有着独到的构思，但其前现代的精神轨迹已然历历在目，跟无以计数的"神剧"如出一辙。可以说，复制的"神剧"已经覆盖、遮蔽了《亮剑》等电视剧精品的光环，成为一个娱乐搞笑的代名词。

与媒体的伪事件（广告、报道）相似，影视正在制作伪英雄，即工业文明时期的神武英雄。但吊诡的是，这种伪英雄远胜于历史上的真英雄，更容易被消费者所接受。这可能是美学对于媒体的胜利，也是浪漫主义对现实主义的超越，是后现代艺术化处理对于影视写实的胜利。事实上，古希腊罗马的阿喀琉斯、斯巴达克斯，中国的关羽、张飞等世界英雄影视形象，似乎远不如中国"神剧"的伪英雄们吸引眼球。在消费时代，伪英雄因为美学而被欣赏，而不是历史人物作为真实英雄被崇拜、被模仿。由此可见，好像媒体之"伪"之余仍有美学之真。这种美学上的真就是消费者对于英雄的不必认其真的审美消费，是一种观赏的辩证法。因为欢乐神话从来就不是神话，也不是现实，就是用来娱乐搞笑的，是一种审美消费，因此，审美消费本身就是一种真实，是在崇高与鄙俗、高雅与低贱之间人们活着的方式之一，而且是较有滋味地活着的方式之一，因而有其合理性，不应该被谴责、打压甚至剥夺，但也不应该被赞颂。就像活着一样，任其自然，当然在"尘世难逢开口笑"的现实中爆出一点笑来，就更能喜出望外。这大概就是被称为俗美学的，甚至是非美学的背后的美学意义。

　　真实的英雄和媒体制造出来的英雄以及艺术化了的英雄，共同构成了英雄空间，使得英雄被多极化消费和多极化处理成为可能。古典的、现代的、后现代的英雄可以同时亮相，可以同时展谱，形成了突破时空界限的英雄空间。如还不够，可以来个穿越，创造更大的英雄空间。中国的穿越剧正在进行着英雄空间的扩张，现时代的人们可以穿越到先秦时代做将军，当英雄了。因此，消费时代，英雄空间不仅不会萎缩，反而会进一步扩大。事实上，中国前现代的三国英雄已经通过《三国杀》桌牌/网络游戏而被赋予兼具主公、忠臣、奸臣、反贼四种可能性的生成性角色，而不再是现成性角色，这部英雄游戏已将经典的、固定的英雄模式打破，其影响亦不仅限于中国，它已经成了美国伯克利分校的文化选修课。这些现象都在说明别现代时期英雄空间的解构与建构已不再局限于一个国家和一个民族，而具有走向全球的可能性和世界意义。

　　英雄空间的解构与建构是个要比英雄的解构和建构本身更为复杂的问题。这是因为英雄空间要比英雄大得多，同时可以涵盖多元英雄价值观，形成英雄空间的压缩与扩张、解构与建构。人类历史上希特勒、墨索里尼、日本天皇等人的反人类英雄观导致人类英雄空间的解体，但也告诉人们，借助于国家机器，可能会在短期内形成某种英雄类型的独尊、独大，但这种情况不能长久，最终会被人类进步的、普适的英雄观所淘汰。美国的抗日大片《血战钢锯岭》写的是一个参加战争但抗拒带枪的医疗兵的真实故事。影片效果很震撼，也很血腥，也是"神剧"的味道。主人公就凭着对于耶稣的信仰和一遍一遍地祈祷，在日军的眼皮子底下，从悬崖上救下来 75 名重伤员，从而成为在战场上不拿枪的英雄。但这个"神剧"给人一种心灵的震撼，而非神奇、喧嚣、娱乐的浅表审美效果。由此可见，普适的英雄观还是存在的，随之而来的英雄空间的跨地域解构和跨地域建构也是完全可能的。

　　按照英雄空间理论看问题，对待过去的日本军国主义英雄观的最佳方式就不是"你用刀，我用棍，你用拳，我用腿"，更不是"你用飞机坦克，我用大刀长矛"，不是用前现代的家法或神武英雄通过"神威"来征服对方，而是唤起这个民族最为敏感的东西——耻感。人类学家鲁思·本尼迪克特（Ruth Benedict）曾在她的《菊与刀》一书中将日本文化概括为耻感文化。①李泽厚也曾引用过这种观点来说明中国文化是乐感文化。②眼下的状况似乎并非如此，不是去激活耻感，而是去敲打潘多拉盒子中的魔鬼。中国的"神剧"是不是正在通过神武英雄唤醒和激活日本的武士道精神呢？是智是愚，是善是恶，明眼人自有公论。

虽然，到目前为止，"抗日神剧"仍如日中天，消费日本也方兴未艾，但是，复制不可能长久，"神剧"消费总有尽头。因此，当下的编导们应在此时实现跨越式停顿，③换位思考，另辟蹊径，在现代、前现代、后现代的交集纠葛中寻找更大的创造空间和解读空间，而不再囿于前现代的神武记忆。

别现代既是对杂糅的社会形态的概括，又是对别样现代性的期许和主张，是对别现代社会形态的更新超越，而非对于别现代社会形态的固守。作为更新超越的别现代主义，不同于前现代英雄的复魅，不同于现代英雄的凡俗化和职业化，也不同于后现代的解构英雄，而是要建构新的英雄空间。这个新的英雄空间就是别现代之后的英雄空间。就消费日本而言，就是要把人们从目前正在观看"神剧"时对自我的消费中解脱出来，达到对对象的消费，比如对民族精神塑造的消费，而不再是对欢乐神话自娱自乐式的自我消费。因此，别现代的英雄空间解构与建构将指向未来，超越现在。这个"未来"，在西方是后现代之后，在中国就是别现代之后。因为，别现代中包含了后现代因素，因此，别现代之后的主张就是别现代主义对现代、前现代和后现代的整体超越。

---

① ［美］鲁思·本尼迪克特：《菊与刀》，南星越译，南海出版公司2007年版，第272—273页。
② 李泽厚：《中国古代思想史论》，安徽文艺出版社1994年版，第308—309页。
③ 王建疆：《别现代：跨越式停顿》，《探索与争鸣》2015年第12期。

由于前现代神话和神武英雄的历史性消失，英雄空间建构当然应该不仅体现在当下，而且要指向未来，再加上西方后现代的式微，考虑后现代之后[①]的事已属必然。后现代之后随着人类与星际之间关系的进一步确定，另一个世界的开创将被提上人类未来的议事日程。随着对另一个世界的开创，人类英雄空间将别有洞天。也许新的创世记正在酝酿中，后现代之后的英雄空间将搁置上帝创世记的神话，也会淡忘前现代的神武记忆，在现代、前现代、后现代的交集纠葛中超拔出来，开创地球人的星际英雄时代。这看起来似乎又是神话，但愈来愈多的科幻影视、三体小说正在进行着世纪英雄的更新和英雄空间的扩容。

艺术的创新在于换一种方式，艺术风格和艺术流派的形成都是跨越式停顿的产物。

在艺术上没有永远的神圣，正如生活中没有永远的英雄。

[①] 王建疆：《别现代：美学之外与后现代之后》，《上海师范大学学报》2015年第1期。

Bie-modern: "Consumption on Japan" and Deconstruction of Hero Space (extracts)

Wang Jianjiang

During the Bie-modern times there are two different kinds of consumption on Japan; one is material, while the other is spiritual. On the material aspect, according to the statistics of Japanese tourist bureau, nearly 5 million Chinese tourists went to Japan for travel and shopping in 2015, spending almost 80 billion RMB (about 13 billion dollars). It means the actual consumption of Chinese tourists on Japanese goods including cosmetics, electrical appliances, and etc. as well as their expenses on tour in Japan. On the other hand, the spiritual consumption on Japan mainly refers to watching the TV series or films relating to the AntiJapanese War. Most of Chinese spectators are keen on watching such ridiculous Anti-Japan plays. Please see the following report:

Fighting Together Against the Devils, a ridiculous anti-Japan play has been pulled off the air (停播) by the country's top film, TV and radio watchdog (SARFT: The State Administration of Radio Film and Television), as it shows a female character hiding a grenade in her pants while visiting her husband in a jail guarded by Japanese soldiers.

Besides such plots as tearing a Japanese soldier apart using bare hands, throwing a grenade into the air to down a Japanese airplane, some ridiculous plays will add sexual innuendo to the story, causing the appearance of some freak scenes like hiding a grenade in the pants of a woman character, or what's even worse, the shocking lines such as "my grandpa was killed by the Japanese at the age of 9." (the State Administration of Press and Publication, Radio, Film and Television) (indulge in cheap gimmicks)、(pursue higher ratings), (ridiculous anti-Japan plays).

Spiritual consumption has more meaning than material consumption, for example, the release of the complex, emotional pleasure, the recreation of leisure time and the secretion of epinephrine.

Neither of the two sides of consumption on Japan is singly dominant or exclusive, on the contrary, both can be juxtaposed and even mixed. Thus, behind the phenomenon of consumption on Japan is the conspiracy (cooperation and collaboration) of material and spiritual consumption.

However, there is great tension between both sides. On the one aspect, Chinese tourists increasingly contribute to the GDP of Japan when travelling there, composing a conflict with the anti-consumerism behavior of boycott movement against Japanese goods, which in essence a tension between realistic consumption and complex emotions towards Japan. On the other aspect, Chinese spectators release their emotions in the process of entertainment and recreation, forming the great tension between consumerism and morality. They will not quit watching the ridiculous anti-Japan plays for the reason of purchasing the Japanese goods, and will not give up their consumption on Japanese goods for the release of their national emotions.

In the ridiculous anti-Japan plays, there sprung up the magic and brave heroes resisting the aggression of Japan, which is the revival of some classical heroes in Chinese legends and myths, for instance, tearing a Japanese soldier apart using bare hands is from the story of Li Yuanba, a hero between Sui and Tang dynasties.

The ridiculous anti-Japan plays have been popular since the year of 2000, the fever of which is profoundly due to the Chinese nationalism and patriotism, arising from the demand for the solidarity of all Chinese people and coherence of their hearts.

In consumption which has become the keynote of contemporary Chinese society, heroes are unavoidably turned into consumer goods. When heroes are led to the altar of worship and re-enchantment, they get actually consumerized like the dishes on the menu. The sublimity of heroes has been replaced by inexplicable conversion and funny performances. In today's context, heroes are being replaced by the hero space which means a huge imaginary and molding space constituted by diversified hero views. The hero space can be regarded as a grand banquet of heroes, which invites classic heroes, contemporary heroes, moral heroes, professional heroes, brave heroes, ordinary heroes, devil heroes and game heroes, and etc. The existence of heroes lies in the value of being consumed, especially through the aesthetics of literature and art, rather than being worshiped or imitated.

Hero consumption is a kind of aesthetic consumption. Heroes, the object of aesthetic consumption, are endowed with artistic fascination for the dramatic, teasing, funny and mystic handling. Some special heroes, such as cripple heroes, rogue heroes, cook heroes, and mummer heroes, who have transcended their physiological, political and ethical flaws, and become unexpectedly noble and great. Meanwhile, the witty and funny characters of various heroes strengthen the consumerism in aesthetics.

The disenchantment of heroes in ancient times is historical inevitability. However, the collective unconsciousness complex in human hearts always leaves a broad space for the reenchantment of heroes. If this re-enchantment adopts the anti-grand narration and desublimation of postmodern theory, such as parody, irony, it is likely to result in a happy myth, which is characterized by using sublimity to show fun, deconstructing heroes, and entertaining the sublime. The appeal of the ridiculous anti-Japan plays comes from the following three factors.

One is its entertainment by reducing the sublimity. There is a sharp contrast between the physiological or ethical deficiency of the characters and their brave and "magical" performance, thus creating a funny and ridiculous effect, which still belongs to superficial aesthetics on the surface. In this entertainment, the nobility and sublimity of heroes are deconstructed, and heroes have become funny objects. The ridiculous plays will bring a pleasure of being consumed.

Second is its shocking effect. Brave heroes are super powerful and can do what other soldiers cannot do. With its exciting and shocking plot, spectators are attracted and their blood pressure will go up and the secretion of their epinephrine will be accelerated when watching the pays.

Three is the attractive story at random. The characters in the plays mostly did earthshattering events because of some unexpected opportunity.

Consumers are God. The plays try to cater to the consumer market. So in this circumstance, the molding of heroes is tailor-made according to the tastes of audience. Some magical and even ridiculous plots have already been accepted by masses of audience while being attacked.

Nevertheless, the problem with the plays lies in the replication in modern cultural industry. Crews of different plays produce almost identically in similar subjects, without much creativity. So the duplicated ridiculous plays have become a synonym of "fun".

Similar to pseudo-events (report, journalism) in media, films and TV series are making pseudo heroes, that is, the brave heroes in the period of industrial civilization. What is strange is that the pseudo heroes surpass the real heroes in history and are more likely to be accepted by consumers. The so-called "happy myth" is neither real myth, nor reality, but aesthetic consumption just for fun.

True heroes and pseudo heroes produced by the media and artistic heroes, altogether constitute a hero space. Thus, classic, modern and postmodern heroes can appear at the same time.

The heroes in the period of three kingdoms are endowed with new generating roles containing four possibilities, good or bad, loyal or betrayal through the desktop card game named the Killers of Three Kingdoms. Thus, the classic and fixed hero patterns are broken in the game, the influence of which is not only limited in China, but also extends to the U. S. , becoming the optional cultural course in Berkley. It means that the deconstruction and reconstruction of hero space are not only restrained to a country or a nation, but has got the significance of going global.

However, the way of replication cannot last long, and the consumption through ridiculous plays will have an end. Thus, the play-writers and directors should seek a larger creative and interpreting space in the intertwined complexity of traditional, modern and postmodern elements.

别现代时期"囧"的审美形态生成

王建疆

我们正处于现代、前现代和后现代交织在一起的社会历史时期，无法用单一的现代或前现代或后现代来概括，只好用别现代称呼。"别"的"别裁""别体""别传"的古义，虽然在今天容易产生误读，表面上看类似解构主义大师德里达生造的词"différrance"（延异），但骨子里却是古代汉语的今用，有着中华文化根基。虽然，"别"具有"不要""告别""另外""别扭"等多重含义，再加上对"别墅""别致"这些今天仍在高频使用的词的联想，会使"别"字更加歧义纷呈，但实际上"别"是对一种特定历史时期的社会形态的最确切的表达。因此，别现代就是别现代，不是现代，也不是后现代，更不是前现代，是对我们这个时代的概括。

别现代的时代特征从经济基础到上层建筑，再到意识形态，无所不有、无所不包。中国社会日趋发达的物质现代化和对西方民主、科学、法制的学习模仿，前卫艺术和知识精英对后现代的认同，以及社会制度、思想意识方面的前现代元素，无不相互交织在一起，构成了这个历史时期的文化景观。

别现代具有由多维制度空间、物质空间和意识空间构成的既和谐共谋又内在紧张的多重复杂属性。包括时间空间化属性、多元并存属性、和谐共谋①属性和内在张力属性、多变量属性、难以预测属性等。别现代的前现代、现代、后现代并存现状，导致时代的空间化，在这个空间形式中，现代与前现代的天然对立、现代与后现代的相互矛盾、后现代与前现代的文化隔膜，都被某种黏合剂黏在了一起，因而表面上看是多元并置、和谐共处，但是，骨子里还是潜藏着多重对立。因此，跟西方断代式的现代、后现代相比，与其说中国是现代与前现代的"双头怪"，还不如说是现代、前现代、后现代媾和共谋的"三头怪"，是一个既和谐共谋而又内在分裂的共同体，往好里说是三驾马车并行，往差里说是南辕北辙，恰如柏拉图《斐德若篇》中所说的灵魂奔向天国的途中那架由良马和劣马一起拉着的难以驾驭的马车，其运行轨迹和发展前景充满变数，难以预测。这种既内在分裂又和谐共谋的结构特征，决定了别现代时期文学和艺术的多元共谋与内在紧张。事实上，反思和批判前现代的具有现代性的批判现实主义文学和艺术不绝如缕，同时，怀旧复古、粉饰太平的具有前现代特征的伪古典主义、伪浪漫主义及神剧的伪崇高等仍有很大市场，而解构崇高、消解英雄、展现丑恶的后现代文学和艺术也方兴未艾。②这种多元共谋和内在张力的并存，使得别现代不仅具有混杂特点，而且具有阶段性特点，如和谐共谋期、矛盾冲突期、超越更新期。目前正处于别现代的和谐共谋期。这种和谐共谋正在影响着社会生活、意识形态、文学艺术、伦理道德、审美形态等各个方面。本文将用审美形态学的方法，解剖具有别现代特征的囧类现象，尤其是其代表囧类电影，以期获得对于特定历史时期中国文学、艺术和审美文化的宏观把握。

---

① 别现代的"共谋"包括现代、后现代与前现代之间的彼此适应、和谐共处；没有边界、放弃原则、妥协、交易（权钱交易、权色交易、权法交易、行贿受贿）、共赢、媾和；不断更改规矩、实行潜规则；有选择地遗忘和遮蔽历史、造假售假等，前现代的思想观念和行为方式因现代制度的缺位而由后现代的跨越边界（cross border）、解构中心、消解原则来加以表达，形成混沌的和谐，这一点在当今那些高智商、高学历、高级别、受过现代教育、出过国、留过洋但又贪污腐化、身败名裂的领导人身上得到了最为集中的表现。

② 王建疆：《后现代语境中的英雄空间与英雄再生》，《文学评论》2014年第2期。

一 "囧"现象的别现代文化内蕴

徐峥导演、主演的囧类电影具有非常鲜明的别现代文化内蕴和审美特征。

囧类电影中反复出现的前现代的贞操观、香火观、迷信观遇到现代社会中层出不群的随机干扰,于是,吃醋、愤怒、离异、以死相逼等极端表现应运而生,又在随机生成的偶然事件中喜出望外地回归前现代的大团圆结局,表现为一种产生于前现代的中和的审美观。《人在囧途》中隐隐约约的"小三"在窘途之末,只因一次偶然的道德发现而退出了角色。《人再囧途之泰囧》中被误会和醋意折磨得离异的夫妻最终由于事业追求的虚无而破镜重圆。《港囧》中在跟妻子造人和与二十年前的初恋约炮交织在一起而又充满了各种险情的随机故事中,最后以夫妻从高楼坠落而为一夫一妻制正名。这里的生活场景都是现代的,是现代化的,甚至是超级现代化的,但故事内容的意旨却是前现代的血缘宗亲观念、贞操观念和庇佑观念。而在这种前现代与现代的剧情冲突中,将其润滑、戏剧化、喜剧化、娱乐化的却是后现代的艺术手法戏仿、戏谑、消解崇高、无厘头等。如对原有目的回家、争夺专利、造小人的不断消解,总是通过一个形影不离的愣头儿青(王宝强、包贝尔分别饰演)在制造了无数的窘态和笑料后,将困窘之路消解而代之以光明炯途。徐峥的电影《人在囧途》《人再囧途之泰囧》《港囧》都因其抢眼而获得了票房的巨大突破,并形成了囧类电影的艺术风格。但是,囧类电影的出现并非徐峥一人的天才所致,而是近年来囧文化兴起的结果。

囧文化的兴起始于古代汉语的今用。囧的本义是光明。但在当今网络流行语中,囧通窘,又通炯,前者是窘迫,后者是光明,因而具有多异性。随着网络的兴起,大量的网络语言应运而生。"囧"由于适应了现代网民表达的需要而成为网民不断追捧的网络词汇之一。在网络语言中,囧的内小"八"字视为眉眼,"口"视为嘴。它的内涵就是:1. 作为头。表达沉重的思想。2. 作为脸。表达浪漫与激情。①

囧从原初意义到现代网络意义的生成，从一个生僻字到一个流行语演变，不是简单的一时兴起，而是一个复杂的过程。一般认为，囧的流行，必须要提到"Orz"。"Orz"这种看似字母的组合，但不能念成一个英文单词，而是一种象形的符号。在日文中原本的意义是"失意体前屈"，代表一个人面向左方、俯跪在地，O 代表这个人的头、r 代表手以及身体，z 代表的是脚。中国台湾的网民受到"Orz"的启发，用"囧"替换掉了"O"，使得日文中的失意体前屈的头部具有了更加写意的表情，写作"囧 rz"。② 因此，根据囧的表意形状，"囧"被赋予郁闷、尴尬、悲伤、无奈、困惑、无语等意思。囧也指处境尴尬、为难。同窘一样表示在特殊情况下的一种极为窘迫的心情。囧从 2008 年开始在中文地区的网络社群间成为一种流行的表情符号，成为网络聊天、论坛、博客中使用最频繁的字之一，"囧"也被形容为"21 世纪最牛的一个字"。③

在当下，囧的风行催生出囧文化的流行，囧文化几乎席卷了人们的整个生活，从虚拟到现实处处可以看到囧的影子。网络上出现了与囧相关的文学如打油诗、绕口令、囧字体、囧字操，现实中产生了由囧衍生的文化产业，一是囧文化的产生，如囧东西网站的创建、囧字舞的出现、囧游戏的开发、囧电影的拍摄等。一是在囧文化的指导下而推出的一系列囧商品，如李宁囧字鞋、囧字 T 恤、晨光囧笔以及一些囧科技产品等。一是有的人将囧应用到人生的解读中，如"囧事""囧途"等。甚至这种对人生的解读会与商业广告合谋，借助文学的手法表达一种诗意，如晨光囧笔的简介："……囧是一种态度，囧是一种艺术，囧是一种内涵，囧是一种哲学。……"④

在囧如此具有文化意义的当下，我们不禁要问，曾经与囧一样非

---

① 见百度百科"囧"词条，http：//baike.baidu.com/link？url=79fJJgHtCBHzfOUcKLfo-f71o8wcxHsxE-4o7qGVGwHumtsIkw9582iwn3YGYwQFOVEb0gax4lobCQOBEyDWF_。

② 同上。

③ 同上。

④ 同上。

常流行的"酷""炫""帅""靓"怎么就未能像囧那样形成一种电影艺术类型，为什么偏偏一个歧义纷呈的囧会在当下一直流行着呢？不仅在网络，而且在电影，在现实生活中，在商业活动中囧都火起来呢？原因可能很多，而其关键在于我们这个由现代、后现代、前现代既和谐共谋，又内在紧张对立而构成的时代，本身就具有奇异性或奇葩性，同时也因为多元并置与和谐共谋而具有模糊性，似乎人们的思想和情感如不借助于随机、朦胧、奇异、歧义、多义的词语就难以表达。而囧相对而言就具有十足的模糊、朦胧、奇异、歧义、多义、奇葩和随意的特点，与当下时代特点和人们的认识相吻合。而其他流行语作为形容词可能是非常新鲜、非常准确、惟妙惟肖的，但作为思想的容器却不能胜任，因为它们都因其明确无误和单一含义而缺少内在的张力。因此，可以说，囧在当下的流行深刻地表明囧已经不再是单纯的一个词语，而是人们在当下的时代特征、文化内蕴、人生样态和审美形态的展现，是一种别现代的语言创造。囧作为艺术符号和诗意表达，其魅力就在于囧作为审美形态契合了人们的言说方式和审美心理，能够确证当下人生的微妙存在。

　　囧系列影片虽然表现的是平凡人的遭遇，讲的是普通人的故事，但是我们同样可以找出囧特有的文化意味。囧本身就是一种人生存在的方式，因而饱含着人生的哲理性。囧途通过窘与炯的歧义并呈，展现的是人的动态存在，其中蕴含着在路上和回归两大人生主题。《人在囧途》和《人再囧途之泰囧》无论是表现中国国内的旅行还是异国他乡的旅途，都经历了一个从亲情破裂到亲情回归的过程，都展现了挣脱物质的羁绊重获精神自由的过程。而《港囧》在回归初恋还是回归家庭上的折腾，也是当下人生的随机选择。因此，囧类电影在一定程度上具有人生的哲理意味。这种哲理不是剧作家或导演赋予的，而是在一个充满了既和谐又对立的复杂社会形态中个体谋求存在的真实写照：前途到底是炯还是窘，谁也不知道，人就是这样仿佛被抛在了路上，一切的计划、打算、规划，都显得不是无用就是多余，似乎一切都是被随机性和命运暗中操作着的，但总还不至于绝望。即便是妥协，即便是共谋，即便是无奈，也总有归途。甚至在某种意义上说，囧类电影往往通过单纯、幼稚、无知的配角，展示受随机性和命运控制之人的随遇而安，却较之聪明人（主角）的事业追求和爱情追求更容易获得幸福感的结局，将追求、目的、崇高等一一消解，这种对主角的解构和由此而造成的中心的离散，实在是别现代时期现代与前现代、后现代和谐共谋的人生宿命的隐喻。正是这种隐喻，使得囧类电影成了囧文化别现代特征的代表。

二 "囧"作为一种新的审美形态

《港囧》《人再囧途之泰囧》《人在囧途》等数部囧系列影片在中国电影史上都获得了空前的成功，这不仅仅是动辄十数亿元的票房收入，曾在国内领先，而且形成了囧剧的途中类型电影，在电影史上有其特殊的贡献。因此，囧系列影片的成功就非常值得探讨。囧类电影除了时代特征、文化内蕴外，还由于其凝聚于"囧"的鲜明的特征而构成了新的审美形态，因此，将它作为审美形态进行研究也是十分必要的。

审美形态是指特定人生样态、人生境界、审美情趣、审美风格的感性凝聚和逻辑分类。[1] 审美形态学从艺术分类和艺术风格的角度对色彩斑斓、变化无穷的艺术样态和审美现象进行透视和分析，从而把握其内在的精神气韵和风格特征，并揭示其生成原因。由于审美形态的研究能够显示特定文化的识别标志，[2] 如中国的审美形态气韵、意境、神妙、空灵、飘逸等较之西方的审美形态悲剧、喜剧、荒诞等，就不仅是艺术种类和审美风格的区别，而且还是文化上的不同。尤其是新兴的审美形态的出现，会成为时代的精神风貌特征。如现代西方出现的荒诞等审美形态，就不同于古代的悲剧、喜剧、崇高等，是西方现代社会文化嬗变的写照。因此，从审美形态的角度看问题，囧作为别现代时期出现的新的审美形态，其文化意义和美学意义都非同

---

[1] 王建疆：《审美形态新论》，《甘肃社会科学》2007年第4期。又见由王建疆负责修订的朱立元主编《美学》2006年版第三编"审美形态论"中关于审美形态的界定。

[2] 王建疆：《中国审美形态与中华文化特性》，《西北师范大学学报》2016年第1期。

一般。

从审美形态学看，囧类电影或囧剧具有以下特点：

首先，囧类电影中囧的意义生成所彰显的正是别现代时期和谐共谋与紧张对立的矛盾结构，具有疑似中和的特点。囧，最初的含义是光明的意思，与"炯"近义。但从目前日常生活和网络使用的情况看，"囧"已经成为"窘"的同义词。但在囧类影片中所表现出来的囧却是两层意义皆有，并在语义的不断转换中获得了内在的张力。2015 年前的两部囧剧都以旅途为题材，总是通过旅途中两个主角的相遇，引发旅途上一连串的悲喜。虽然到了《港囧》，主角是去同城的一个会展约会初恋的情人，但总的来说，故事发生在途中的模式并没有因此而改变，囧的主题意义的生成性也没有改变，尤其是在窘与炯的对立统一中构成中和的结构特征依然故我。

生成，英语 becoming，是跟现成相对的，指走向目的地，走向成功，但尚未到达，尚未成功，也就是方兴未艾，在路上的意思。囧剧不是单纯地表现"炯"或"窘"，而是表现"炯"与"窘"的交织、纠葛、转换，在意蕴上历经了一个不断生成的过程，即由古义的光明到现代的窘迫最后又回到了光明，成了别现代时期人生道路上从希望到失望，而后又重拾希望的隐喻或从内在紧张到和谐共谋的象征，从而具有一定的张力，避免了大光明结局的单调和浅薄。这种内在张力会形成囧剧蕴藉的审美形态特点，生成一个严肃的主题，从而也对囧剧自设的诸多俗浅的搞笑有一定的超越。囧的意蕴生成，是通过情节的随机性或诸多的巧合与悬念来实现的。囧系列影片在喜剧形式的外衣下裹着的同样是富有戏剧性的内容和主题。《人在囧途》，虽然表现的是"行路难"这一传统的主题，但囧的美学意蕴要比行路难丰厚得多。它把人生的无奈以冷幽默的方式形象地表现出来，取得了"行路难"的直白所不具有的审美效果。《人在囧途》和《人再囧途之泰囧》通过不同交通方式的换乘，不单单表现了路途之艰难，而且还表现了人在旅途中的各种奇妙遭遇，将酸甜苦辣的人生滋味一股脑儿地端出，在不断生长的看点中获得既搞笑又蕴藉的喜剧效果。

囧系列影片在出人意料、波澜起伏的故事情节中，仍然回归到一个中国传统的大团圆结局。结局最后,没有人受到伤害,人人都有所得。尽管人物历尽千辛万苦,人物矛盾不断激化,但最后一切都得到解脱,没有偏离大众预想和期待的审美轨道,营造出人人都乐于接受的审美效果。虽然这种大团圆结局难免中国前现代审美文化中的心灵鸡汤之嫌,但囧的美学意义却在于囧途之人的窘境已到了观众忍受的极限,就在将成为苦戏的刹那出现了转换,给人一种惊喜。这里固然有囧剧情节的意料之外和结局的情理之中的张力结构设置,也有中和的大团圆结局,但值得注意的是,囧类电影的中和色彩,已不同于传统意义上的中和,即用理性和礼法对自然情感的节制,所谓"发乎情而止乎礼义",相反,是将窘境无限放大,甚至像《港囧》那样将窘境放大到险境,不惜使用现代电影的惊悚手法使其达到极致,然后用一个后现代的搞笑(从高楼坠落后夫妻叠合在警察早已铺好的充气救生垫上)使危险和紧张涣然冰释。因此,如果说囧剧具有中和色彩的话,那么,它也只能是一种疑似中和,而非传统意义上的中和。这种疑似中和的产生,无疑跟别现代时期现代、后现代与前现代的内在矛盾没有爆发,相反,三者之间仍处于和谐共谋,三者分别以占比、占股的方式共存有关。这种杂糅或混血所导致的疑似中和,不可能在现代、后现代、前现代的某一个方向上取得突破,只能在疑似中和的结局和由导演设置的爆笑中获得一种大众共谋的狂欢。

其次,囧类电影既含有中西共享的滑稽,又凸显了中国式的冷幽默。囧剧导演明确地把喜剧作为其体裁和风格类型。徐峥认为:"喜剧的东西是它的包装,是它的形式,好玩。各种错位,俏皮话,没有人真正受到伤害,最后每一个人都有小小的实现,有所失,那边必须有所得。"[1] 喜剧一般都要通过滑稽和幽默两种审美形态来表现。囧类电影所表现的囧既包含了中西方共有的滑稽,同时含有中国式幽默,是冷幽默和热幽默的结合,而以冷幽默最有特色。正是这种多元素的融合,既使得囧剧手法多样,又表现出情感的丰富,形成了独具特色的中国喜剧类型——囧喜剧。

---

[1] 参见《凤凰网·非常道》第236期,http://ent.ifeng.com/fcd/special/xuzheng/。

别现代：作品与评论

就滑稽而言，囧系列电影中表现出来的滑稽既有西方式的滑稽，又有中国式的滑稽。西方的滑稽来自喜剧。亚里士多德认为，"滑稽的事物是某种错误或丑陋，不致引起痛苦和伤害"[①]。囧系列影片正是通过剧中人物一系列倒霉透顶的遭遇，展现了剧中人物的力量的渺小，他们不断被捉弄，唤不起同情却显得荒唐可笑，营造出可喜可乐的喜剧效果，同时也在一定程度上肯定了人们的弱点的合理性。中国的滑稽起源于模仿和取乐，离不开动作。影片中将中国式的滑稽表现得淋漓尽致，通过一系列行为动作散发出大量的笑点。例如，《人在囧途》中王宝强饰演的牛耿在登机时由于飞机上不能携带牛奶而将一桶牛奶当着安检人员的面一饮而尽，并在安检人员面前痛快地打嗝，爆出笑来。这种滑稽的行为同时给电影中的人物和观众制造了笑点。《泰囧》中王宝强饰演的王宝同样在偷高博的东西时，因被高博发现倍感紧张。但是影片戏剧性的错位，将王宝推向了一个按摩师的位置。王宝将按摩的动作改换为做葱油饼的动作，并在做葱油饼的过程中乐在其中，同样冲淡了电影中的紧张气氛，使影片的节奏变得轻松愉快，观众也被这种滑稽的动作逗得捧腹大笑。这些看似滑稽的动作使得囧剧中的矛盾冲突走向消融，能够产生一种奇妙的喜剧效果。

就幽默而论，幽默是与滑稽不同的另一种喜剧表现形式。与滑稽的借助于动作不同，幽默更多地借助语言表现出来。幽默是通过诙谐的语言来对人生的遭遇进行一种评判，最终的效果是引起忍俊不禁的笑，获得一种审美愉悦。幽默可分为热幽默和冷幽默。热幽默通常是笑点就在话语中，听后直接让人捧腹；而冷幽默则是指听完或看完后要思索、回味一番才能体会出其中的诙谐之处。如《人在囧途》中牛耿（王宝强饰）与李成功（徐峥饰）过长江时的一段对话就是典型的冷幽默：

牛耿：老板，你看这黄河多黄？

李成功：大哥，这是长江啊。（用冷幽默来暗讽环境污染）

---

① ［古希腊］亚里士多德、［古罗马］贺拉斯：《诗学 诗艺》，罗念生译，人民文学出版社1962年版，第16页。

热幽默表现为温馨赞美，冷幽默表现为冷嘲热讽，也多少有点幸灾乐祸的味道，但总体上还是善意的，给人以快乐，是人与人、人与社会尚未尖锐对立的产物。虽然囧剧的冷幽默非常突出，但又不同于西方现代主义美学的黑色幽默。黑色幽默表现出来的无奈往往连带着绝望的心理和幸灾乐祸的虐待，而非善意，给人以黑色的窒息感，如已经摔断左腿的一位患者逃过医护的监护去参加圣诞夜的狂欢，就在向别人吹嘘自己逃脱监护的能耐时却不小心脚底打滑摔断了右腿！一般来说，囧类电影的热幽默随处可见，而其中的冷幽默则不易被发现。《泰囧》通过一个以徐朗为典型的"聪明人"和一个以王宝为典型的"愚人"之间的对话，通过运用语言的错位、俏皮话等各种手段，将人生进行了各种冷幽默的处理，使愚与智易位，贵与贱颠倒，也使得原本尴尬沉重的人生获得了轻与重、喜与悲相互融合又相互转换的审美效果。《港囧》中小舅子蔡拉拉（包贝尔饰）愣头儿青式的捉奸戏，以及"你们俩这么恶心，怎么会怀不上孩子呢。（嘲笑徐来夫妇的夫妻'恩爱'）"更是建立在一系列随机事件基础上的冷幽默。由于别现代时期和谐共谋与对立冲突的交织，冷幽默成了社会情绪宣泄的艺术方式，虽然未必能够达到马克思所说的喜剧使"人类能够愉快地和自己的过去诀别"[①]的效果，但却无疑使囧剧获得中国观众的喜爱。可以说，正是囧类电影中冷热幽默的结合，使得囧剧具有了新的审美形态的质素。

最后，以俗取乐的俗乐形态特征。在谈到《人再囧途之泰囧》的主题时，徐峥导演说："这就是我想做一部主流的喜剧片，它的主题必须够俗，够世俗，因为只有世俗，才能涵盖的人群面够广，才能给大部分的观众所接受，这是它电影里的主题。"[②] 事实上，囧类电影展现的是现实生活中的人生百态，通过艺术手法对现实人生进行喜剧化处理，获得了大众普遍接受的审美效果。大众性不仅表现为题材上的世俗性，而且还表现为人物故事情节的民间性。如《人在囧途》

---

① ［德］马克思：《黑格尔〈法哲学批判〉导言》，《马克思恩格斯文集》第1卷，人民出版社2009年版，第7页。

② 参见《凤凰网·非常道》第236期，http：//ent.ifeng.com/fcd/special/xuzheng/。

以众人皆经历过的春运为题材,将春运中的囧通过两个人物形象的经历展现出来,真实地表现了当下社会的现实,因而能够获得广泛的群众基础。再如《港囧》中的婚外约会与小舅子蔡拉拉的捉奸,也都是现实俗众最感兴趣的事儿,是看点,也是卖点。虽然徐峥明确地说,喜剧要俗,但由于囧剧中窘与囧的内在张力,使得它自身并没有一俗到底,而是乐从俗来,以俗取乐,凝聚为俗乐,这种俗乐构成了囧类电影审美形态的共同特征。

以俗取乐是一个很值得研究的审美现象。它的前提是,俗是否也能代表徐峥所说的"主流"?是否还存在着以雅取乐的方式?若是,若有,为什么不选择以雅取乐呢?若非,若无,是否意味着以俗取乐就是喜剧的唯一法则?这个问题的答案仍然在特定历史时期的现实中,在雅俗观众的占比中,而不在美学本身。以雅为乐者在别现代时期仍然是个很小的占比,而以俗为乐者却是徐峥所说的"大部分的观众",因此,这种占比分析的背后仍然是资本现代性的支配权。决定以雅为乐还是以俗为乐在美学上不具有选择的绝对性,但在经济学上具有绝对性,因为这涉及票房价值和囧剧的再生产。因此,以俗取乐,尽管目前是一种不错的电影产业的经营方式,而且也不是俗不可耐、一塌糊涂,相反,俗得适中,俗得可以,俗得审美,但以俗取乐,能否长久,能否伟大,这却是一个超出了经济学的问题。仅就俗乐在别现代时期的普遍流行而言,俗乐的确是我们这个时代新的审美形态的特点。

总之,具有内在张力的疑似中和,与中国式的冷幽默和俗乐,共同构成了囧这种新的审美形态的整体。

三 囧类电影的前现代文化根基

囧剧的疑似中和色彩,以及冷幽默、俗乐的审美形态特点,尽管立足于现代生活场景,具有后现代大众文化的特点,也掺杂了后现代无中心的无厘头元素,但是,这种审美形态的精神内涵还是植根于前现代中国的文化土壤中的。因此,囧有自己的形态特征,跟西方20

世纪以来形成的新的审美形态范畴媚世有所不同。媚世被认为是"1. 廉价且大为流行；2. 溺情而难称真情；3. 无品而自我品味"。①

囧也广为流行，甚至耳熟能详，但与媚世的区别却在于：以俗取乐而不媚俗，抚慰心灵而不放任欲望，没有批判但有嘲讽，虽有俗乐而不自恋。构成这种区别的原因是在对人生旅途的描述中给人以希望，给人以快乐，而非简单地迎合人们庸俗的甚至俗不可耐的欲望，更非为自己的媚俗而自我感动。这里有着深刻的文化背景。

囧作为一种新的中国审美形态，其现代、后现代、前现代的时代烙印都比较明显。但就其文化根源来说，虽然后现代手法于囧剧中随处可见，但是，中国古代"和"的思想，包括中和、和合的思想，以及中国特有的乐感文化却是其疑似中和、冷幽默和俗乐等审美形态元素的精神命脉。

1. 和合文化的影子

就中和审美形态而言。《礼记·中庸》中说："喜怒哀乐未发谓之中，发而皆中节谓之和。"中和作为中国传统的审美形态范畴，在人生样态、人生境界、艺术风格、审美情趣中得到了充分表现，也在戏剧、园林、诗歌等艺术形式中普遍存在。作为审美形态，中和的思想基础和思维方式建立在和合文化②的基础上。这种和合包括人们熟悉的天人合一，都对中国封建社会的思想和审美形态产生了深远的影响。和合文化不仅为封建社会家天下的皇权统治提供了"君权神授"的信仰依据，而且也为社会的稳态发展提供了思想基础。在这种和合稳态的社会中，"哀而不伤""乐而不淫"的诗学标准和大团圆的戏剧观都在强化着中和这种中国式的审美形态。儒家讲天人合一，过犹不及，讲中和。道家也讲天人合一、与物为春，甚至"与天地并生而与万物为一"。实际上就如道家阴阳图所展现的那样，也是一种和合文化。中国历史上的儒道互补，更使得这种和合文化具有兼容并包的特点。所谓的"三教合一"，也是一种典型的中外文化和合。产生于

---

① 张法：《媚世（kitsch）和堪鄙（camp）——从美学范畴体系的角度看当代西方两个美学新范畴》，《当代文坛》2011年第1期。

② "和合"见于张立文：《和合学》，中国人民大学出版社2006年版。

别现代时期的审美形态囧，同样具有鲜明的和合特性。不管是囧的语义上的含蓄蕴藉，还是审美风格上的兼容并蓄，都表现为疑似中和的审美形态特征，以审美形态上的和合兼容，暗示现代、后现代、前现代的和谐共谋。

囧审美形态首先通过象形的方式传达出和合的思维方式。囧通过它的内小"八"字和"口"来象征眉眼和嘴，表达出多义的内涵。作为头，表达沉重的思想。作为脸，表达浪漫与激情。囧将看似不同的含义融合到一起，获得了语义的含蓄蕴藉。有人在谈到"囧"的流行时，认为"这只能说明汉字本身的魅力。今天有些文字里的信息已经被渐渐丢掉，汉字的原生态思维也在一点点被丢掉了，这种返璞归真的趋势值得肯定"。① 这也从囧的语义生成上，为囧的古今语义的和合性提供了一个传统文化的例证。

其次，在审美风格上，囧类电影的喜剧性效果建立在悲喜交替、彼此消长的剧情中，不同于西方戏剧那样的悲喜分明，而是将喜和悲在西方看似对立的两种形态，像道家的阴阳图一样，融为一体，但又此消彼长，从而形成囧的悲喜不断转换和交融的喜剧特点。

再次，囧在思想内容上也表现出传统的儒释道传统文化的兼容并包。囧系列在主题上或通过亲情的破裂走向亲情的回归，或通过由初恋旧梦引发的疑似出轨到最终得以澄清，都是从欲望和争名逐利的痛苦挣扎中回归家庭，体现出儒家特有的重视亲情家庭等道德伦理层面的意义。同时《囧途》和《泰囧》在剧情上通过两个人物的相遇展现出大智若愚的辩证思维，以徐朗为代表的聪明人看似聪明却因物质的羁绊而屡受挫折，在精神上显得不足。而以王宝为代表的傻子看似愚笨却因精神的自由变得乐观强大，聪明人在傻子的指引下获得了精神上的觉悟，这其中大有道家文化中"大巧若拙""离形去知"的智慧品格。此外，囧还有佛禅文化的影子。佛禅认为人人皆可成佛，讲求顿悟，囧系列影片通过在人生道路上的种种遭遇，使人历经劫难，

---

① 邵宇峰:《在网络上很流行的"囧"到底是个什么字?》,《杭州日报》(第18版),2008年5月13日。

在一瞬间产生顿悟，获得智慧。《泰囧》中，徐朗和高博在寻找和抢夺油霸的过程中历尽了苦难，终于得到了想要的授权书，但徐朗在看到授权书后，却了悟人生的真谛，放弃了对名利的追逐。

以上诸多的和合，也许会因为杂糅而变得模糊，也许会因为共谋而失去了锐角，但前现代的观念在现代社会背景和后现代文化背景下就是如此强大，而且又能为广大的俗众乐于接受，就只能说是别现代时期的审美风貌原本如此。

2. 乐感文化的灵魂

中国传统文化的突出特征除了和合之外就是乐感。乐感文化说是李泽厚先生的发明。① 乐感与基督教文化的罪感和日本文化的耻感相对。乐感文化延续至今，构成囧类电影能够以俗取乐的文化基础。而且不仅如此，乐感文化已经成了徐峥囧类电影的灵魂。囧从窘向炯的转换生成，这个不变的囧主题，在囧类电影那里是被乐感文化主宰着的现代和后现代的践履。

首先是无所不乐的俗乐。中国人不讲求西方宗教基于赎罪基础上的受难，而要关注现实人生的及时行乐。囧系列影片受到中国乐感文化的影响，将囧这一人生样态进行了乐感文化的浸泡，使囧脱离了一个单线的苦难或者快乐的人生历程，变成一个希望与失望并存的丰富人生。囧片中的艰难不是救赎的磨难，也不会产生任何耻感，相反，只是"梅花香自苦寒来"的必要过程，无疑在暗示人们一种积极乐观的人生态度，只有历尽苦难才能收获人生的希望和快乐。囧剧中的人物虽然遭受不同程度的尴尬和痛苦，但都能默默忍受，最后靠着随机的命运，幸运地得到心灵的满足。在这一点上，囧剧与于丹给听众提供的"心灵的鸡汤"一样，都是在消解崇高后的一种贫亦乐，穷亦乐，无所不乐的"炯"途，已将片名中的"囧"抛之九霄云外，取得了大众的俗乐。《泰囧》中王宝虽然经济贫困，母亲有痴呆症，仍然能每天笑容灿烂，在受到别人欺骗时还能笑脸相迎，已将俗乐进行到底。

---

① 李泽厚：《中国古代思想史》，安徽文艺出版社1994年版，第304—313页。

其次是大团圆的结局。中国传统文化的心理特征是乐感心理，因此也在艺术表现上给人一个快乐的结局。西方的救赎文化很容易导致剧情的毁灭性结局，产生巨大的悲感和震撼。囧剧只有紧张而无震撼，只有快乐而无悲伤。在终遂人愿的大团圆结局中，总有主配角们的一幅幅快乐得蹦跳起来的亮相。尽管囧系列影片的结局也并非俗不可耐，也俗得审美，但是，这种受到观众捧场的大团圆结局，再次告诉我们，尽管人们赋予"囧"以现代的意义，但是，囧的前现代文化根基、思想根基、审美根基，依然故我，而且借助现代电影的科技手段和后现代的搞笑手法，与现时代人们的审美情趣和审美理念沆瀣一气。

正是囧背后的中国文化根基，决定了囧作为审美形态的与西方的媚世的不同。但是，囧毕竟是以俗取乐的俗乐，因此，尽管俗得可以，俗得审美，但永远不可能俗得伟大。也许只有起始于俗而又超越了俗，才可能有伟大。但这是中国艺术、中国电影将要面对的另外一个话题，也许只有到了别现代社会之后才可能实现的理想。

余 论

囧虽然比较集中地表现在囧类电影中，但囧作为审美形态，不止于电影，而是渗透在人生和艺术的各个方面。

囧这一审美形态的生成，是前现代审美文化在当代的复活，是掺杂着现代、后现代和前现代文化精神的当今人生境界、审美趣味、人生样态和审美风格的感性凝聚。透视和解剖囧这一审美形态，至少可以让我们看清这个时代的面貌，了解国民的审美品位，捕捉到当今人们的精神境界、现实吁求和心理轨迹，从而能为心灵的调节找到另一种审美的方式。当下的社会中，囧为什么能够获得大众的接受，原因即在于囧刻画现实人生的存在样态，迎合了主流的审美心理。囧的受欢迎，说明当前观众期待抚慰的愿望和别现代时期的诉求，即一种回避囧的由窘途带来的崇高而分享欢笑的集体无意识。囧这一审美形态，正是通过艺术的方式来表现人生存在的状态，用艺术来消解人生的苦难，并给人们提供智慧和启迪。

囧的窘炯互通，本身具有人生的全息性。中国人的人生观是"过日子""好死不如赖活着"，人们都明白"人世难逢开口笑""人生不如意事十之八九""千金难买一笑"，只要过得去就行，过不去则不行。囧剧十分切合中国人过日子的脉搏，总是从人在旅途的窘迫开始，最终进入光明囧照的结局。虽然现实中的囧事太多太多，囧类电影又在强化着这种囧事，但囧剧让观众不虚此观的地方就在于总还是能够让人们笑起来，而且笑得开心，笑得不停，在笑中得到了纾解和愉悦。尽管并不高雅，但也实用，地地道道地帮我们过日子。就这样，囧的俗乐就被老百姓所喜闻乐见。过日子的主题也就是活着的主题。但相较于余华的《活着》的悲剧性存在方式，囧是另一种活着的方式。也许相较余华式的活着而显得肤浅，但毕竟没有沉重和痛苦，还有片刻的欢乐，因此，囧的炯就这样在不知不觉中完成了对于囧的窘的置换。

囧具有内在的张力和丰富的内涵，通过各种悬念和误会，历经各种人生窘境，制造了令人忍俊不禁的喜剧效果（我在上海闵行区的友谊商城看《港囧》时，同场观众至少爆发出12次大笑），把一个严肃的人生主题浸泡在一个轻快的喜剧形式中，制造了很多笑点，具有很强的艺术表现力。极端的痛苦和极端的滑稽加在一起释放出中国式冷幽默的审美功能，这种冷幽默在制造笑点的同时也能勾起人们对于人生窘境的思考，总有可以回味的地方，这大概就是囧的魅力所在，也是它对中国审美形态的奉献所在。

囧这一审美形态的生成对中国美学研究具有一定的启发意义。中国美学作为舶来品，在思想上、理论上、范畴上一直追随西方美学，虽有不满，并对"中国美学还是美学在中国"的疑问难以释怀，但一时又很难找到突破。其原因就在于对我们今天所处的时代特征缺乏认识，进而对这个特定时代的审美风貌缺乏了解，无法找到中国美学的立足点。这个立足点实质上就是指不同于西方的独特的话语系统和形态特征。如果我们从别现代研究中国审美形态，就会发现中国审美形态的别现代特征，就如我们对囧的疑似中和、冷热幽默和俗乐的发现一样，对这些特征进行概括提炼，就可以形成新的美学思想和美学理论，这些新的美学思想和美学理论既与西方美学思想和美学理论相联系，又有诸多不同，从而有助于我们建立中国式的美学思想和美学理论。事实上，囧作为审美形态兼具现代、前现代和后现代的综合形态，但又无法将之简单地归为其中的任何一种形态。因而，确切地说，囧作为一种正在生成的审美形态，具有别现代的综合性审美功能。可以说，囧的审美形态发现，使我们进一步明确了时代特征、文化传统以及多元文化杂糅对于当下审美形态范畴生成的意义，从而为中国美学研究找到了新的增长点。

别现代：转型中国的现代影像与尊严坚守

——以贾樟柯电影为例

王维玉

21 世纪以来，随着大国崛起及民族文化主体意识的复兴，基于中国现实的实践或经验出发建构本土话语，越来越成为学界研究的重要趋势，这在多学科都有表现。① 而就现实考量而言，如何在社会主义初级阶段的宏观界定下，具体诊断当代转型中国的现实，也许可以进行更为细化深入的思考。王建疆教授近年来提出的别现代理论，② 事实上便是基于上述问题的思考。在王建疆看来，当下中国正处在前现代、现代与后现代交错并存的别现代历史时期和社会形态中，"这里既有高度发展的现代化物质基础，又有前现代的意识形态和制度设

---

① 黄宗智：《认识中国——走向从实践出发的社会科学》，《中国社会科学》2005 年第 1 期。甘阳：《中国道路：三十年与六十年》，《读书》2007 年第 6 期。周晓虹：《中国经验与中国体验：理解社会变迁的双重视角》，《天津社会科学》2011 年第 6 期。高建平：《从当下实践出发建立文学研究的中国话语》，《中国社会科学》2015 年第 4 期。

② 王建疆：《别现代：主义的诉求与建构》，《探索与争鸣》2014 年第 12 期，《人大复印资料·社会科学总论》2015 年第 2 期；《别现代：美学之外与后现代之后——对一种国际美学潮流的反动》，《上海师范大学学报》2015 年第 1 期，《社会科学报·学术文摘》2015 年 4 月 9 日第 3 版；《中国美学与文论上的崇无、尚有和待有》，《学术月刊》2015 年第 10 期，《人大复印资料·美学》2016 年第 1 期；《思想欠发达时代的学术策略》，《中国社会科学评价》2015 年第 4 期；《别现代：话语创新的背后》，《上海文化》2015 年第 12 期；《别现代：跨越式停顿》，《探索与争鸣》2015 年第 12 期，《人大复印资料·哲学原理》2016 年第 3 期，《探索与争鸣》编辑部全国征文讨论；《别现代：人生论美学的学科边界与内在根据》，《文艺理论研究》2016 年第 2 期，《人大复印资料·文艺理论》2016 年第 10 期。

施，还有后现代的解构思想，三位一体，和谐相处"。① 作为一个特定的历史时期和特定的社会形态，别现代是既同时具有现代、后现代和前现代的属性和特征，又不同于现代、后现代、前现代的社会形态或社会发展阶段。同时，别现代的思维方式不是跨越式发展，而是跨越式停顿。所谓跨越式停顿就是"在高速、高度的跨越发展中自主性的停顿，消解惯性，用于自我反思既定路线，寻求更佳的发展路径"。② 这种寻求是一种打破时间的一维向前而转化为基于时间的空间多维可能性的考量，即为时间的空间化。所以别现代既包括社会形态界定，又能够自主停顿反思；既是一种历史时期和社会形态的描述，又是一种应对当下社会诸多现象与问题的思维方式、视角与方法。

  作为志在忠实记录我们这个时代的贾樟柯电影，别现代无疑成为对其解读的恰当语境和视角。事实上，转型中国之现代影像与尊严坚守，构成了贾樟柯影像世界的内在张力。这种内在张力由三个方面展开：一是就物质现代而言，从《站台》《三峡好人》等电影中展现的是社会转型之初人们在物质缺失之际的底层尊严坚守；二是就体制现代而言，纪录片《无用》、故事片《二十四城记》中，所述及的是基于体制应对不同方式导致的人物不同命运，及贾樟柯所推崇的时代新人出现；三是就文化现代而言，电影《天注定》《山河故人》中为我们揭示出转型中国所存在的不公平、不近情等精神缺失状况，以及贾樟柯对情义传统的倡导与归依。贾樟柯以新现实主义艺术手法及后现代艺术技巧，展现出转型中国的现代化渐进步履，前现代、现代与后现代对抗与融合的多元并存状态，以及在此历程中基于其底层经验的自主性反思，进而演化为其影像世界中诸多人物身上折射出的传统情义及美好的人性尊严。因而，如果我们在别现代的历史语境中考察贾樟柯的电影，其影像世界中前现代、现代与后现代的纠结徘徊特征极易凸显：在对转型中国物质、体制与观念现代历程的批判之际，其影

---

① 王建疆：《别现代：话语创新的背后》，《上海文化》2015 年第 6 期。
② 王建疆：《别现代：跨越式停顿》，《探索与争鸣》2015 年第 12 期，《人大复印资料·哲学原理》2016 年第 3 期。

像以新现实和后现代的解构之姿彰显着情义传统的人性尊严,而现代历程的框架、新现实和后现代的表达路径与前现代观念的指向,构成了贾樟柯电影的基本面相。

一 物质现代:物质缺失与底层尊严

在贾樟柯看来,现代化首先是物质的,是一种物质基础,一些器物的象征。那些与中国现代性历程有关的物质,如喇叭裤、火车、歌厅、世界公园、拆迁现场、废墟等,都满含着贾樟柯的切身记忆并反复在其影像世界里出现,成了当代中国现代历程中普通人所面对的真实处境。事实上就现代性而言,尽管现代性的真正根源在于资本的出现,但是近现代物质生活的客观需要提供了对它的现实吁求,从日常的社会物质生产和生活中寻找产生现代性的因素便成为必然。[1] 故而,物质层面才是现代性的现实基础与前提。2015年在谈到《山河故人》的创作时,贾樟柯认同以下观点:以往的作品都在表现人们如何走来走去地讨生活,而这部影片则描述了人们怎样在奔小康的过程中毁坏感情。这里的汾阳人不再穷困,依然是缺失的一群,从物质缺失变为了精神缺失。[2] 确实,物质缺失中普通人的尊严坚守,亦即物质现代的阵痛以及底层百姓基于民间传统品格的应对,是贾樟柯影像世界中初始的彰显。

《站台》是贾樟柯早期拍摄的电影,描述了20世纪80年代中国改革初期一群文工团的青年们的生存状态。而此片中弥漫的那种对外面世界充满幻想期待的情绪,是贾樟柯亲身体验过的记忆。改革开放之初,那些现代性的物质的出现,如喇叭裤、烫发、录音机、邓丽君和张帝的流行歌曲等,对青年们充满诱惑,他们也以自己的方式,对抗着贫瘠、封闭的生活,对未来充满憧憬。这种憧憬在影片中一段追逐火车的场景中得到淋漓尽致的表达。一次演出途中,文工团的卡车

---

[1] 鲁品越、骆祖望:《资本与现代性的生成》,《中国社会科学》2005年第3期。
[2] 贾樟柯、杨远婴:《拍电影最重要的是"发现"——与贾樟柯导演对话》,《当代电影》2015年第11期。

在野外抛锚，司机跳下驾驶室检修卡车。忽然有人喊"有火车"，他们欢呼着奔向那疾驰而过的火车，气喘吁吁地站在铁轨上，满脸欣喜地望着火车奔驰而过。然后一个长达十余秒钟的远景镜头静止在远处无穷无尽连绵不断的大山上。20世纪80年代汾阳没有火车，贾樟柯初一时学会骑自行车后第一件事就是去三十里外另一个县城去看火车，铁路就意味着远方、未来与希望。然而，影片中几个流浪艺人在经历了时代和社会的变迁后，再次回到汾阳县城，生活又回归于平淡。生命对他们来说不会再有奇迹，剩下的就是和时间作斗争的庸常人生。尽管80年代的物质现代给人们带来希望，然而整个国家都在探索与寻觅，直到90年代市场经济的推行。因而这些小人物的理想破灭，只留下继续面对现实，坚韧地生活，这也可以说是时代的缩影。

贾樟柯曾将中国现代化发展比作魔术师，指出当代中国很多事情都是瞬息万变的。摄影机如果不十分专注，很多东西就抓不到了。他又进一步将上海比喻成魔术师，并指出诸多代表其现代化特征的物质，如大白兔奶糖、上海牌手表，还有《舞台姐妹》《渡江侦察记》这样的电影，然而他又指出"革命"和"现代化"才是这座城市乃至我们国家的中心动作和终极目的，"而我们为革命和现代化所进行的种种剧烈的社会实验，付出的是生离死别的代价，这种经验是否能成为我们民族真正的财富"?[①] 在《三峡好人》的开头部分，就有一个以变人民币为核心的魔术场景。人民币确实是物质现代性的核心。谈到以魔术来比喻中国现代的变化，很容易让人想到鲁迅写于20世纪30年代的一篇名为《现代史》的文章。在此文章中，鲁迅写了童年时代关于"变把戏"（也叫"变戏法"）的事情。把戏中有耍猴耍羊的，有玩狗熊玩小魔术的，还有把孩子装进小口颈坛子或用尖刀将孩子活活刺死的……变化的花样不同，但中途或末了向观众伸手要钱则全然一致。待到钱收到预期数额，他们收起家伙，死孩子也爬起来，一起走掉了。看客们也呆头呆脑地散去。戏法反复表演，总有人看，

---

① 贾樟柯：《上海像个魔术师》，《上海采风》2010年第3期。

只是其间沉静几日。末了鲁迅说才记起写错了题目。现代,把戏般变化,敛财,麻木的看客,反反复复中不变的社会现实。这便是鲁迅眼中的《现代史》。贾樟柯曾说,他特别喜欢刘恒谈到鲁迅时说的话:鲁迅文章里面无边的黑暗,照亮了我们的黑暗。① 然而比起鲁迅对现代史的悲观,贾樟柯却看到现代性物质层面背后普通人身上的传统情义及对情义的坚守。

贾樟柯出生在山西汾阳的农村,这样一种农业社会背景使他十分了解民间那种素朴的情义传统,亦即为人要有情有义,做人要有尊严。底层经验对贾樟柯影响很大,成了其看问题的视角。从 1998 年的《小武》到 2006 年的《三峡好人》,伴随着中国市场经济的展开,贾樟柯的电影所展现的则是物质现代化历程给普通人带来的阵痛与感伤及在此阵痛与感伤中,人们对情义传统的坚守,有尊严地活着。

《小武》中,没有背景也没有知识技能的小武找不到体面的工作,只能靠偷盗为生,然而他盗亦有道,有他的正义、善良与道德,他恪守当初对靳小勇的承诺,他事实上也比"新贵"靳小勇更有道德感。贾樟柯以同情的镜头凝视着这个平凡的生命,以同情之心体察着他身上的不足,以及同时体现在他身上的正义、善良与温暖。然而,即便对于靳小勇,尽管其通过走私、开歌厅成了民营企业家,但是他对小偷身份的羞耻,也说明其天性中的道德感仍在。贾樟柯尊重世俗生活。"每个人物的存在都具有感人的真实性。任何人都没有被归结为一种物态,或一种象征。"② 所谓物态和象征,是指失去人的特性,他无法成为自身的目的,只能作为现代商业利益的物化存在或现代主流叙事的象征符号。比如阿 Q、白毛女等,他们在被当作国民性批判或新社会歌颂时的注脚、符号和象征时才有存在合理性。比之现代性宏大叙事,贾樟柯电影中的人物却是边缘的、疏离的,他不参加宏大叙事的编织,却以真实的、感性存在,星丛般的自身闪耀,抗衡着现

---

① 贾樟柯:《贾樟柯:文化不能被商业冲击》,《时代人物》2013 年第 11 期。
② [法] 巴赞:《电影是什么?》,崔君衍译,文化艺术出版社 2008 年版,第 244 页。

▰ 别现代：作品与评论

代性的物化和象征维度，充满着新现实主义与后现代的技法与路径。事实上，贾樟柯多次提及意大利新现实主义大师德·西卡（Vittorio De Sica）对他的影响。《世界》中的世界公园，景观华丽，充满后现代解构意味，贾樟柯认为很多现代化景观都是假景，因为那些建筑与打工者没有任何关系，并没有影响到底层人们的生活。赵小桃初到北京时，住在十块钱一晚的地下室，阴暗潮湿，只好穿雨衣睡觉。后来在世界公园里做了一名舞女，住得仍极其简陋而嘈杂。然而小桃对爱情极其审慎，却最终仍遭到太生的始乱终弃，她选择了自杀，以死去捍卫人格的尊严和爱情的神圣。《三峡好人》中，千里迢迢从山西来奉节寻妻子与女儿的煤矿工人韩三明，费尽周折终于找到了失散十六年的妻子，当知道她过得不好并愿意和他复合时，毅然决然地准备回去挣三万块钱，再来带回妻子。而在分别之际，韩三明和妻子在一幢拆迁中的破旧大楼里见面，妻子递给他一块自己舍不得吃的大白兔奶糖，三明接过来吃掉一半，把另一半又递给了妻子。对于三明夫妇来说，物质上的匮乏并没有引人悲伤，反而在相濡以沫的温情中给人以温暖，他们以对情义的坚守，焕发出一种底层的尊严。

如果说跨越式停顿是指在快速发展之际自主停顿进行反思，那么贾樟柯在物质现代性的影像叙述中，不断反思着其对底层的伤害。贾樟柯有一句大家熟知的话：当一个社会急匆匆往前赶路的时候，不能因为要往前走，就忽视了那个被你撞到的人。当代中国跨越式发展导致物质现代化的剧烈变化，而在制度、观念等文化维度上却发展滞后，传统（前现代）价值观仍被坚守并用以抗拒物质现代化所带来的伤害。正是在对转型中国社会发展上述认识的基础上，贾樟柯认为："中国基本上还是一个农业社会。只是经济发展比较快，有一些城市发展比较迅速，但整个国家的文化气质还是非常农业性的。"[①] 可见，尽管中国的物质现代性发展迅速，但是其间人们的前现代观念还是占主导的。然而，随着贾樟柯影像展现范围的扩大，其底层视角渐渐发生变迁，这也暗示着其前现代、现代观念的微妙变化。

---

① 贾樟柯、吴冠平：《〈世界〉的角落》，《电影艺术》2005年第1期。

二 体制现代：体制应对与时代新人

在贾樟柯的电影世界中，从物质的贫乏到对物质的肯定，进而立足于体制对情义与物质的思考，似乎构成了其现代历程进一步的反思指向。现代历程中，任何体制都有其历史作用，但是如何应对不断变化的体制结果会有很大不同：适应不了新体制固然会落伍于时代，将体制恪守推向极端，乃至身为物役、物化，也应予以批判。韦伯从西方传统出发，指出现代性的核心就是理性化，科层制是其现实表现。法兰克福学派进而指出，技术理性的长足发展，使理性越来越工具化。工具理性导致人的异化生存，也是贾樟柯影像世界中所要批判的。如何在体制恪守之际，将传统情义与现代物质结合，这才是贾樟柯要倡导的时代新人。这种时代新人在由体制应对的反思中展开。

一是经济体制现代中物质与情义的反思。《山河故人》中梁子形象的中途缺失颇值得玩味。在这部充满后现代镜像实验（如窄宽银幕依次变换、叙事逻辑的不断跳跃等）的影片里，其间人物因体制应对不同而导致的不同命运值得关注。《山河故人》第一段即20世纪90年代，张晋生顺应体制改革的社会潮流，先是经营加油站有了一定资本，进而低价购买了梁子所在的煤矿。作为一个起步的资本家，张晋生表现出活跃、进取及为了目的不择手段的诸多特征，他充分利用社会体制、规则的变化而抓住机遇。梁子在此社会转型之际，却选择做个"好人"，固守旧的传统的价值观。贾樟柯说："八九十年代很多人开始做煤矿生意，那时候大家却特别看不起这些人，比如说一个教师家庭，靠工资温饱度日，但是一个亲戚要开煤矿，真的会阻拦，因为这个职业是没有道德优越感、没有位置的。"[1] 而事实上，尽管当初谁也预测不到后来的结果，但固守传统价值观最终成了"被时代抛弃的人"。沈涛的爱情选择说明了她的时代新人特质，尽管她了解张

---

[1] 贾樟柯：《〈山河故人〉：岁月呼啸而珍重在心》，《三联生活周刊》2015年11月2日。

晋生的自私与人品，但对传统价值观的需要转换是认可的。而梁子爱情失败后为保护尊严只好远走他乡。在影片第二部分的2014年，当年出走的梁子贫病交加，归来治病。影片只是点到为止地交代了他下井生活及其艰辛，而此时世道已变，他以前的工友要出国务工，而往日情敌张晋生已在上海"搞风投"了。同是下井工人，《站台》的崔明亮的表弟自尊与自信，《三峡好人》中的韩三明狡黠而坚韧，而此时的梁子却显得无力而充满悲伤，贾樟柯以妻子的贤惠与前女友的情义冲淡这种悲伤。作为底层形象的梁子，影片的后续部分不再提及，物质现代中在贫困境况下坚守尊严的叙事告一段落，贾樟柯已经转向了成功应对经济体制变化而将现代物质与传统情义有机结合的时代新人。这里的沈涛便是代表。作为成功的女企业家，沈涛经营着因离婚而带来的加油站，并且显然经营有道，生意红火。对待昔日恋人梁子的陷入绝境，有情有义。尤其在其父亲去世的时刻，其情义品格更是彰显。这样一个情义与利益兼顾的时代新人，正是贾樟柯的正面讴歌对象。

事实上，大约从2007年的《无用》开始，这种变化就已经十分明显，"以前我是站在一个阶层、一个人群里面，那时我的主题就是时代变迁给人的影响，还有那些被时代抛弃的人，但现在我的主题在拓展"。[①] 纪录片《无用》的主角马可，是贾樟柯所塑造的另一个时代新人形象。她是一个成功的服装设计师，并有着独特的服装设计理念。在马可看来，时尚很容易让人迷失，衣服的设计应该能够使穿衣者展示出她们原本就拥有的东西，让她们成为最美的自己，而非使她们迷失自我，成为时尚的符号和象征。而当代中国的消费也带来了很多社会问题，如情感的问题。因为消费本身就是流水线生产，切断了人和人之间的关系，切断了传统意义上手工制作衣服时附加在衣服上的情感。切断情感则带来消费。因为没有附加情感的衣服容易让人弃旧迎新，造成资源浪费，造成记忆的消失。马可以"无用"命名自己的工作室，无用本身有一种对中国快速发展，对以发展的理由抹杀

---

① 高任飞：《贾樟柯与〈无用〉的秘密》，《中国纺织》2008年第6期。

记忆的质疑与反叛。这种对时尚和消费中流水线式非人性化操作体制的反思，以及对蕴含其中的工具理性的批判，正好印证了别现代跨越式停顿的思维方式，即对当代中国跨越式发展的一种反动。

二是政治体制现代中物质与情义的反思。纪录片《二十四城记》通过三代厂花的故事和五位讲述者的真实经历，以镜像实验的后现代方式演绎了一座国营工厂的断代史，主题涉及当代中国现代过程中的单位制问题。作为与计划经济相匹配的单位制，在向市场经济体制转型之际的盛衰变迁一直是贾樟柯关注的问题。20世纪的两次世界大战几乎使人类文明陷于绝境，几乎所有国家都对社会构造进行调整，而以民族国家为主体的社会动员为目标，成为此时期社会体制最具典型意义的调整和变化。1949年中华人民共和国成立之后所形成的"国家—单位—个人"的单位社会体制，在政治动员与调控方面，发挥了重要作用。单位社会不是传统社会的回归，而是一个现代性的版本。[①]然而，作为体制现代化，尽管单位制在经济、组织和思想上建构现代民族国家，成为20世纪下半叶中国现代性的集中体现，但是随着市场经济的展开，单位社会现在却显示出一定程度上的滞后性，影响着"国民"向"市民"的转换。在贾樟柯看来，单位和家庭有某种类似，这里有稳定与温情，也是一种束缚人的系统和体制。《二十四城记》中所有人都陷入单位这个社会结构里面。他初到那个工厂时，让他惊诧的是那个工厂与当代中国的脱节。在贾樟柯述及的工人中，有一谈及工厂过去便热泪盈眶、充满感情的老工人何锡昆，有坚守单位制并能对工厂进行成功转换以使其得以延续发展的宋卫东，也有离开单位体制后凭一技之长自由谋生却快乐幸福的侯丽君，然而也许娜娜与赵刚才是贾樟柯所要推崇的时代新人。他们都是厂二代，但是他们都不愿意过父母辈那样的枯燥无味的生活，而是离开工厂，离开单位，想过一种自由自在的、属于自己的生活，娜娜离开单位之后开着漂亮的甲壳虫车，忙着为有钱的太太们扫货。而赵刚则通过个人

[①] 田毅鹏、刘杰：《"单位社会"历史地位的再评价》，《学习与探索》2010年第4期。

打拼成为一名节目主持人。与上一代将情义坚守，可以固守清贫，舍弃自我发展不同，娜娜与赵刚有着自己的选择，他们渴望体制外的自由生活，对物质有着渴望，同时重情重义。影片中的娜娜追求漂亮的衣服、大房子，对单位体制的反抗之后却转为投注于亲情；赵刚则在延续父母辈情义传统的同时，事业上小有成功，做到了物质与情义的兼顾。

总之，贾樟柯的影像世界以新现实与后现代的方式为我们展现了现代体制转换之际，不同应对者的多样命运，呈现出一种传统、现代与后现代异质并存、互相渗透且一直在生成中的社会形态，同时通过时代新人的塑造，贾樟柯的物质与情义兼顾的倾向也十分明显。有学者认为，贾樟柯的底层是边缘、民间力量，他要批判的是与底层相对的庙堂与体制，是社会转型之际体制带来的资本之恶。[①] 事实上，如果说早期贾樟柯基于物质现代视角，将情义传统与现代化的物质相对并批判后者，而后来随着其体制现代视角的转换，其影像世界中出现的基于体制应对之际将物质与情义传统结合的时代新人，则说明贾樟柯关于传统与现代的观念基于现实变迁而处于不断流动中。近十年来的贾樟柯电影中出现的时代新人形象，便是基于体制现代视角下传统与现代、情义与物质交织互渗的象征。而其后现代的影像实践方式，又将这种自主性反思与主流疏离，而是基于底层的日常体验等特征。这种底层、民间的体验，面对现代，对传统有着更执拗的承续。

三 文化现代：精神缺失与情义传统

在贾樟柯的电影中，如果说物质触及当代中国现代化的现实基础，体制应对则涉及个体进入现代的不同路径，那么，贾樟柯崇尚在物质与情义结合之际有所成就的时代新人，这种时代新人，暗示着贾樟柯文化现代的理想状态。但是，在体制应对之际，有无"过"或

---

① 胡谱忠：《关于"现实"的叙事困境——以〈山河故人〉为例》，《艺术广角》2016 年第 2 期。

"不及"呢?"过"则身为物役,成了理性的工具,在贾樟柯的影像世界里,如小勇、郭斌、张晋生等;"不及"则会成为"被时代抛弃的人",他们立于清贫,坚守传统道德,如韩三明、梁建军等。不过,随着贾樟柯体制现代视角的展开,几乎所有的人都踏上时代的列车,对物质的渴望成为时代主潮,如何与情义结合,进而如何推进社会公平公正、人性健全,文化的现代势所必然。贾樟柯文化现代性对传统的重视,可以艾森斯塔特所提出的"多元现代性"(multiple modernities)概念为参照。在艾森斯塔特看来,一个现代社会,科技发展达到一定水平,经济上市场经济得以发展,政治或意识形态注重平等和参与,[1]便达到了现代的最低标准。多元现代性的意义则在于文明的历史经验面对这些最低标准(即共同问题)的不同解决方案,而不同文明或文化的历史经验对西方现代的重塑,导致了文化现代的不同面貌。贾樟柯基于民间出身的底层经验,情义传统一直是其接受物质现代的前提和应对体制现代的基础。当文化现代由于不公正、不近情等精神缺失之际,其倡导的对其弥补的仍然是情义传统。"现代、后现代与前现代共时存在,本身就是时间的空间化。时间的空间化带来别现代的多重张力结构。在这个张力结构中,现代、前现代、后现代中的任何一方都有可能导致社会向着自己的方向发展。"[2]作为底层出身的贾樟柯,情义传统已经沉潜于无意识,也成了其影像世界价值取向的主导性资源。

2013年的《天注定》情节来源于此前社会上出现的多起暴力事件,这些事件深深地影响到贾樟柯的情感,他决定面对并理解它们,揭示其社会背景与根源,揭示笼罩在社会上的此类紧张气氛。为了能更好地呈现出这些事件所折射的社会真相,贾樟柯对现实进行了想象性处理,以后现代方式的镜像拼贴予以连接。首先就现实而言,贾樟柯认为四个故事都由生活里面同类型事件的记忆积淀而成,胡大海事件源于整个大背景下中国乡村的纠纷,当然也许是煤矿问题,或者拆

---

[1] S. N. Eisenstadt, *Comparative civilization and multiplemodernities*, Two vols, Leiden: Brill, 2003. p.929.
[2] 王建疆:《别现代:话语创新的背后》,《上海文化》2015年第12期。

迁问题，涉及分配不公；三儿的故事也是分配不公所造成的贫穷。中国现在经济实力很强，但是贫穷依旧存在；小玉的故事涉及父母离异，情感缺失，生命有很多限制，尊严是最后的寄托；小辉的故事则反映了家庭暴力，家庭的情感暴力同样让人难以承受。可见前二者涉及分配不公，后二者涉及情感的非正常状态，都关联着文化现代维度精神的缺失。其次就处理路径而言，贾樟柯要凸显的是尊严问题，"当你把人的尊严剥夺到那种程度时，兔子急了还会咬人，所以说尊严是所有暴力问题的触发点"。① 如何表现尊严问题呢？贾樟柯下意识回到情义传统，尤其是武侠片中的侠义。贾樟柯谈到写邓玉娇那个段落时说，他写完初稿时发现这些故事和水浒里面的故事太像了，尤其是那种基本的恩怨和处境。于是第二稿时他就与那种暴力故事叙事连接起来，显示出它跟历史纵深连接的可能性，而后利用类型来建立这种连接。"这个结构带来了一个很重要的叙事信息就是，它不是此时此刻发生的事情，而是一桩有历史的事情。"② 于是，以水浒故事为参照，渲染主人公所受侮辱，为维护尊严，讨回公道，大义凛然，快意恩仇的暴力故事便跃然纸上。贾樟柯善于运用相关历史文本渲染气氛，以大海故事为例：当大海满怀愤怒写告状信时，其背景电影是《独臂刀》（邵氏兄弟有限公司出品，1967年），大海的举动与电影中那个血性男儿的义举相互映衬。当大海因告状无果而心怀愤恨时，影片是晋剧《林冲夜奔》的唱腔"只因一时愤怒，拔剑！杀死高家奸佞二贼"，将大海萌生杀人之意以林冲面临绝境被逼杀人境况互文。当大海拿枪上弹，裹上虎皮，杀气腾腾地去找会计，要他写村长受贿清单时，背景是晋剧《铡判官》（《三侠五义》），大海的杀人又与包公铡掉包庇罪人的判官互文。历史文本与所述事件互文，历史纵深感形成，大海也成了官逼民反的侠义之士。

贾樟柯的现实与历史互文叙事，以影像拼贴的叙事方式与纪实风格追求的"真实"，事实上难以掩盖其内部的断裂，大量的动物形

---

① 贾樟柯、赵涵漠、林天宏：《解读〈天注定〉》，《人物》2013年第10期。
② 贾樟柯、杨远婴：《拍电影最重要的是"发现"——与贾樟柯导演对话》，《当代电影》2015年第11期。

象、常常隐现的宗教意象，呈现出复杂多元的荒诞与魔幻意味，充满了后现代色彩。然而水浒故事中的官逼民反，大义凛然，以恶制恶的思路却又十分明显且大有错位当下，简化现实之嫌。"现实如此复杂，一句'官逼民反'怎能涵盖所有事实，用这样的定调来解释社会呈现的种种困境非常草率，甚至贻害无穷。"① 然而，如果说贾樟柯不了解所处时代的复杂显然不符合上文所述，贾樟柯的《天注定》是在类型化事件提炼基础上虚构出的，有其现实基础，他了解底层社会的情义传统，侠义之风，是不能完全否定其一定程度上的真实感。这种真实感及其对这种真实感的原因探讨，学界大有人在。比如，2009年就有学者指出，当代中国在取得巨大成就的同时，也面临诸多问题，而其中之一就是不时表现为群体性突发事件和恶意犯罪的怨恨情绪，甚而表现出一种无利益冲突。问题的原因在于当前中国社会情感支持的减少、权利保障的缺失、内在凝聚的匮乏和权力的不恰当行使导致承认分配的扭曲，"进而导致个体尊严的缺失、意义感和价值感的匮乏，而它们是怨恨产生的核心根源"。② 如果希望社会更好发展，我们必须正视这些问题，而不能回避。事实上，贾樟柯也指出，影片不是在重现新闻，而是在探讨人性，人为什么会产生极端行为。这些普通人其实对家人、朋友都极富情感，他们同时又很有正义感。当尊严受到侵害，没有找到明确的方法时，然后有了暴力悲剧。③ 可见，贾樟柯并不认为侠义式的暴力反抗是明智之举，他不过在将潜意识中的情义传统当作解决文化现代维度精神缺失的一种方案。

如果说《天注定》以底层视角审视社会底层中普通人的尊严，以情义传统来应对底层社会中诸多精神缺失问题，那么 2015 年的《山河故人》中，尤其渲染了民营资本家张晋生移民海外后的精神缺失。在贾樟柯的影像世界中，同是时代的弄潮儿，但各自命运不同。他们

---

① 吴娱玉：《纪实还是虚构——贾樟柯的叙事困境》，《文艺研究》2015 年第 8 期。
② 成伯清：《怨恨与承认——一种社会学的探索》，《江苏行政学院学报》2009 年第 5 期。
③ 贾樟柯：《电影〈天注定〉创作理念》，http：//u.sanwen.net/subject/1018767.html。

别现代：作品与评论

中有的往往具有善抓机遇，利用体制变化，不择手段发家致富的特征，如《小武》中的小勇，原来是个小偷，但是通过贩卖私烟，开歌厅摇身一变成为民营资本家，而他似乎就是情义传统的破坏者与对立者。而在《山河故人》中，作为民营资本家的张晋生，贾樟柯却指出其复杂的一面，除了自私与不择手段的一面，贾樟柯并没有强调其为富不仁，而是有常人本性，如张晋生对沈涛的情感，其扭捏之态显示出真实的一面；抢到未婚妻后想炸死对手，却下不了狠心，将炸药丢进了河里炸出了水柱；移民澳洲后，因是去国脱罪，有家难回，他读着金庸小说，居室里挂着陈逸飞的油画《黄河颂》；他混老乡圈子，儿子生长于英语世界，父子之间无法沟通。贾樟柯以同情的笔触，体察到了晚年张晋生的孤独、落寞与乡愁，情义传统成了他精神的归依。

就别现代视角来看，当下中国正处于传统、现代与后现代交错并存阶段，而未来中国发展三者如何调配，很长一段时间内可能充满随机性与不可预测性。那么，作为底层出身的贾樟柯，其彰显底层经验与传统资源来解决与把握转型中国现代过程中的诸多问题，因其具有切身体验的真实性，自然更有其合理性与值得重视的参考价值。贾樟柯的影像世界事实上为我们展现了当下中国某种程度上的真实。美国学者法兰西斯·福山（Francis Fukuyama）曾指出："历史终结之际所出现的自由民主其实并不全然'现代'。如果民主与自由主义制度要顺利运作，就必须和若干'前现代'的文化习惯并存共荣……法律、契约、经济理性只能为后工业化社会提供稳定与繁荣的必要却非充分基础；唯有加上互惠、道德义务、社会责任与信任，才能确保社会的繁荣稳定。"[①] 如果结合多元现代性观念，我们可以说贾樟柯应对文化现代维度精神缺失的情义传统有其合理的一面。不过同时，之所以将当下中国称为别现代，就在于其实存状况与西方社会的迥然不同。晚清以降中国开始了现代化历程，尽管起始阶段便有效法西方之势，

---

① ［美］福山：《信任——社会道德与繁荣的创造》，李宛蓉译，远方出版社1998年版，第17—18页。

但就目前来看,事实上在文化、观念层面的目标收效甚微。我们似乎仍然处在前现代状态。贾樟柯的情义传统的内涵需要进一步反思,比如何谓"好人"?如何"侠义"?"别现代并不固守地域性、民族性和意识形态性所带来的对立性思维方式,而是秉持跨越式停顿的思维方式和科学、民主、自由的价值观,是对国家意志、地方利益、地方经验、地方表达的超越,是一种全球性思维和全球性策略,因而具有普适性。"① 因而,如何结合西方现代价值观,如贾樟柯般以后现代的解构方式对传统进行反思,势在必行。

总之,从别现代之社会形态界定与自主停顿反思的视角来看,转型中国之现代影像与尊严坚守,构成了贾樟柯影像世界的内在张力,此内在张力可从三方面来看:一是就物质现代而言,转型之初人们的物质缺失与对传统情义尊严的坚守,构成了贾樟柯影像世界中关于现代化的初始面貌;二是就体制现代而言,随着现代的影响深入,基于体制应对的不同方式及人物不同的命运,贾樟柯所推崇的兼顾现代物质与传统情义的时代新人开始出现;三是就文化现代而言,在社会不公平、不近人情等精神缺失之际,贾樟柯倡导情义传统的解决方案,显示着其基于民间经验的底层尊严。贾樟柯以新现实主义艺术手法及后现代艺术技巧,揭示出转型中国的现代化渐进步履,前现代、现代与后现代对抗与融合的多元并存状态,以及在此历程中经由其自主停顿、自行反思,还有诸多人物身上折射出的传统情义及美好的人性尊严。

---

① 王建疆:《别现代:跨越式停顿》,《探索与争鸣》2015 年第 12 期,《人大复印资料·哲学原理》2016 年第 3 期。

别现代：徐峥电影《港囧》的美学特征

周 韧

2015 年 9 月徐峥导演的电影《港囧》在国内上映，该片不出意料地获得了超过 16 亿元的内地票房热卖，但与徐峥之前主演和执导的"囧系列"喜剧电影《人在囧途》《泰囧》在票房和口碑上的双丰收相比，《港囧》在票房获胜的同时在网络口碑①上却呈现出两极分化的现象。在国内主流电影社区评论网站《豆瓣网》的 1658 条影评中，持 4 星以上的肯定评论 787 条，3 星及以下的评论 871 条，几乎平分秋色。肯定者认为该片是徐峥的一次全新的电影尝试，包含了"中年危机""青春执念"和"感动与思考"等诸多内容；批评者则认为该片"情感无力""拼凑笑点"或"笑点低俗"，"徐峥想表现的东西太多了，杂糅了太多元素，却什么也没表现出来"，诸如此类评论也不在少数。笔者认为，作为徐峥导演尝试的一部喜剧转型电影，《港囧》在影片中所构建的一种独特审美语境，演化成了基于前现代、现代、后现代交织与游离的一种"别现代"审美特征，并成为别现代美学理论在电影艺术领域的经典实例。

别现代概念自 2014 年以来由王建疆教授多次在国际国内的文化、美学、文艺学会议上演讲，②并发表了多篇相关学术论文，受到了学

---

① 对《港囧》的网络评论主要根据《豆瓣网》电影评论板块所进行的归纳整理。此处主要参考的评论文章有镜影的《〈港囧〉——一场关于青春岁月的执念》、曹喵喵的《徐导的迷失——浅谈〈港囧〉的得与失》、通通电影的《徐峥的才华终究是跟不上他的野心》等。

② 潘黎勇：《"'别现代'时期思想欠发达国家的学术策略"高端专题研讨会综述》，《上海文化》2016 年第 2 期。

术界的普遍关注。别现代是基于对当代，尤其是中国目前对前现代、现代与后现代理论无法解释的美学空白领域的一种有力补充，其"别"字一词的巧妙运用体现了高度的理论概括性和深厚的文化内涵，是一个有张力的思想容器，且贵在雅俗共赏，并非纯粹的形而上学，对于研究经验世界的审美特征，尤其是理论诠释与指导当代中国多元文化思维交织下的艺术实践，具有启示作用，而电影《港囧》，则正是在别现代美学论域中的具体艺术实践和经验展现。

一 别现代：前现代、现代与后现代纠葛下的审美表征

别现代在审美表征上通常会呈现为一种前现代、现代与后现代之间的相互纠葛，这种纠葛在某些时候是其中两种形式互相作用的体现，有时候甚至是将三者同时交织于同一维度。就前现代、现代或后现代的概念而言，通常这是来自西方学术界从时间概念、美学风格或思维方式三个不同角度[①]进行的名词定义，其定度是基本吻合西方社会、历史循序渐进之发展轨迹的，但从那些从近代开始受到西方文明和殖民主义强烈冲击或强制植入的东方后发国家来说，例如中国、韩国、越南、土耳其等，甚至较早进入现代国家的日本，因为其社会形态的突然跨越式发展，或从封建社会直接进入资本主义；或从半封建半殖民社会直接迈入社会主义；或通过威权手段从政教合一进行强制性的世俗化政教分离……而这种"跨越式发展"事实上造成的是某种程度上的"跨越式停顿"，[②]也就是某部分已经进入了现代，但其中还保留着浓郁的前现代色彩；或者说看上去是后现代，其本质还停留在前现代。这种突兀的审美表征既无法用西方的传统意义上的前现代、现代或后现代理论进行解释，也使其呈现出用西方传统理论无法理解的美学特征。具体譬如中国的房地产楼盘，这种楼盘的开发本身

[①] 张法：《后现代与中国的对话：已有的和应有的》，《文艺研究》2003年第4期。
[②] 王建疆教授在《探索与争鸣》2015年第12期《别现代：跨越式停顿》一文中解释"跨越式停顿"是在高速、高度的跨越式发展中的自主性停顿，消解惯性。

是基于现代城市的公民平等的社区理念，其楼盘从建筑结构、景观布局、施工建设到公共设施都是现代工业社会的典型产物，但本应体现公民社会平等思维的楼盘，却热衷于用"××府邸""××尊园"等带有浓郁的前现代观念的案名来进行自我标榜，更遑论房产广告中无处不在的"上风上水""皇家园林""俯瞰天下"等前现代封建等第观念了。

类似的审美纠葛，在电影《港囧》的情节、叙事、编剧、人物设置、桥段和对白中多有体现。从电影的整个故事结构上看，《港囧》讲述的是一部以短短的几天香港旅程来映射一位人到中年的"成功"男士刺破青春与理想的幻象，最终回归家庭的旅程。电影中的男主人公徐来为了圆一个"20年前未完成的吻"之梦而成了《港囧》的整个叙事动因。为了遵循《港囧》的叙事结构，徐峥导演可谓是煞费苦心，多线并存且杂糅了众多元素，从"青春执念、初恋情结、中年危机""喜剧、公路、动作、警匪、爱情""粤语金曲大串烧""港片经典桥段大致敬"再到"港片著名配角大杂烩"等，影片看似混搭而无序、欲说还休，但从整个影片的美学特征来看，实际上电影正是符合王建疆教授所提到的基于前现代、现代与后现代之间的相互纠葛的一种典型别现代表征。

1. 别现代是中国前现代文化的借喻并借助现代手段的后现代回归

电影是现代工业社会的产物，但自其诞生并成为一门独立的艺术类别，便建构了独立的艺术空间和精神世界。电影这种世界性通用的艺术语言不应当只是西方的审美思维和理论体系，中国电影还应当结合中国自身的传统文化建立独立的电影美学范式。与现代商业文化对传统艺术具有阻遏的假设不同，传统艺术却似乎找到了电影这种大众喜闻乐见的艺术形式得以还魂。以《港囧》为例，作为喜剧，蔡拉拉这个角色的配置似乎颇让人生厌，经常横生枝节，让观众对徐来和杨伊的约会提心吊胆，但如果从中国传统的相声这类喜剧艺术的角度来看，这个角色又必不可少。徐来和蔡拉拉，这对喜剧电影里的欢喜冤家，根本就是中国相声艺术"捧哏"与"逗哏"的大银幕重现。

"捧哏"与"逗哏"的完美搭配、相映生辉才能达到相声艺术的喜剧最高境界。《港囧》中两人的多段台词，若抛去视觉感官的影响而只是听的话，简直就是相声的翻版。所以徐峥也谈道"捧哏其实是真正的主角，他承载一个人物命运在电影里的改变，所以在电影叙事里面，主线索肯定是跟着捧哏走的，逗哏是电影里的色彩，不是说我不能演逗哏，如果我去演逗哏的话，我是不够满足的"。① 类似微妙的细节设计，这是只有深谙中国文化的电影创作者才能感悟的，不是卓别林式喜剧电影中一个人通过夸张演绎就能够传达的，也不是用好莱坞式的喜剧电影思维能够去理解的。因此可以说，《港囧》借助现代电影形式和后现代手法，复活了中国前现代的艺术。

　　本片的一个最让人惊喜之处就是植入了大量熟悉的粤语金曲和港片经典配角。之所以要选择这样做，是影片作为对观者的礼物馈赠。中国作为礼仪之邦，送礼文化源远流长，所以即使是很多对《港囧》剧情评价不算太高的观众，几乎也都能感受到怀旧之情，能通过这部电影再次回顾那些熟悉的音乐和面孔，感觉票价值当了。另外，《港囧》的这种对于粤语金曲和经典配角的植入，也借影片表达了导演对于曾经的艺术偶像的致敬。但如果仅用西方电影中惯用的向经典电影致敬之手段和为了让观众感到惊喜的目的去解释徐峥为何要煞费苦心地去安排这些粤语金曲和港片经典配角是解释不通的，因为这些音乐的版权费用就超过了一百万元，更何况这些身价不菲且对剧情发展影响不大的名配角，对于一部中等成本的2D电影来说，这些费用完全可以邀请知名音乐创作人和身价更低的配角，或者放在前期的宣传费用上也会更加物超所值。所以这些"礼物"的设置，不是简单的西方式的"gift"（礼品）或者"surprise"（吃惊），而是两者兼而有之，更重要的是徐峥作为一个曾经的"二线"喜剧演员到今天大红大紫的金牌"吸金"导演，他对观众的支持是发自内心的感激，这种隐藏于内心文化深处的"礼尚往来"的中国传统情结让他无论如何也

---

①　张喆：《〈港囧〉将映，徐峥接受早报专访将自己的喜剧特质定位为"偏城市中产的上海人"》，《东方早报》2015年9月22日A26版。

要在电影中回赠让所有观众都能满意的一件礼物。尽管礼物馈赠的手段是现代的或是后现代的,而其动机则完全潜藏于中国的前现代文化意识中。

再如《港囧》片名的"囧"字,源于古汉语生僻字,该字在甲骨文中已存在,《甲骨文编》《金文编》和《古陶文字微》等古籍文献均有记载,马叙伦、屈万里和李孝定等前辈学者在梳理了"囧"的几种可能用法后,都非常强调"囧"在《说文解字卷七》中所谓"窗墉丽廔阖明"之意和"象形"之构字法。[①] 作为日常生活极少用到的汉字,却在 2008 年因为其与形容窘迫的表情神似而风靡网络,一个可能绝大多数中国人都不认识的汉字就这样从前现代走向了后现代,抛弃了其原意而浴火重生,并通过"囧系列"电影真正做到了无人不知。诸如此类文化现象在当代中国绝不会只是唯一,更不可能是最后的,这种无处不在的对中国前现代文化的借喻,借力现代的艺术语言再通过后现代方式的回归,成为当下一种真正的电影别现代美学特征。

2. 别现代是心理上对前现代、现代、后现代的模糊感受和自我纠结

该影片以一种极为精妙的方式呼应了主题,虽名为《港囧》,但并非主要依靠香港的城市风景来呼应电影主题。从城市外貌来说,香港也好,台北也罢,这些现代工业化下的城市面貌其实并无太多差异,除去个别标志性的建筑,千篇一律的钢筋混凝土"森林"、高架桥、隧道等这些彼时曾让国人羡慕的风景已成为当下中国人现代化城市发展中的审美疲劳。如上文所述,本片真正巧妙之处则是抓住了香港 20 世纪八九十年代给大陆青年一代留下深厚烙印的流行文化,穿插了约十五首如《清风徐来》《偏偏喜欢你》《一生所爱》等经典粤语金曲和隐晦地融入了《2046》《重庆森林》《英雄本色》《古惑仔》《警察故事》《宝贝计划》等经典港片桥段,还在情节中设计了让观众"脸熟"的葛民辉、李灿森扮演的新老阿 sir、林雪、詹瑞文、田

[①] 李圃:《古文字诂林》,上海教育出版社 2003 年版,第 513、514 页。

鸡、鬼斧神工的八两金、《鹿鼎记》的胖头陀、《古惑仔》的蕉皮等，再加上香港商业片代表导演王晶等个性鲜明的昔日港片经典配角的参与，这些都着实为本片增添了不少光彩。《港囧》的这种对于粤语金曲和港片经典的"致敬"可谓一举两得。首先当然还是对主题的呼应，其次则是导演在表面上对青少年时代文化偶像致敬的背后的深层次文化思考。香港不论是作为一个地理标志，还是作为一个文化空间，对于以徐峥为代表的"70后"导演来说，其本人和绝大多数大陆青年一样是唱着香港流行歌曲看着香港电影成长的，曾几何时，香港作为耀眼的东方之珠和东方"好莱坞"是大陆人心目中的现代文化标杆和流行文化楷模，90年代也是香港电影最后的黄金时代。未曾想到仅过短短20余年，大陆电影产业的空前繁荣已使香港日渐凋零的电影产业相形见绌，无论是香港电影人的纷纷"西进"，还是大陆电影已经进入"十亿元量级"票房时代，都成了中国大陆经济、科技、城市发展全面赶超、突飞猛进的缩影。这种仅仅不到一代人的"跨越式发展"却让"70后"、"80后"屡屡回味那看似贫乏的少年时代。对此徐峥在接受《东方早报》采访时也谈道"吴宇森导演的《英雄本色》，当年确实给了我一个很大的冲击，我第一次看到中国人这样玩帅，那时候我还是中学生，给我的印象是非常非常深刻的"。"歌曲的话，从我们最早拿到的TDK卡带开始，几乎是从金曲龙虎榜开始听的，我初中时候开始听到的。"[①] 这种致敬，其实也是徐峥本人在"俯视"与"仰视"之中的纠结，是一种在"成功"与"失落"中的复杂心情。

从可以预见的《港囧》票房成功对任何港片的俯视与对经典似乎永远难以超越的仰视之间，纵使今日声名鹊起却对昔日质朴情怀念念不忘的怅然若失，已不仅仅是徐峥个人的感受和纠结，而且同时也是当下中国人心灵的真实写照。作为大陆发展的参照对象，曾经我们以为自己似乎已经进入了现代，但在香港的对比下又觉得自己只是前现

[①] 张喆：《〈港囧〉将映，徐峥接受早报专访将自己的喜剧特质定位为"偏城市中产的上海人"》，《东方早报》2015年9月22日A26版。

代；当发现自己已经进入了所期待的现代，却又怀念已经失去的前现代；住进了高楼大厦却怀念儿时随处可见的胡同里弄，满载而归地走出超市却日益怀念邻家的汤团水饺，这些实质上都体现了中国当前这种在急速"跨越式发展"下的国人别现代的矛盾心理窘境。

二 别现代：一种前现代、现代与后现代混搭的呈现方式

别现代某些时候也会以前现代、现代或后现代之中的一种表征形式呈现，但其思维的发生根源却可能有着本质的区别，它可能既不是前现代，也不是现代或后现代，这是从形式上不易察觉却需要进行深层次思考的问题。这如同某人身着代表现代文明的西装却戴着象征宗教传统的头巾或帽子，这种世俗与宗教的滑稽结合，若是在一个已经历经文艺复兴和政教分离，习惯于宗教与世俗平行存在的法国人那里，通常会轻松地从后现代角度的戏谑、嘲讽来进行解构和拼贴。而倘若一个土耳其人如是着装，则更多地体现了身处现代与前现代之间的结构性矛盾。土耳其人既因为凯末尔的改革逐渐地接受了西方世俗化的现代生活方式，又因为整个社会的突然跨越式发展会在思想深处眷恋或不自觉地流露出其传统的伊斯兰宗教情结。所以这种表征的呈现方式看似是后现代的，但同时发生在西方与东方的身上则会产生截然不同的审美趣味。《港囧》亦是如此，电影中的许多情节、人物设定体现了这种颇具矛盾的审美特征。整个电影叙事从徐来、杨伊大学时的爱情开启，20世纪90年代的中国大学校园，思想已逐渐开放，两人是典型的现代式"自由恋爱"，这种自由恋爱观却似乎总是受到导演内心深处"男女授受不亲""发乎情，止乎礼"的中国"前现代"纯洁爱情观影响，以至于两人在校园每到情不自禁而欲吻之时总会戏剧性地发生意外终止，情节看似荒谬，却体现了徐铮导演的一种不自觉的别现代特征。至大学临近毕业，这对眷侣因各奔前途只能劳燕分飞，家境殷实的杨伊选择了出国深造继续自己的画家理想，而徐来因求职屡受挫折无奈娶了暗恋自己的蔡菠并成为他们家族企业的一

名内衣设计师。虽然事业逐渐走入正轨，但大学时代未完成的吻也成为电影后来叙事的一个伏笔，徐来借到香港治疗不育症而欲与在香港举办个人画展的杨伊相约，实现自己"心灵的爱情回归"。徐来初到香港也是笑料连连，因为两人结婚虽久，但却一直膝下无子，蔡菠求子心切，在酒店一大早醒来就"主动上位"，这种在西方人看来貌似一种典型的现代女权主义表征，但如果结合电影中徐来这个"入赘"的尴尬身份，以及电影后来所体现的蔡菠家人对徐来的轻视以及姓名的调侃和强迫治疗，就能体味到这种表面现代实则前现代的别现代内涵了。而在本文前面提到电影中的大量香港流行歌曲、影片桥段的植入，如果仅从表征理解，很容易认为徐峥只是简单地用戏仿、拼贴、戏谑这种惯用的后现代手法来增添笑点，但是从中国文化的深层次背景来对该影片进行思考，才发现是用后现代理论根本解释不了的别现代现象。

  王建疆教授认为，对别现代的真正理解就是"我不管你说的什么现代、后现代，我只讲我的别现代"，① 对别现代的理解不仅是去做一种纯字面上的感受，更需要从那些看似包裹在"现代""后现代"表征的后面去深挖其深层文化背景。电影中囧途的"囧"，不单是那些看似搞笑的约会途中意外所造成的"囧"，而且还是主人公徐来为了寻回心目中真正现代"爱情"的坎途，力图把这种中国两千多年封建社会都可歌而不可得的爱情浓缩在这短短的一天"囧途"中。而片至结尾，历经种种意外的徐来和杨伊终于获得了重逢，似乎两人终于可以冲破一切障碍找回那个未得的初吻，但这时其实也就到了剧情悬念迭生的高潮，究竟是以徐来和杨伊这种两情相悦的所谓现代爱情鸳梦重圆，还是徐来和蔡菠这种前现代"入赘"婚姻回归正轨，抑或是以后现代式的喜剧收场，都已是箭在弦上。即使是为了将悬念留到最后，也不荒谬的，但影片巧妙地借用警匪片的意外形式首先终止了徐来和杨伊感情的进一步发展，接着再用生离死别的情节来考验

---

① 王建疆：《别现代：美学之外与后现代之后——对一种国际美学潮流的反动》，《上海师范大学学报》2015年第1期。

这场三角恋爱。这场三角恋爱的平衡在百米悬空的玻璃板上才真正显得如履薄冰，无论徐来放弃谁都将打破这战栗的平衡，一同粉身碎骨。这时的徐来发现既无法割舍"真爱"杨伊，也在命悬一刻时终于认识到了对妻子蔡波隐藏在心底的爱而绝不可弃，结果是杨伊在高空被徐来所救，而徐来却选择了与蔡波双双坠落，获救后的他俩在经历了一番波折后走出了心灵枷锁，重归于好。在这里徐来首先营救的是杨伊，表面上选择了现代的自由恋爱，但其实最后真正选择的却是与自己共同赴难的妻子蔡波，两人的爱情经历了生与死的考验，已然铸铁成钢。这段看似巧妙的情节设计其实体现的正是导演对现代爱情观的思考，这不是西方式的，而是在当前中国时代背景下深度的哲学思辨，看似垂青现代，但骨子里却更中意于前现代；貌似输给了前现代，但却赢得了后现代，这种微妙的思想变化和错综复杂的意识形态，则正是体现了中国美学在各种表征此起彼伏之后隐藏在深处的别现代美学思想。所以中国的电影艺术，不应是对西方美学文化和思维方式的邯郸学步，也不应只是跟在西方电影后面亦步亦趋，而应该是以电影语言来对自身文化的各种现象、根源进行深度体悟，这是因为"中国有着与西方不同的文化背景、时代特征和思维方式，西方的后现代无法成为我们的思想指导和精神旨归。"① 在这一点上，《港囧》无疑是一次有益的探索和尝试。

三 《港囧》对别现代语境下国产电影的启示

1. 国产电影亟待建立自己独立的美学体系

长期以来，中国电影一直热衷于以欧美电影为模仿对象，过于强调西方式电影思维和美学思想对中国电影的理论指导，而忽视国产电影自身的独立美学特征，呈现出一种以欧美电影为标准的美学范式，甚至以获得"奥斯卡最佳外语影片"奖项作为国产电影的最高成就，这无疑是对中国电影独立性和中国文化独立性的自身否定，更是一种

---

① 王建疆：《别现代：主义的诉求与建构》，《探索与争鸣》2014年第12期。

自我阉割。别现代实际上就是承认了中国现代、后现代不可能和西方完全一致的时代性，但也并非不要现代性和后现代性，而是更客观地正视现代、后现代和前现代三者之存在。像中国古典小说四大名著之一的《红楼梦》，即使请最好的编剧、最好的导演来拍摄成电影恐怕也是很难获得奥斯卡奖的，这不是纯粹的电影问题，而是文化类型问题。如果说电影是源自西方人的发明因而需要我们认真学习还情有可原，那么，在一个自身已经取得了文学创作的辉煌成就的国度里，国人仍以获得西方奖项为最高荣誉就有点不可思议了。因此，《港囧》的成功就在于它承认了中国文化的这种别现代性，但不去回避它，而是充分利用中国文化前现代、现代和后现代之间的交织和纠葛，在具体创作中充分利用具有不同时代特征的各种各样的艺术手法，如捧逗、惊悚、戏谑、解构等，将人物关系和剧情谱系建立在现代、前现代和后现代混搭、混沌的基础上，表现出独特的别现代美学特征，为中国电影借力当代混元文化、传承中国优秀艺术基因并建构独立的美学范式起到了探竿影草的启迪作用。

2. 别现代是中国电影的传统文化别裁

在中华文化复兴的伟大历史过程中，复兴什么样的文化就成了有思想的学者们思考的问题。产生于前现代时期的中国传统文化，并非铁板一块，要好什么都好，要坏一切都坏，相反，是精华与糟粕并存。如何让精华服务这个时代，而让糟粕退出历史舞台，就是一个摆在我们面前的任务。当然，一说到复兴中华文化，就有人担忧会回到前现代，回到独尊国粹的老路。但如果我们换个视角来看文化复兴，那么，问题就会不一样。如果我们用别现代的眼光来全面看待这个命题，就可以跳出有关"复兴"的狭隘的字面理解。别现代事实上是与前现代、现代、后现代一样属于一个时代范畴的中性词，既非褒义也不是贬义，就如《港囧》所显示的那样，前现代的未必就全是糟粕，现代的也不一定都是精华，至于后现代，它也只是个"适者生存"而已。从大的层面上讲，别现代既非晚清洋务派"中学为体、西学为用"的刚愎自用，亦非现时代一切唯西方马首是瞻的崇洋媚外，而是在前现代、现代和后现代之间的游刃有余和有的放矢地取舍。因此，就如徐峥电影在现代、前现代和后现代的混搭中所表现的虽然雅得不够但也不至于俗不可耐而被贴上反面标签，相反，却在别现代观众那里找到了最佳的接受一样，你不得不承认它的成功包括了票房的成功。票房成功有时也更容易受到诘难，被拿来用放大镜解读，好像只是银两收入。不过，票房成功、观众热捧毕竟为维持此类电影的再生产奠定了基础，也就是继续囧下去，也许会囧出个更好的前景，也许相反。但无论如何，还有机会，还有可能。因此，既然我们承认了中国在独特的前现代文化背景下不可以直接照搬西方理论体系中的现代和后现代，又注意到中国在现代和后现代语境下不可能一夜之间摒弃自身的前现代，那么，现代、后现代、前现代的混搭，也就是这个别现代将成为传统文化的现代别裁。也许这种别裁非古非今、非驴非马、别出一路，但是，当解释对象，包括《港囧》这类的电影就是这个模样、这个水平、这样受关注的时候，我们还能找到一个什么更好的词来加以表达呢？

穿越剧与别现代

徐　薇

当代中国影视艺术，呈现出多元、多向的复杂景观，熔前现代、现代和后现代于一炉，蕴含了别具一格的冲突与张力。这种前现代、现代与后现代复杂交织的社会文化形态，构成了一个共时性的空间化结构。王建疆教授把这一独特的社会空间称为"别现代"。[①] 所谓别现代，是对前现代、现代、后现代三种情况并存的社会结构和时代特征的认识和把握。[②] 曾经风行的穿越剧是别现代时期中国当代艺术的一个很好的例证。

穿越是指从所在时空穿越到另一个时空的故事。根据时空维度的不同，穿越剧大致可分为以下几种：穿越到过去、跨越到未来、多时空交叉穿越、穿越星际、外太空和平行空间等。中国的穿越剧大多属于从现代穿越到过去的类型，比如回到秦朝、清朝，卷入古代的社会生活，特别是宫廷里的明争暗斗，或是经过一次次奇遇和历险，兴起一阵风云、做出一番成就后再重返现代。代表性的作品有《寻秦记》《穿越时空的爱恋》《神话》《宫锁心玉》《步步惊心》《灵珠》等。包裹着别现代艺术形式的穿越剧，集前现代、现代和后现代于一身，突出了前现代与现代的冲突和融合，凸显了时间空间化的特性。正是这一点，为我们考察穿越剧提供了现实的背景和时代的参照，而不至于被光怪陆离的穿越形式及其手法所迷惑。

---

① 王建疆：《别现代：主义的诉求与建构》，《探索与争鸣》2014年第12期，《人大复印资料·社会科学总论》2015年第2期。

② 王建疆：《别现代：话语创新的背后》，《上海文化》2015年第12期。

别现代：作品与评论

一　时空交错中的陌生化效果

　　时间空间化是别现代的哲学基础。当下中国，前现代、现代与后现代在别现代这个大的空间中并置排列，凸显了时空复合的维度。作为时间空间化的典型表征，穿越剧颠覆了时间统治的传统，代之以空间并存的观念，力图将时间收摄入空间之内，在时空合一中归于空间。与别现代一样，在现代、前现代与后现代之间任意穿梭的穿越剧酝酿了一种流动性，体现了前现代、现代、后现代交织杂糅的特殊形态。

　　无论何种类型的穿越，都体现了"时空的碰撞"，即现代时空与前现代时空、未来时空、未知时空的碰撞。[1] 过去、现在、未来被放置在一个空间中，打破了时间性的先后次序，实现了时间空间化的效果，构筑了二元乃至多元对立的叙事时空。现代时空与异时空背景交叉错置，穿越主体带着现代的社会属性，与穿越的异时空的社会特质之间发生碰撞，互相吸引，又互相排斥，引发了两种社会文明之间的文化对撞。不同时空下的社会制度、文化逻辑、科学技术、思想道德、生活习俗等互相交织缠绕，在冲突曲折中蜿蜒前进，穿越成了时空的载体。就常见的由今穿古类型的穿越剧来看，在现代与前现代历史时空的碰撞之下，主人公秉承现代性思维穿越到古代社会，受到传统制度规范的约束，成为现代与前现代的矛盾结合体。穿越剧以幻想时空穿梭的方式建构了一座传统与现代之间的桥梁，让人们体会到传统与现代在冲突中的融合。穿越主体自身充满了现代性与前现代性的纠结。当自由独立的现代精神遭遇古代环境，势必产生矛盾，二者相互制衡，彼此渗透，互相影响。穿越剧充斥了传统与现代文明的博弈，主要表现在以下两个方面。

　　一方面，现代思维渗入前现代的时空，对历史实施了现代文明的

---

[1] 房伟：《穿越的悖论与暧昧的征服——从网络穿越历史小说谈起》，《南方文坛》2012年第1期。

改造，化解了古代社会的矛盾和危机，促成了影响历史进程的重大事件。《寻秦记》中项少龙凭借现代的科技文明促进了大秦帝国的建立。《宫锁心玉》中洛晴川运用现代科技和医学手段为清朝的老百姓看病，赢得了百姓的一致叫好。穿越剧的主人公对自由、平等的追求则表现为对抗古代社会威权，冲破封建制度对人性的囚禁和束缚，在可能的范围内最大限度地实现个人理想和价值。这一类穿越作品将现代与前现代创造性地结合在一起，反映了现代性主体对前现代历史的征服。

另一方面，穿越剧也表现出前现代对现代的深刻影响，剧中人物在返回现代后往往对古代的文明成果和诗意生活有所眷恋和怀念，传统文化思想已然铭刻在现代人的骨髓里。但不容忽视的是，中国未能充分现代化的阶层对立、腐败横生也与尊卑、权威、等级之类的前现代封建意识和谐共谋。穿越剧中，王公贵族争权夺利，后宫争宠，钩心斗角，耍弄权谋，出卖朋友，残害骨肉同胞，人性的丑恶可见一斑。占卜、算卦、驱鬼、整蛊等迷信思想俯拾皆是。封建皇权、三妻四妾、男尊女卑的观念被刻画得淋漓尽致。然而这些历史的写照又何尝不是现实的随影呢？

作为后现代大众文化的一部分，穿越剧具有后现代主义特征。部分地虚构和戏仿历史，在制作方式上将传统和现代元素任意剪接、拼贴和重构，在叙事上呈现片段化、平面化的特点，以迎合大众娱乐时代的审美趣味。穿越剧秉承后现代主义多元化的价值取向，实现了多种风格的混成。古今时空的杂糅将历史、现实与想象融合在一起，彻底颠覆了影视剧传统的线性叙事结构。虽看似滑稽可笑、乖张怪诞、不同寻常，无法用传统概念解释，但穿越剧之所以能够风行起来，自有其存在的合理性，也具有独特之处。

穿越剧已成为一种具有新的审美形态和新的审美价值的艺术形式，也是后现代之后的陌生化的艺术表达。俄国形式主义文论中"陌生化"的概念可以被巧妙地用在中国当代艺术创作和批评中。所谓"陌生化"，是创作者为了表情达意的需要而采取的一种异于常规的表现手法。穿越剧中特殊的时空穿越、传统与现代的碰撞融合以及后现代的制作方法，给予受众一种陌生化的新鲜感，让他们感到新奇有趣。时空交错的陌生化使得穿越剧在形式与内容上呈现出一种奇异的面貌，偏离了人们熟悉的情境、规则与常识，却又合乎情感逻辑；在艺术上具有新的生命力和审美价值，使受众在新颖别致的感官体验中到达奇美的艺术之境。凭借化腐朽为神奇的陌生化手段，优秀的穿越影视作品显示出独有的审美形态和审美价值。

1. 避世入梦的精神放松。以穿越剧为代表的当代艺术充满了传统、现代、后现代等表面互不相关而内里复杂勾连的各种因素的对立和冲突，正是这种对立和冲突使得本来熟悉的对象在经过创造性变形之后变得陌生起来，增加了诸如感官刺激或情感震动的审美快感。[①] 凭借无拘无束的想象力，穿越剧打破古与今的界限，肆意连接并游走在历史与现实两个时空，给受众呈现了一个与现实世界完全不同的幻想情境，唤起了受众新鲜的审美感受，使心灵得到愉悦，给单调的生活带来一种轻松的趣味和消遣。受众亦可以通过穿越剧得以"避世入梦"，暂时逃离现实社会，规避现实中的烦恼，从而精神得到放松，压力获得释放，情感得以宣泄。穿越剧充满了浪漫主义的情调，表达了现代人在现代社会压力之下回归古代的憧憬和向往。

2. 虚拟想象中代入式的个人体验。穿越剧满足了人们天马行空的想象，为受众提供了一个做白日梦的机会，使他们得以直观梦幻的异时空世界，获得一种"身临其境"的感受。尽管在古代主人公也会遇到困难险阻，但均能顺利化解，或可能成为乱世中的英雄，建功立业，呼风唤雨；或与古代的钻石王老五们发生种种爱情纠葛，最终赢得爱情事业的双向成功；或体会各种尔虞我诈、惊心动魄、爱恨情仇和侠肝义胆。穿越剧变现实的不可能为想象中的可能，在虚拟的想象中完成一种代入式的个人体验和对个人价值的质询与探索，满足了现代人对于英雄梦、公主梦的情感诉求。

3. 历史画卷下的古代向往。中国的穿越剧对历史进行了重新的

[①] 参见朱立元主编《当代西方文艺理论》，华东师范大学出版社2005年第2版，第45—46页。

塑造，虽有戏谑的意味，却也展示了一幅幅特定历史时期的人文与社会画卷。穿越剧呈现了部分历史，激发了大众对某些历史人物或事件的兴趣，无形中传播和普及了历史知识。比如《步步惊心》和《宫锁心玉》中九子夺嫡的情节引发了受众对这段历史的好奇与关注。穿越剧对封建宗法制统治下的人情百态予以深刻的展示，其中饱含的古代文明的优秀成果如忠孝礼义仁等传统思想以及琴棋书画、诗词歌赋等传统文化和艺术，构成现代中国人所向往的诗意生活。穿越剧所塑造的主要角色多具有优秀的品质，或果敢英勇，豪情万丈，或温婉可人、聪慧机智、深明大义，这些品质也让现代人感受到古代榜样的力量。

4. 世外桃源与诗情画意引起的当代反思。穿越剧中青山绿水、世外桃源般的生活，引起了人们对现实生活的反思。反思工业化对环境的破坏以及优秀传统文化在当今时代的缺失，并付诸行动，以自己所能改善周遭的环境，传承优秀的古代文化。穿越剧贯穿的是一种现代思维和现代定位，多借古喻今，借古人古事比喻现实中的今人今事，比如宫斗象征职场等。主人公往往在古代经历了明枪暗箭的生死争斗或者刻骨铭心的爱情，在历经种种坎坷、返回现代后，最终重新找回自己，走出原来的困境，并不断地成长起来，体会到责任和爱的真谛。受众在观看穿越剧时，也是以现代人的心理和思想进入古代时空，以现代人的视角观察两种文明的冲突，并从中看出现实的影子，从而获得一种来自虚拟历史的现实性启发。

交错的时空、古代与现代智慧的碰撞以及复制、拼贴、变形等后现代主义艺术创作手法的应用，使穿越剧充满了矛盾、冲突和超越。但是，前现代、现代与后现代的种种元素也在穿越剧中达到了融洽的统一。在穿越剧中，尽管剧中人物的生活背景、思维方式、价值观等都不相同，冲突在所难免，但发生在不同时空的事件与人物之间却总是能够在对接中表现出和谐。表面上，穿越到古代的现代人无论在服饰、礼仪还是语言上都尽量遵从古代的社会规范，体现一种有意融入的努力。内心的纯真与善良、乐于助人的品质也赢得了现代人对古代人的尊重与喜爱，构成了人际关系上的和谐。同时，现代人身上的自由独立的精神和现代文明的智慧也部分地为古代人所向往，实现了一种互补的和谐美。因此，穿越剧的魅力就在于时空交错的陌生化所产生的既紧张对立又和谐相处的戏剧张力，以及由此带来的既悖谬又亲和的妙不可言的接受效果。这种艺术的接受效果，在以往的非穿越的文艺作品中难得一见。受众可以在穿越剧中纵横古今，实现时空穿梭的梦想，通过移情和代入的方式，释放在现实中被压抑的个性，获得某种快感、宣泄和慰藉，这就恰好构成了别现代的和谐。

二　超越穿越剧的消费主义狂欢

如今，"穿越"的含义被无限扩大，不仅仅指代时空的转化，还可以用来表达"玄""乱""不可思议""令人莫名其妙"等意思。男性可以穿越性别界限成为女性，人可以穿越人性变成魔，在任意的跨界中形成消费的狂欢。一部于2015年年末"神"走红的穿越网剧《太子妃升职记》讲述的是现代男性穿越到古代变身为拥有男儿心女儿身的"太子妃"，一路升职为"太后"的故事。这部剧在古代故事中混杂了各种当代的潮流元素，比如"双11"、霸道总裁、港台腔、无厘头的语言，各种cp组合，古代服饰与英伦元素的结合，通过古今冲突、性别穿越的矛盾，产生了颠覆性的荒诞效果，引发了强烈的戏剧张力，轰动一时，是别现代时期时间空间化、传统与现代风格的碰撞以及无所不用其极的后现代的制作方法的集中体现。这部神剧迎合了时下年轻人的口味，适应了如今社会中消解矛盾和发泄情绪的心理需要，符合消费社会中娱乐消费的特点，可以说是消费主义在穿越剧中的典型体现。

随着全球化的进一步深入，商品消费贯穿了社会所有领域的所有过程，这既是物质现代化的延续和发展，又超越了商品的物质性，呈现出消费文化的后现代主义特质。在鲍德里亚看来，"商品价值已不再取决于商品本身是否能满足人的需要或具有交换价值，而是取决于交换体系中作为文化功能的符码"。①消费社会中的一切商品都被符号化了，消费不再被视为一种单一的物质行为、纯粹的经济行为存在，而变成了一种生活方式和符号活动，具有了文化的功能。在消费文化的浸染下，物质丰盈，思想平面化，艺术生活化，享乐主义盛行。艺术即符号化了的商品，艺术的创作与欣赏分别成为一种机械"复制"的生产和大众化的商业消费。不同于传统的经典艺术，处在后现代消费文化中的艺术具有大众性、商品性、技术性，普遍忽视作品的意义与深度，过分强调感官形式和调侃戏谑的游戏意味，消解了传统的审美方式，模糊了精英艺术与大众艺术之间的界限。

中国在20世纪80年代进入消费时代以后，消费主义在当代艺术中蔓延，出现了波普艺术、装置艺术、行为艺术等。而在影视领域则更是借由穿越剧达到了后现代消费主义的高潮。消费主义文化不仅表现为穿越剧的生产和消费，还体现在穿越剧营销和宣传的环节之中，构成无处不在的文化环境，操纵受众的欲望和趣味，主宰了受众的生存意义和消费意识形态。一味追求收视率和经济效益，放弃了对美感、艺术价值和文化内涵的探寻，穿越剧成了被资本操纵的消费主义文化的典型表现，变成批量生产的文化快餐。穿越剧的泛滥彻底沦为一场消费主义的狂欢。穿越剧的弊端主要表现在以下几点。

1. 消费历史

在消费社会引导下的穿越剧中，历史已经脱离了其原本的客观意义，只是作为一种象征性的消费符号被消费。人物性格、历史事件、文化礼仪及风俗习惯等大多经过了艺术的加工，有些甚至被彻底颠覆和改写，成为杜撰出来的"伪历史"。穿越剧在潜意识中传递了错误的历史知识，混淆了人们的历史观，误导受众特别是青少年把穿越剧当成历史的真实，遮蔽了历史的本来面目，淡化了精英文化的主导性，削弱了文化的认同感和自豪感。有一类穿越剧属于架空剧，虽然故事发生的时代背景本身可能并非真实存在，但为了影射历史上的某

---

① 参见王岳川《消费社会中的精神生态困境——鲍德里亚后现代消费社会理论研究》，《北京大学学报》2002年第4期。

个时代,也不得不找一定的史实为依据。《太子妃升职记》从现代穿越回古代,但人物的发型、服饰、习俗却还是按照现代人的眼光和标准配置,满口也都是时下流行的语汇,完全背离了历史。这种完全罔顾历史的架空,使得历史在穿越剧中被解构的同时,穿越剧也成为徒有历史元素而无历史感的拼贴画,日益沦为消费社会背景下大众的消费对象。

2. 泛娱乐化

正如美国著名学者丹尼尔·贝尔引用麦克唐纳的话所说:"大众文化的花招很简单——就是尽一切办法让大伙高兴。"[1] 穿越剧在大众消费文化的洗礼下,呈现出泛娱乐化的倾向。借"穿越"的幌子迎合大众娱乐的需求和通俗的口味,暴露出文化价值的缺乏以及媚俗倾向的泛滥。一些穿越剧不关心艺术性和文化内涵,因而只有笑料没有营养,沦为荒诞的闹剧或者恶搞的雷剧。还有些穿越剧渗透了不健康的意识形态,宣扬粗俗色情、封建迷信,越过了价值观的边界。奉娱乐至上为圭臬的穿越剧造成了受众深度思维模式的消失,以及向审美情感的庸俗化转变。《太子妃升职记》就因尺度过大、有伤风化遭广电总局下架整改。重新上架的剧集被删减了至少三分之一的内容,所有涉及性暗示、情色、低俗的桥段全部删除。穿越剧的娱乐性无可厚非,但娱乐也有底线,作为影视艺术应该给受众传递正确的价值观和积极向上的生活态度,而不应降低受众的审美品位和格调。什么样的影视文化塑造什么样的受众,受众也反过来影响影视创作。穿越剧的受众多是学生和年轻白领,这些人群更是未来中国发展的新生力量。如果任由庸俗的穿越剧泛滥,受众只会变得愈加庸俗。

3. 模式雷同化

穿越剧在诞生之初,以其新颖的形式、独特的视角、强烈的戏剧冲突和情节张力吸引受众,并获得高收视和由此而来的高收益。在消费文化"趋利性"原则的引导下,许多制作方自发地紧跟潮流,模

---

[1] [美]丹尼尔·贝尔:《资本主义文化矛盾》,蒲隆、赵一凡、任晓晋译,生活·读书·新知三联书店1989年版,第91页。

仿成功的穿越作品。导致后来的穿越剧模式化严重，题材重复，故事背景、主角性格、情节设置雷同，作品鲜有原创性和突破性。《太子妃升职记》是各种穿越元素的杂烩，今古穿越、性别穿越，兼杂诸多现代元素，因而被认为是创新，但所谓的创新被认为只是形式上的，没有本质的创新。电影导演 Ted Baker 对这部穿越剧的评价是"我看到了纯粹的形式""只追求形式的电视剧"。[①] 只有形式的创新，停留在低层次上的视觉满足，算不上是真正的创新。所谓的另辟蹊径，如果只以形式上追求新奇来摆脱所谓传统的窠臼，肯定不会臻于理想境界。

作为穿越剧，应该能让受众鲜明地感触到一种积极向上的人生观和正确的历史观。穿越回到现代后，仍深刻感受到古人的精神，并将之传承下去，以利当代。古今本是不同时空下的存在，但总有一些东西能够凭借历史的传承与记忆的延续超越这种时空的藩篱，并获得人类的珍视。这些东西就是优秀的中华文化传统和文化精神。这种文化精神可以穿越时空，达到永恒。穿越剧不仅要有意思，更要有意义，应撤去穿越剧浮夸和功利的泡沫，返璞归真，寻回消费主义狂欢背后缺失的文化精神。在当代艺术语境中，穿越剧在追逐斑驳迷离的穿越的幻想中应留有一份文化坚守与责任担当，尽量保持应有的文化品格和美学品格。

穿越剧是大众消费时代的产物，充分体现了前现代、现代与后现代的冲突与矛盾。如何将这些矛盾融会协调、和凝为一，用正确的历史观表现历史，借穿越剧反映中国文化的精神，是穿越剧未来发展中要注意的问题。中国人的循环时间观和对历史的亲近决定了穿越剧在今后还会卷土重来，甚至梅开二度。因此，穿越剧的编剧和制作方应对这一阶段的穿越剧的成功经验和失败教训及时加以总结，把天马行空的想象植根于具有历史厚重感和文化丰富性的沃土中，使中国的穿越剧别开生面，别具一格，并能够在世界舞台上一展风采。

---

① 《国产雷剧成功引起了全世界的注意》，界面新闻，http：//www.jiemian.com/article/505098.html，2016年1月11日。

别现代：作品与评论

别现代具有别现代性，说的是，既不同于现代、后现代、前现代，但又同时具有现代、后现代和前现代的属性和特征的社会形态或社会发展阶段。而别现代主义则是要超越别现代，用跨越式停顿的思维方式，及时反省，及时停顿那种貌似畅行无阻的惯性，[1] 终止那些貌似赢得观众的想法，将穿越剧引领到高峰，而不至于停留在普通的平原。依据对当下特定时代的认识，穿越剧应该追求比西方现代与后现代之间的张力更大的思想空间、艺术空间和表现空间，创造出更丰富的内涵和更理想的艺术境界。

总之，由于中国经济社会发展的特殊性，决定了中国将长期处于前现代、现代与后现代交织的别现代阶段。在这个阶段，中国当代艺术应该以更远大的目光和更广大的胸怀吸收借鉴古今中外优秀的艺术传统和审美精神，充分利用前现代、现代、后现代交织在一起的张力结构，使得中国穿越剧别有洞天。

---

[1] 王建疆：《别现代：跨越式停顿》，《探索与争鸣》2015 年第 12 期。

Time-travel Television Series: An Example of Contemporary Chinese Art in the Bie-modern Era

Xu Wei

Contemporary Chinese film and television art, showing a diversified and multi-directional landscape of complexity, integrates the pre-modern, modern and postmodern into a whole, which entails a unique style of conflict and tension. The social cultural form intertwined with the pre-modern, modern and postmodern constitutes a synchronic space structure. According to Prof. Wang Jianjiang, this distinctive social space is called Bie-modern,[①] which means the social structure and era characteristic of the coexistence of the pre-modern, modern and postmodern.[②] The popular Chinese time-travel series are a good example of Chinese contemporary art in the Bie-modern era.

Time travel means a human travelling to an arbitrary point in time, analogous to movement between different points inspace, typically using a hypothetical device known as a time machine, in the form of a vehicle or of a portal connecting distant points in time. It can be divided into different cate-

---

[①] Wang Jianjiang, "Bie-modernism: the Appeal and the Construction of *Zhuyi*", *Exploration and Free Views* in no. 12, 2014, pp. 72 – 77, reproduced by *Studies in Social Sciences*, *Periodical Literatures Reprinted by RUC* in no. 2, 2015.

[②] Wang Jianjiang, "Bie-modern: Behind the Creation of Discourse," *Shanghai Culture*, no. 12 (2015), pp. 5 – 9.

gories: for example, from the aspect of time, we have one-way time travel including forward time travel (advancing forward in time) and backward time travel (travelling back in time), and also both-direction travel; or from the perspective of travel in space, the characters usually travel through interstellar space, outer space or parallel universes. The Chinese time-travel television series are mainly the type of travelling from the modern time back to the past, such as Qin Dynasty (221 B. C. – 207 B. C.) and Qing dynasty (1636 A. D. – 1912 A. D.), etc., the protagonists of which often get embroiled in the social life of ancient times, especially involved in the open and secret struggle in the court, or experience adventures and then make some achievements or exert certain influences before they return to the modern. Representative works include "A Step into the Past" (2001), "Love through the Time" (2002), "Legend" (2009), "Jade Palace Lock Heart" (2011), "Startling by each step" (2011), and etc. The Chinese time travel series wrapped in the Bie-modern artistic form which combines the pre-modern, modern and postmodern, particularly highlight the conflict and fusion of the pre-modern and modern and feature the characteristics of time spatialization, which provides us the realistic background and the reference of the times to examine the time travel series, so that we will not be fooled by bizarre forms and approaches of time travel.

I The defamiliarization effect in time and space

Time spatializaiton is the philosophical basis of the Bie-modern theory; in contemporary China, pre-modern, modern and postmodern are arranged in synchronic collocation in the large space of Bie-modern, highlighting the complex dimensions of time and space. As a typical representation of time spatialization, Chinese time travel television series overturn the traditional time rule and substitute it with the concept of spatial coexistence, trying to encompass time into space, and end in space with the realization of unity of time and space. As with the Bie-modern, time travel series which run back and forth at random has created a kind of fluidity that reflects the special combination and entanglement of the pre-modern, modern and postmodern.

No matter what category the time travel series belong to, they basically embodies the "collision of space and time", that is, the collision between modern and pre-modern, future and unknown time and space.[①] The past, present and future are placed in the same space, breaking the sequence of time, realizing the effect of time spatialization and constructing the narrative space-time between two and even multiple opposing sides. As the backgrounds of different time and space are crossed and misplaced, the protagonist with modern social attributes, collides with the social characteristics of another space-time which he or she travels to, attracted to each other and also mutually exclusive, and cause the cultural collisions between two kinds of social civilizations. The social systems, cultural logic, science and technology, ideological morality and living customs under different time and space are intertwined with each other, meandering through the twists and turns of conflicts, and time travel itself becomes the carrier of time and space. As for the common time travel series travelling back to the ancient, under the collision of modern and pre-modern historical space-time, the protagonist adhering to the modern thought, transports back to the ancient society; restricted by the traditional system and regulations, he or she becomes the contradictory combination of the modern and pre-modern. Time travel series in the way of fantasizing travel in time and space, constructs a bridge between tradition and modern, which enable people to feel their fusion in conflict. The protagonist is filled with the struggle of modernity and pre-modernity. When free and independent modern spirit encounters ancient environment, it is bound to produce contradictions, and the both sides will penetrate into and influ-

---

① Fang Wei, "The Paradox of Time Travel and the Conquest of Ambiguity-from the Time Travel Historical Fiction on the Net," *Southern Cultural Forum*, no. 1, 2012, p. 18.

ence with each other in addition to having mutual constraints. The fact that Chinese time travel series are full of the game-playing between tradition and modern civilization, is mainly shown in the following two aspects.

On the one hand, the modern thinking which is infiltrated into the pre-modern time and space, has implemented transformation on modern civilization, resolved the ancient social conflicts and crises, and contributed to the completion or implementation of major events that influence the historical process. Xiang Shaolong, the hero in "A Step into the Past", with the modern science and technology, promoted the establishment of the Qin Empire. Luo Qingchuan, the heroine in "Jade Palace Lock Heart" adopted modern technology and medical intervention to treat the common people in the Qing dynasty, and won the unanimous praise of the people. The protagonists of the time travel series in their pursuit of freedom and equality, fight against ancient social authority, break through the captivity and bondage of human nature by feudalism, and realize personal ideal and value to a large extent within the possible scope. The time travel series combine the modern and pre-modern together creatively, which reflects that the subject of modernity has conquered the pre-modern history.

On the other hand, the time travel series also display the profound impact of the pre-modern on the modern. The characters in the play tend to miss and get sentimentally attached to the ancient civilization achievements and poetic life after returning to the modern, with the traditional culture and ideology deeply rooted in their minds. However, what should never be ignored is that China's not fully modernized class antagonism, and multiplication of corruption, have reached harmonious conspiracy with the pre-modern feudal consciousness related to nobility, authority and rank, etc. In these time travel series, the princes or aristocrats race for power and interests, concubines contend for the emperor's favor in the imperial harem, they intrigue against each other, rack their brains in scheming, sell friends, or even cruelly injure or kill their siblings or children, from which it is self-evident that the ugliness of humanity could be seen. Divination, exorcism, evil sorcery and other superstitions are everywhere. The feudal imperial power, polygynous marriage, and male chauvinist are depicted incisively and vividly. Whereas, isn't the epitome of history a reflection for the current social phenomena?

As a part of postmodern mass culture, time-travel series are endowed with postmodern features. They partly imagine and parody history, and in the way of making, they edit, collage and reconstruct traditional and modern elements, displaying fragmentation and planarization in a narrative, to cater to the aesthetic taste of the mass entertainment age. They absorb the postmodern diversified value orientation, achieving a composite of various styles. The mix of ancient and modern time and space fuses history, reality and imagination together, thoroughly subverting the linear narrative structure of traditional films and television series. Although it seems ridiculous, bizarre and unusual and cannot even be explained with the traditional concepts, the reason for their popularity has its own rationality and uniqueness for existence.

Time travel television series have become an artistic form with new aesthetic pattern and value, and also the defamiliarized artistic expression after the postmodern. the concept of "defamiliarization" in the Russian formalism literary theory can be ingeniously applied to the Chinese contemporary art creation and criticism. "Defamiliarization" means the irregular or unusual way of expression adopted by the creator for the need to communicate views or express emotions. The special travel in time and space, the collision and integration of tradition and the modern as well as the postmodern techniques in production shown in time travel series give the audience a freshness of defamiliarization, making them feel novel and interesting. For the effect of defamiliarization with space-time interweaving, a strange appearance is presented in the form and content of time travel series, deviated from people's familiar situations, rules or common senses, but meantime conforming to the logic of emotion; thus they possess new vitality and aesthetic value in art, enabling the audience to reach the strange and beautiful artistic realm through novel and unique sensory experience. With the magical means of defamiliarization, quality time travel films and television series show the unique aesthetic form and aesthetic value:

1. Spiritual relaxation in dream retired from the world. Contemporary Chinese art, represented by time travel series, is full of the conflicts and contradictions of such various factors as tradition, modern and postmodern which are seemingly unrelated on the surface but are actually interconnected inside the complexity. These conflicts and contradictions make the familiar objects become strange after creative deformation, and increase the aesthetic pleasure out of sensory stimulation and emotional shock.[1] With unrestrained imagination, time travel series break the boundaries of ancient and modern, connect arbitrarily and wander between history and reality, presenting an illusion that is totally different from the real world. They arouse a fresh aesthetic feeling from the audience, give them pleasure, and bring a little fun and recreation to their monotonous life. Audience can also retire from the world and immerse themselves in dreams through time travel series. In this way, they can temporarily escape from reality, evade troubles in real life, and thus mental relaxation with pressure and emotions released. Chinese time travel series are full of romantic atmosphere, expressing modern human's longing and yearning of returning to the ancient under the great pressure of modern society.

2. The substituting personal experience in virtual imagination. Time travel series satisfy people's fantastical imagination, give the audience a chance of daydreaming, and make it possible for them to visually see a miraculous world of different time and space and gain an "immersive" feeling.

---

[1] Zhu Liyuan ed., *Contemporary western literary theory*, Shanghai: East China Normal University Press, 2005, pp. 45 – 46.

Though the protagonists could meet with difficulties and obstacles in the ancient times, they are likely to work them out and then become a hero in a chaotic world, building their business, and getting achievements. The heroines get caught into the love entanglement with the ancient "golden bachelors" and finally harvest the success in love and career after going through hardships. The heroes usually experience treachery, adventure, hatred or revenge, love and affections and etc. Time travel series turn the impossibility in reality into the possibility in imagination, complete a "substituting" personal experience as well as inquiry and exploration into personal value through virtual imagination, to satisfy the modern humans' emotional appeal for heroic dream or princess dream.

3. The ancient yearning under the scroll of history. Chinese time travel series reshape the history and reveal the scenes of humanities and society in the specific historical period despite their mockery sometimes. They show part of the history, arouse the public interest in some historical figures or events, virtually spread and popularize the knowledge of history. For instance, the plot of nine princes seizing the inheritance shown in "A Step into the Past" (2001) and "Startling by each step" (2011) trigger the audience's curiosity and attention. Time travel series give full demonstration to the lives and customs under the rule of feudal patriarchal clan, including the outstanding achievements of ancient civilization, like traditional ideas such as loyalty, filial piety and benevolence, traditional culture and art such as calligraphy, poetry and painting, constituting the poetic life that modern Chinese people are longing for. The main characters in the series are endowed with good qualities, such as courage, heroism, intelligence, wisdom, etc. , which let the modern humans feel the strength of ancient models.

4. Reflection caused by a land of idyllic and poetic beauty. In time travel series, the picturesque and poetic world arouses people's reflection of real life. After thinking over the destruction of industrialization on environment and the lack of excellent traditional culture in the modern era, they put

into action by improving their own surroundings and inheriting and spreading excellent ancient Chinese culture. Throughout time travel series, there is a kind of modern thinking and modern positioning. They mostly use the past to allude to the present, that is, narrating anecdotes of the past to state the points about reality, for example, harem fight is like workplace struggle. The protagonists who often experience life and death battle or unforgettable love, return to the modern world after a variety of difficulties, and eventually rediscover themselves. They grow up, walk out of the original plight, and feel the true meaning of responsibility and love. When audience are watching time travel series, they enter the ancient space with the psychology and thought of modern people, observe the clashes between two civilizations from modern perspective and find the epitome of reality, thus gaining a realistic inspiration from virtual history.

The intertwining of time and space, collision of ancient and modern wisdom, and application of such postmodern art creation techniques as copy, collage and deformation, make the time travel series full of contradictions, conflicts and transcendences. But on the other side, the pre-modern, modern and postmodern elements reach harmonious unification in time-travel series. Due to the different backgrounds, way of thinking and values of the protagonists in the ancient context, conflicts cannot be avoided; however, the events and characters in different time and space are always able to show harmony in linkage. On the surface, the modern human who travel back to the past always follow the ancient social norms in dress, manners and language, and etc., reflecting an endeavor of active integration. The inner purity and kindness as well as helpfulness help modern humans win the favor and respect from ancient people, contributing to the harmony in interpersonal relations. In addition, the free and independent spirit and wisdom of modern civilization revealed in modern humans are partly yearned for by ancients, realizing a complementary harmonious beauty. Therefore, the charm of time travel series lies in the dramatic tension between opposition and harmony caused by the defamiliarization of space-time crisscross, as well as the resulting perverse and friendly acceptance that comes with it. The fantastic acceptance effect of the art can hardly be seen in the non-time-travel literature and works. Audience can run through the ancient and modern, and realize the dream of time travel. With the means of empathy and substitution, the series could help the audience release the oppressed personality in reality and get some kind of pleasure, comfort and catharsis, which constitute the harmony in the Bie-modern era.

Ⅱ The transcendence over consumerist carnivalin time travel

Now, the connotation of "time travel" has been infinitely expanded, which not only refers to the transformation of time and space, but also means "mysterious", "disordered", "incredible", "puzzling", and etc. Male can cross the boundary of gender to become female, human can transcend human nature to become devil, thus a consumption carnival is formed in any type of arbitrary cross boundaries. "Go Princess Go", a time travel net drama popular in the end of 2015, tells a story that a modern man called Zhang Peng traveled time to the ancient dynasty of NanXia and became Zhang Pengpeng with a male's mind in a female's body who got promoted from "Crown Princess" all the way to the "Empress Dowager". The play mixes with a variety of modern and fashion elements, such as "Double 11 Shopping Festival", whimsical language, and etc. , thus featuring distinct artistic attributes of the Bie-modern era. Especially, the combination of ancient Chinese clothing with modern elements of England generates the beauty of conflicts and fantastic tension. In the play, the costume of crown prince borrowed the design of Craig Green spring 2015 menswear based on the style of traditional Chinese garment. Besides, Tchaikovsky's "swan lake" was moved to the ancient royal palace, performed by four little male swans, which generates the disruptive absurdity and also causes strong dramatic tension. The play illustrates the features of the Bie-modern era, such as time spatializaiton, the combination of traditional and modern styles as well as various postmodern techniques. It caters to the tastes of youngsters, adapts to the psychological demands for resolving contradictions and releasing emotions, which conforms to the characteristics of entertainment consumption in a consumer society. Therefore, it can be said as the typical embodiment of consumerism in time travel series.

Along with the deepening of globalization, consumption runs through all the processes in all areas throughout the society. It is not only the continuation and development of material modernization, but also goes beyond the materiality of goods, thus presents the postmodern characteristics of consumption culture. As Jean Baudrillard claims, commodities are not merely to be characterized by use-value and exchange value, as in Marx's theory of the commodity, but sign-value — the expression and mark of style, prestige, luxury, power, and so on — becomes an increasingly important part of the commodity and consumption. In consumer society, commodities are bought and displayed as much for their sign-value as their use-value, consumption is not merely seen as a single material behavior and pure economic activities, but becomes a way of life and symbolic activity which emphasizes the phenomenon of sign-value as an essential constituent of the commodity and consumption. Thus it has some functions of the culture. In a society where everything is a commodity that can be bought and sold, there are abundant goods for exchange, but such trends as planarization of thought, popularization of art, and hedonism prevailed. Art is a sign of commodity, and the creation and appreciation of art then respectively become a mechanical mass production and popular commercial consumption. Different from the traditional classical art, art in a postmodern consumption culture with the properties of the mass, commodity and technicality, generally ignores the significance and depth of art works, and attaches great importance to sensory forms and teasing effect of a game, thus dispelling the traditional aesthetic way and blurring the lines between elite art and popular art.

After China entering consumer society in the 1980s, consumerism was spread in contemporary art, and there sprung up pop art, installation art, behavior art, etc. In film and television field, it is time travel series that help to reach the climax of postmodern consumerism. Consumerism culture is not only shown in the drama production and consumption, but also embodied in the marketing and promotion sessions, which constitute the environment of ubiquitous consumption culture, manipulating the desire and interest of audience, and dominating the survival significance and consumption ideology of audience. As the devotion to ratings and economic benefits actually means giving up the pursuit of aesthetic sense, artistic value and cultural connotation, Chinese time travel series have become a typical symbol of consumer culture that is manipulated by capital and turned to be the mass-produced "cultural fast-food". The rampancy of Chinese time-travel series has fallen to be a consumerist carnival. The disadvantages of Chinese time-travel are mainly reflected in the following points:

1. Consumption on history

In the time travel led by a consumer society, history which has escaped from its original objective meaning is only consumed as a sign of consumption. Characteristics, historical events, cultural etiquette and customs in the drama are mostly through the artistic processing and some of them are even overturned and rewritten, which then make up a fake or false history. Time-travel series unconsciously send the wrong historical knowledge, and confuse people's view of history. They mislead the audience, especially the teenagers; when watching the drama, they are likely to take it as a historical truth. Therefore, these time travel series have hidden the true colors of the history, played down the dominance of elite culture, and weakened the cultural identity and a sense of pride. There is a certain type of time-travel which comes from alternate history novels. Although the time background of the story may not have existed, for the sake of allusions of a certain age in the history, it still needs to find more historical facts as the basis. In "Go Princess Go", the protagonist travels from the modern back to the ancient times, but the characters' hairstyle, clothes, customs and the popular hybrid language, etc. are all in accordance with the modern humans' taste and standard, which nevertheless, have completely deviated from the history. Therefore, history is completely deconstructed in the drama, which has become a collage with historical elements but without a sense of history, growing into the public's consumption object under the background of a consumer society.

2. Abused entertainment

In *The Cultural Contradictions of Capitalism* (1976), Daniel Bell cites Dwight MacDonald and articulates that the trick of mass culture is simple-is by all means to make everyone happy.[1] According to Bell, mass culture is to satisfy the hedonistic desires of the population. Time travel drama under the influence of the mass consumer culture, presents the tendency of the abused entertainment. Through the guise of "time travel", the series cater to the demand and popular taste of mass entertainment, but expose the lack of cultural value and the proliferation of vulgar tendency. Some time-travel series are indifferent to the artistic value and cultural connotation, and therefore there is no nutrition but only laughing object of ridicule in the drama, and finally turn to be an absurd farce or a ridiculous play. Some other time travel series are infiltrated with unhealthy ideology, promoting vulgar porn or feudal superstition, which have crossed the boundary of values. The time-travel drama with emphasis on supreme entertainment has caused the disappearance of the audience's deep thinking mode, and a transition to the vulgarization of aesthetic emotions. "Go Princess Go" has been asked to be rectified by SARFT (The State Administration of Radio Film and Television) for be-

---

[1] Daniel Bell, *The Cultural Contradictions of Capitalism*, Shanghai: Shanghai Joint Publishing Press, 1989, p. 91.

ing corruptive to public morals. The series have been cut by at least a third of their content in the new episodes, all of which involve sexual innuendo, eroticism and vulgarity. Entertaining in time-travel is understandable, but entertainment has a bottom line. film and Television art should pass on the correct values and positive attitude to the audience, and should never reduce lower the audience's aesthetic taste and style. The kind of film and television culture will shape the same kind of audience, and meantime the audience will in turn affect the production of film and television series. As the audience of time travel drama is mainly students and young white-collar workers, these people are also the new force of China's future development. If vulgarity is allowed to overflow in time travel series, the audience will only become more vulgar. What hope will China have in the future?

3. Modal similarity

In the early days of the show, it attracted audiences with its original form, unique perspective, strong drama conflict and plot tension, and achieved high ratings and high returns. Under the guidance of the "utilitarian" principle of consumer culture, many producers have spontaneously followed the trend and imitated the successful time travel drama. As a result, the later time travel series are modeled seriously, with repetitive themes, similar story background and identical main characters as well as equally same plot setting, so the works are rarely original and have no breakthrough. "Go Princess Go" in the form of space-time travelling and gender transformation, is a hybrid of all kinds of elements, particularly added with many modern factors, and therefore is considered to be innovative, but the so-called innovation is revealed only in the form, and there is no innovation on the nature. Film director Ted Baker sad that, "I see a pure form", and "this is a television drama that only pursues form".[1] The innovation on

---

[1] "The Chinese Ridiculous Drama has Successfully Arisen the Global Attention", Jiemian News, http://www.jiemian.com/article/505098.html, Jan. 11, 2016.

form just stays at a low level of visual satisfaction, which is not really innovative. The so-called invention or innovation, if only to pursue novelty in the form to get rid of the so-called traditional mold, will certainly not lead the audience to reach the ideal realm.

As a time travel, it should be able to make the audience feel a positive outlook on life and a correct view of history, and lead them to feel the spirit of the ancient people and inherit it. Despite the fact that the ancient and modern times are different space-time existences, there are always some things in time travel series that can transcend the time and space through the inheritance and memory of history, and acquire the appreciation of modern mankind. These are excellent Chinese cultural traditions and cultural spirit, which can travel through time and space to eternity. The aim of time travel series is not only to be interesting, but also be meaningful. By skimming off grandiose and utilitarian bubble, they are supposed to return to the essence and to find the cultural spirit behind the consumerist carnival. In the context of contemporary art, it is necessary to keep a culture commitment and responsibility as well as cultural and aesthetic characters in chasing the illusory fantasy of time travel.

Time travel films and television series are the product of the era of mass consumption, which fully embodies the conflict and contradiction between the pre-modern, modern and postmodern. How to reconcile these contradictions and condense them into one, to use the correct historical view to express the history, and to reflect the spirit of Chinese culture are the questions that need to be paid attention to in the future development of Chinese time-travel series. The Chinese people's view of circulating time and the closeness to history decide that time travel series will make a comeback in the future and even have a second bloom. The writers and producers of time-travel dramas, therefore, should summarize the successful experiences and failure lessons in this period, have the unconstrained imagination rooted in the fertile soil of historical sense and cultural richness, make China's time-travel special, unique, and sparkle in the world film and television art.

Bie-modern with its Bie-modernity refers to the distinctive social form or social development stage that is different from the modern, postmodern, or pre-modern, but at the same time with the modern, post-modern and pre-modern properties and characteristics. Bie-modernism is to transcend Bie-modern, use the leapfrog pause mode of thinking, to reflect timely, pause a seemingly unimpeded inertia,[①] and terminate the ideas that seem to win the audience's recognition, leading the time travel series to the peak, rather than staying at the plain. On the basis of understanding the specific times today, time-travel should pursue greater thought space, art space and expression space than the tension between the modern and postmodern and create the ideal realm of art with richer connotations.

All in all, due to the particularity of China's economic and social development, it is determined that China will be in a long Bie-modern period intertwined with the pre-modern, modern and postmodern. At this stage, Chinese contemporary art should absorb ancient and modern Chinese and foreign excellent traditional art and aesthetic spirit with broader vision, make full use of the tension structure interweaved by the pre-modern, modern and postmodern, to make Chinese time-travel amazing.

[①] Wang Jianjiang, "Bie-modern: Great-leap-forward Pause," *Exploration and Free Views*, no. 12 (2015), pp. 9–14.

第五辑　别现代油画艺术与评论
Part Ⅴ Bie-modern: Oil Painting Art and Commentary

关　煜　孟　岩　要力勇　李华秀　崔露什　供稿解说
(一至五、八) 李　隽　徐　薇　翻译

一　张晓刚作品
Zhang Xiaogang's Works

　　张晓刚，1958年出生于云南省昆明市，1982年毕业于四川美术学院；在北京生活和工作。多次参加国内外的艺术展览，作品被国内外多家美术馆、画廊以及私人收藏。他的作品是当代艺术所蕴含的中国情境的最佳体现。从20世纪90年代中期开始，他运用近现代中国流行艺术的风格表现革命时代的脸谱化肖像，传达出具有时代意义的集体心理记忆与情绪。这种对社会、集体以及家庭、血缘的脸谱化典型呈现和模拟是一种对人性和人生的深刻反思，因而具有强烈的当代意义；曾于1997年荣获英国coutts国际艺术基金会所颁发的"亚洲当代艺术家"称号。

　　Zhang Xiaogang was born in 1958 in Kunming, Yunnan Province. He graduated from Sichuan Academy of Fine Arts Institute. As an artist, he often participates in exhibitions both in China and abroad, and his works have been collected by a number of art museums, galleries and personal collectors. Being a "king" of Chinese contemporary art, he is always in the top spot of "the power list for art" and "the Art Forbes list". Since 2008, Zhang Xiaogang has changed his stylized style after his peak period and mature period. Besides continuing keeping the monologues of his inner soul in his works, he makes a useful attempt in his transformation period at revealing human concern.

◼ 别现代：作品与评论

"大家庭"系列 *Bloodline: Big Family No. 3*, 179cm×229cm, 1995

"大家庭"系列 *Bloodline and Red Baby*, 150cm×180cm, 1994

第五辑　别现代油画艺术与评论

"大家庭"系列 *Bloodline: Big Family*, 199cm×249cm, 1998

"大家庭"系列 *Bloodline: Big Family*, 150cm×190cm, 1997

▰ 别现代：作品与评论

"大家庭"系列 Bloodline: Big Family, 150cm×190cm, 1998

  作品《血缘：大家庭三号》是"血缘"系列中最重要、最经典的作品，画中秩序感十足的照片式三人家庭构图以领袖徽章、红色臂章以及红小兵服饰等"文革"意象符号出现，表现出作品背后的政治与历史张力。人物脸上的光斑与身上的红线又代表了历史记忆中泛黄的照片上的斑驳与血脉相连，恰恰说明了家庭中三人的血缘关系。该作品曾代表当代中国艺术亮相西方各大重要国际展览，并于2008年4月在香港苏富比以4736.75万元港币成交。

  张晓刚成熟期的油画作品"血缘·大家庭"系列在形式上沿用了近现代中国流行艺术的风格，采用单色平涂、层层敷染为主的方法，模仿中国传统炭精画法，借用西方的油画材质加以表达。这样的中西合璧的绘画方法具有极强的现代性特征。画面常以标志性的灰色调子，平滑的表面和面无表情的面具、僵尸化的脸谱，身着"文革"时期流行的制服出现，呈现出迷蒙、阴冷的色调与照片式的视觉体验，给人既现实又虚幻的朦胧感。这种模仿借鉴了西方现代艺术手法的创作，描绘出"文革"时期个性丧失后的类型化、符号化共性，从服饰到思维都受到禁锢的中国人面孔，具有一定的政治讽刺意味。本土前现代的政治符号，西方现代波普手法，以及后现代的"老照片"意象，共同构成了僵尸式的别现代批量复制品。但画面所传达的具有时代意义的集体记忆与情绪，启发人们对于血缘宗亲的政治化思考。

Bloodline: *Big Family No. 3* is the most important and classic works among Zhang Xiaogang's Bloodline series. The tension of history and politics hidden behind the works can be pursued via the well-ordered portrait-like format of the works and these image icons of the Cultural Revolution such as Mao badges, red armbands and the costume of Little Red Guards. Spots on Characters' faces and red lines of their bodies represent memory of history and their blood relationship. Their similar zombie-like faces signify a soul deficit. On behalf of Chinese art, the work once appeared in many important international exhibitions, and at last was sold for HKD 47.3675 million at Sotheby's in April 2008.

Zhang Xiaogang's Bloodline: Big family series, a series of oil paintings during his mature period, adopts the techniques of Chinese traditional Charcoal drawing in conjunction with the material of western oil painting. With combining Chinese and western elements, his drawing style owns prominent characteristics of modernism. The common images in his painting such as zombie-like faces and costume popular during the Cultural Revolution present a vague and gloomy tone, and provide viewers old photographs-like visual experience, stimulating a special feeling combining the sense of reality and illusions. His works portray Chinese faces under strict dress code and mind control to show categorization and symbolization after the individuality of the commons had been deprived of during the period of

Cultural Revolution, which is a certain irony to politics. In that way, the zombie-like mass-produced object of "Bie-modern" is constructed by the combination of the native pre-modern political symbol, western modern Pop style and post-modern images of "old photographs". The collective memory and emotions conveyed by the painting inspire people's political considerations on the shadow of blood relationship and clan relatives.

《角落》 Green Wall: Corner, 200cm × 150cm, 2009

第五辑　别现代油画艺术与评论

《镰刀与沙发》 *Hook and Sofa*, 50.5cm×60.5cm, 2014

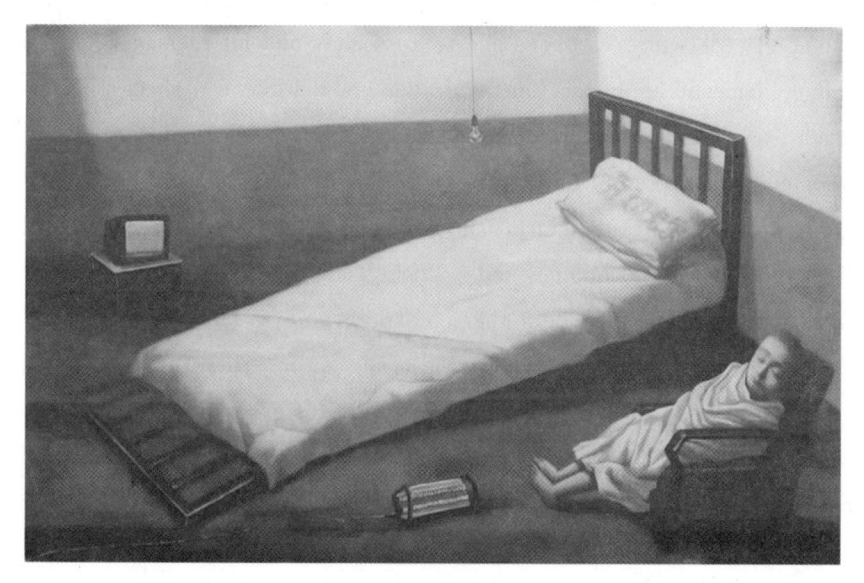

《倒塌的床》 *The Collapsed Bed*, 140cm×220cm, 2010

别现代：作品与评论

作品《绿墙》系列将以带有中国前现代末期集体记忆的"绿色"墙裙为背景，将象征个体的人物、象征知识的书本、象征时间和历史的钟表和流水、象征希望和光明的灯泡与蜡烛、象征革命的镰刀、象征精神追求的青松红梅、象征社会及人与人关系的电线耳机和沙发、象征现代化的家用电器、象征生死体验的白床单等，罗列拼接在一起，构成了一系列具有政治意味的艺术意象。张晓刚画作强调幻觉与真实相混同，将记忆与现实相杂糅，将中国的前现代"革命主义"的文化符号以后现代的解构和反思，用现代艺术的绘画技法、审美趣味等因素加以拼凑，暗含了对"文革"时期的政治讽刺并隐喻对未来的期盼，具有强烈的别现代意味。但由于张晓刚艺术手法对西方的模仿，对"文革"记忆的疯狂执着，以及对自我创作的无休止的复制，正在受到西方艺术评论界越来越严厉的批评。

Taking the green wall, an object full of collective memory from the Late pre-modern period in China, as the background, *Green Wall series* creates a train of political art images by putting characters (individual), books (knowledge), clock and running water (time and history), bulb and candle (hope), reaping hook (revolution), pine and red plum (spirit pursuit), electric wine, earphone and sofa (society and interpersonal relationship), domestic appliance (modernization) and white bed sheet (life and death experience). Emphasizing on confusing reality and illusion, blending memory and present world, Zhang Xiaogang's works deconstruct the cultural images of "Revolutionism" in pre-modern times by post-modern collage. With artistic techniques and aesthetic taste from Pop style, his works, which have strong Bie-modern characteristics, imply a political satire to the Cultural Revolution and an anticipation of the future. However, he is under growing criticism from the western art circle for his excessive imitation of the west, over attention to the Cultural Revolution memory and unceasing self-replication.

二 方立钧作品
Fang Lijun's Works

方力钧，1963年出生于河北省邯郸市。作为中国后89新艺术潮流最重要的代表，是中国"当代艺术F4"之一，与岳敏君等艺术家共同创造出所谓的"玩世写实主义"。其作品中的经典"光头泼皮"形象传达出20世纪末普遍存在于国人心中的无奈情绪和流于泼皮的生存境遇，在自我嘲讽中揭示了现世中的荒诞不经。方力钧的作品解构了沉重的宏大叙事和英雄主义，迈出了中国安迪·沃霍尔的第一步，被国外画廊争相收藏。

Fang Lijun was born in 1963 in Handan, Hebei Province. As a representative figure of '89 new artistic trend and one member of "F4" of contemporary art, Fang Lijun has created Cynical Realism with other artists like Yue Minjun. The classic figure "bald head" in his works convey people's helpless mood and their existential predicament at the end of last century. It presents the sense of absurd at present world by self-mocking. His works, which are wanted by a number of galleries around the world, deconstruct grave grandiose narration and heroism, making an initial attempt to Chinese Pop art.

● 别现代：作品与评论

《打哈欠》 Yawn, 1992

　　作品《打哈欠》曾于 2007 年 11 月被美国《时代周刊》选为封面。画家试图在前现代文化背景（蓝天白云）暗示下，结合传统与现代、后现代的画面符号表述中国当代社会中的各种困顿、无奈和纠结。画面以解构经典、消除现有意义的自嘲和他嘲产生荒诞感、虚无感和"不在场"感。具有强烈的本土别现代的麻木不仁。

　　The work *Yawn* was once chosen for the cover of *Time* magazine. The artist tries to reveal the sense of anxiety, helplessness and hesitation at present China with combining the pre-modern background (blue sky and white cloud) with modern and post-modern pictorial icons. His works deconstruct the classics and resolve the meaning by mocking and self-mocking so as to produce the sense of absurd, nihility and absence. The work reveals the strong Bie-modern characteristics of numbness.

《1997.1》, 162.5cm × 129.5cm, 1997

别现代：作品与评论

《2000.1.30》, 57.4cm×249cm, 2000

作品《2000.1.30》将 10 个接近"文革"时期"红光亮"式自我嘲笑的光头人物漂浮在前现代政治宣传的蓝天白云大海鲜花美景中凌空虚步、疑似狂欢，并用现代波普艺术中极度光亮的艳丽色彩进行表达，表现出在自嘲、荒诞中灵魂的飘荡和空幻。画面中尽量把所有人物平均化分配的构图方式，用解构的思维消解了前现代时期英雄和领袖的崇高位置。画面中前现代、现代、后现代诸种元素的矛盾冲突，被画家对革命形象戏仿之后产生的光头笑容所淡化，达到了别现代的和谐共谋。画作于 2013 年佳士得春拍以 RMB 5726160 元，HKD 7230000 元成交。

With bright and fresh color popular in modern Pop art, the work *2000.1.30* consists of 10 self-mocking bald headed people who are similar to the typical stereotype during the Cultural Revolution featured by "glow, glossy and brilliance". They float and walk in a seemingly triumphant manner amidst the scene common seen in pre-modern political posters, i. e. Blue sky, white clouds and fresh flowers. It presents a sense of spirit emptiness in self-mocking and absurd. The artist tries his best to make characters in the painting share equal space of composition, by which he deconstructs the sublime status of heroes and leaders in the pre-modern times. The conflict among pre-modern, modern and post-modern elements presented in the painting is reduced by the smile of these bald headed people, a parody of revolutionary images, producing the effect of Bie-modern harmony. The works was sold for RMB 5726160/HKD 7230000 at Christie's Spring in 2013.

别现代：作品与评论

《2008 春》Spring 2008，180cm×140cm，2008

　　《2008 春》是方力钧 2008 年巅峰期代表作。茫茫的大海上飘着一只挤满供果般光头背影的不堪重负的小船。在沉沦与拯救之间是飞舞着的或为之送葬或想与之同舟的万物生灵。作品极具象征力的地方

第五辑　别现代油画艺术与评论

在于，把对现代的失望转移到前现代的拯救上。在极具讽刺的背后却是别现代迷茫的隐喻：复兴文明还是复魅？走向现代还是回归前现代？以现代波普技法表现现代与前现代的勾连，以后现代"泼皮构图"方式营造无奈、荒诞、迷茫、滑稽的艺术效果，构成了方力钧作品的整体性风格。该作品于2013年香港苏富比秋拍以 RMB 5726160，HKD 2440000 成交。

During his peak period in 2008, *Spring* 2008 is one of Fang Lijun's representative works. In the work, an overburdened boat which is laden with fruit-like bald heads drifts in the boundless sea. Living creatures are flying around the boat, living together or dying together with it. The work is symbolic. It transfers the feeling of disappointment to modern time into the salvation of pre-modern times. Behind satire, there is a Bie-modern hesitation: revitalization or re-enchantment? To modern times or return pre-modern times? The overall style of Fang Lijun's works is adopting Pop art techniques to reveal the connection between modernism and pre-modernism, and using "bald head composition" to produce the artistic effect of helplessness, absurd, hesitation and comedy. The work was sold for RMB 5726160/HKD 2440000 at Sotheby's Hong Kong Autumn in 2013.

三 王广义作品
Wang Guangyi's Works

　　王广义，1957 年出生于哈尔滨。他早期研究古典主义，后期对现代艺术进行关注。20 世纪 90 年代开始对中西方文化交流与冲突和解构主义美学进行深入研究，运用具有古典、前现代、现代、后现代相混合的别现代艺术手法创作《大批判》等系列。《大批判》在形式上采用视觉感极强的红、白、黑、黄等色彩，以极端夸张的"红光亮""高大全"的前现代"文革"宣传画中工农兵造型为主要构图内容，并将代表后现代西方消费主义的可乐等商标拼贴入画，大胆采用现代艺术创作的波普风格和前现代"文革"报头效果嫁接于传统版画之上，采取大批量的切片、重组和复制方式，透露出艺术家对政治、社会、历史的现实思考与反思，建立了文化与生活的直接关系。用中国历史图像景观拼贴组合商业社会的文化符号，构成政治波普，这种手法还被广泛运用于油画、手稿、装置、雕塑等不同美术领域进行探索。

　　Wang Guangyi was born in Harbin in 1957. He focused on classical art in his early period, and moved his interest to contemporary art in his later period. Since 1990s, he has taken up in-depth study on the Sino-Western cultural communication and collision as well as the aesthetics of Deconstructivism. He adopts the Bie-modern means of artistic expression, which is distinguished by mingling the pre-modern, the modern and the post-modern, to create *Great Criticism series*. Employing colors with strong visual impact such as red, white, black and yellow, his Great Criticism series takes the perfect pre-modern propaganda images of peasants, workers and soldiers during the Cultural Revolution as the basic composition in an exaggerated way while drawing contemporary logos from Western advertisements, which represents western consumerism in post-modern society, into the painting. Modern pop style and heads of newspaper during the Cultural Revolution coexist in the traditional print. With the artistic techniques of slicing, recombination and duplication, the artist shows his reflection on politics, society and history, which establishes the direct relationship between culture and life. By means of collaging pictures of Chinese history and cultural icon of the commercial society together, the art of political pop art is established. Such kind of artistic method is also been used in other art fields including oil painting, manuscript, installation and sculpture.

《大批判系列·百事可乐》 *Great Criticism: Pepsi-Cola*,
70cm×68cm, 2007

别现代：作品与评论

《大批判系列·可口可乐》 Great Criticism: coca-cola, 88cm×78cm, 2007

四 岳敏君作品
Yue Minjun's Works

岳敏君，1962年12月出生于黑龙江省大庆市，1989年毕业于河北师范大学美术系，1989年任华北石油教育学院教师，1990年至今为独立艺术家。担任吉林艺术学院、四川美术学院、河北师范大学、天津美院、鲁迅美院等多家院校客座教授。现工作居住于北京。曾多次参加威尼斯双年展、上海双年展等国内外重要展览，并在海外多次举办个人作品展。他的作品被法国弗朗索瓦·密特朗文化中心、法国国家当代美术馆、旧金山当代艺术博物馆等艺术馆收藏，得到了学术评论界和诸多著名策展人的肯定，同时也得到了国内外众多媒体的关注，是玩世现实主义的代表。

Yue Minjun, born in 1962 in Daqing, Heilongjiang Province, is a leading figure in Chinese contemporary oil painting. As an artist worth millions, he was known as one member of "F4" of contemporary art with Zhang Xiaogang, Fang Lijun and Wang Guangyi. He was famous for his accomplishments in Cynical Realism.

别现代：作品与评论

《幸福》 *Happiness*, 79cm × 90cm, 1993

作品《幸福》创于 1993 年，画家将 8 个带有标志性的模型傻笑人同象征前现代战斗精神与政治宣传的气球蓝天并置在一起。试图通过对笑脸人夸张的动作和表情的自嘲性描写，表达出现代回忆中的迷离、空虚和荒诞。岳敏君的作品具有一种强烈的反思和反讽，这是它作为别现代主义的主要特征。当然，过多的傻笑人的单一化、模式化、复制化与色彩的俗艳被认为"肤浅偶像的塑造"。

The work Happiness was finished in 1993. In the work, 8 laughing guys are juxtaposed with balloons and blue sky which are often used in pre-modern propaganda posters to present fighting spirit. The artist tries to reveal the sense of confusion, nihility and absurd in modern memory by the exaggerated gesture and self-mocking expression of these laughing guys. However, it is regarded as a "superficial creation of idol" because of monotonous "Guy Smiley" and its vulgar color. The common mistake of lacking thinking and creation in Bie-modern times, which is caused by simply collaging and repeating the pre-modern, the modern and the post-modern, is shown here.

《蓝天白云》2号，*Blue Sky and White Cloud* NO.2,
200cm×200cm, 2013

作品《蓝天白云》在象征前现代革命胜利的蓝天白云背景下，画面中两个傻笑人更加夸张的表情与扭曲的肢体语言，将荒诞与虚无发

别现代：作品与评论

挥到了极致，在表面幽默的背后是对自画像中自我的嘲笑，讽刺了现世社会与当代文明，使画面遁入了一种"乐极生悲"的悲剧审美效果里。这种大喜大悲的共融构成了别现代主义的暧昧与嘲笑，透露了别现代时期的和谐共谋与矛盾冲突。

The work "Blue Sky and White Cloud" takes cloud-filled blue sky, which is often used to signify the victory of revolution in pre-modern times, as the background. The exaggerated expression and twisted limbs of two laughing guys thoroughly arouse a strong feeling of absurd and nihility. Behind the seeming humor, there is a self-portrait full of self-mocking. "Extreme joy begets sorrow". With constructing such effect of tragic aesthetics, it satirizes the modern society and modern civilization. The Bie-modern ambiguity, which is produced by integrating delight and sorrow, has explicated the cooperation and conflict in Bie-modern times.

《处决》 Execution, 1996

《处决》是对传统经典作品弗朗西斯科·戈雅的《1808年5月3日枪杀马德里抵抗者》的解构与再造。他以戏谑的手法重置了前现代、现代、后现代的种种元素。画家将画面人物、背景置换成了中国前现代元素，把原先画作中刽子手枪杀起义者的惊恐、紧张、压抑的气氛改头换面变成了搞笑、逗乐的手指指人游戏,冷色调的深夜背景也置换成了正午阳光下的红色墙面。这种画面组接手段是一种典型的别现代的杂糅艺术手法。画作描绘了在现代生活场景中,却有一段前现代的反抗斗争。在前现代与后现代的视觉冲突中,消解了崇高的意义,颠覆了英雄的形象,也娱乐化了刽子手的丑恶面容,因而产生了无厘头的恶搞效果。《处决》于2007年10月,在伦敦苏富比拍出了590万美元,约4350万元人民币,再次改写了其个人作品拍卖纪录。

  The work Execution is a deconstruction and reconstruction of Francisco Goya's classic work The Third of May 1808. With a jocosity technique, the artist reassembles pre-modern, modern and post-modern elements. He substitutes original figures and background with Chinese elements. The atmosphere of terror and oppression caused by executing righteous men in the original version has changed into a relaxing atmosphere in which people are playing games by pointing a finger-gun at others. The cool color background of mid-night is substituted with the background of a scarlet wall under midday sunshine. The picture is dealt with a typical Bie-modern artistic technique. It depicts a fight against pre-modernism in real life. Behind the visual conflict between Pre-modernism and Post-modernism, the artist deconstructs the meaning of sublime, subverts hero image and scoffs executioner's ugly face. In that way, it produces a spoof effect. Execution was sold for US $ 5. 9 million/RMB 43. 5 million at London's Sotheby's, which set a new record.

五 曾梵志作品
Zeng Fanzhi's Works

  曾梵志，1964 年出生于湖北省武汉市，1991 年毕业于湖北美术学院油画系。从 20 世纪 90 年代起，曾梵志的作品以其独特的语言风格和敏锐的社会批判，受到艺术界广泛关注。曾梵志被认为是当代中国较具代表性和国际影响力的艺术家之一。

  Zeng Fanzhi was born in 1964 in Wuhan, Hubei Province, and graduated from the oil department of Hubei Institute of Fine Arts in 1991. Since 1990s, Zeng Fanzhi's works have attracted great attention in the art circle for its unique painting style and sharp social criticism. Zeng Fanzhi is regarded as one of the representative and international influential artists in contemporary China.

《最后的晚餐》 Last Supper, 220cm × 400cm, 2001

第五辑　别现代油画艺术与评论

《最后的晚餐》 Last Supper, 220cm×400cm, 2001

在该作品中，艺术家将达·芬奇油画《最后的晚餐》中的人物移花接木，用戴面具和红领巾的少年代替圣徒。红领巾代表共产主义理想，而原作中的犹大，则由一个戴着金黄色西式领带的人物饰演，代表着西方资本主义。墙壁上悬挂着的中国书法挂画是传统的象征，窗外的波澜壮阔的大海则象征着风起云涌的外部世界已经开始悄然影响中国。该作品以恢宏的气势捕捉了改革开放之后，告别"毛时代"走向"别现代"的中国社会面貌，与后述孟岩的《最后的晚餐》对于人类绝境的警示一样，都具有别现代主义的反思和批判精神。

In this work, the artist substitutes the figures in Leonardo da Vinci's painting *the Last Supper* with masked Young Pioneers wearing red scarves. The red scarves symbolize the communist ideal while a figure with gold tie, who is depicted to replace Judas of the original version, represents western capitalism. Chinese scripts and paintings hung on the wall are depicted to present tradition, and the magnificent sea with rolling waves outside the window signifies that China has been influenced by the outside world. Magnificently, this work reveals social visage of China which has left Mao's era for the Bie-modern times after reform and opening-up.

■ 别现代：作品与评论

《面具系列》Mask Series, 200cm×180cm, 1996

　　《面具系列》是曾梵志在1994—1997年的作品，生动刻画了处于别现代社会中的人们内心的焦虑、彷徨与存在危机。该作品是面具系列中的一幅。画作背景采用土黄色，不自然的色彩和三人故作轻松的姿态显得格格不入，增添了构图的冲突感，凸显出面具下不为人知的情感。三人不同的动作、刻意的排列，暗示他们正在拍摄团体照。他们在面对相机镜头时，刻意呈现出自认为最美好的一面。画作背景上三个中国字凌乱潦草,难以辨识。每一个字似乎对应其中一人,仿佛每个人都用自己的姓氏占据背景的部分空间,这暗示着在别现代社会中,人们越来越难肯定自己的身份,越来越难获得别人的认同。

  Mask series is a series of works by Zeng Fanzhi finished between 1994 and 1997, which vividly portrays people's anxiety, hesitation and existential crisis. The work is one of Zeng's Mask series. By the unnatural yellow background and the three men's posture with a pretended lightness, a conflicting feeling in the composition is produced while their unknown emotions concealed behind the masks are emphasized. Their different posture and intended arrangement implies that they are being group photographed. They deliberately reveal the best of themselves in their eyes for the camera. It seems that the three illegible Chinese characters in the background respectively correspondent to their family names. Everyone seemed to try to occupy parts of the background space by their family name, implying that it is more and more difficult to identify themselves or to gain recognition from others in the Bie-modern society.

六 孟岩作品
Meng Yan's Works

孟岩，1971年出生于江苏沛县，1990年毕业于徐州师范学校美术专科班，1998—1999年中央美院进修油画专业，2001年定居上海。现已举办展览：2008年3月《孟岩的梦言》在意大利傅欣画廊举行；2008年8月《诱惑·孟岩画展》泰国曼谷Gossip Gallery；2009年9月《The Human Soul》泰国曼谷Gossip Gallery；2010年3月《孟岩画展》澳门金沙酒店；2010年8月《开放·融合》上海多伦美术馆；2012年4月《我要幸福》上海M50孟艺术空间；2014年9月《漂移、海上》上海中华艺术宫；2014年10月《约婚夫妇·艺术呼唤艺术绘画展》上海视觉学院；2014年11月《蜃景——上海当代艺术展》苏州雨村美术馆；2014年12月《方物——海上艺术家瓷器作品邀请展》上海春美术馆；2015年9月《2015年Laforet避暑驻留》Ghiffa，意大利；2016年3月《漂移——海上青年艺术家邀请展》上海中华艺术宫；2016年5月《幸福——孟岩个展》瑞士玛萨袅帕斯库艺术空间；2016年5月《幸福——孟岩个展》瑞士卢加诺发发画廊；2016年11月《但丁在中国——当代艺术展》北京师范大学；2016年11月《海上——70青年艺术家作品邀请展》上海中华艺术宫；2017年10月美国佐治亚州西南州立大学别现代会议作品展。

Meng Yan was born in 1971 in Peixian County, Jiangsu Province. He graduated from College of Fine Arts, Xuzhou Normal University in 1990. From 1998 to 1999, he studied oil painting in Central Academy of Fine Arts. In 2001, he settled in Shanhai.

第五辑　别现代油画艺术与评论

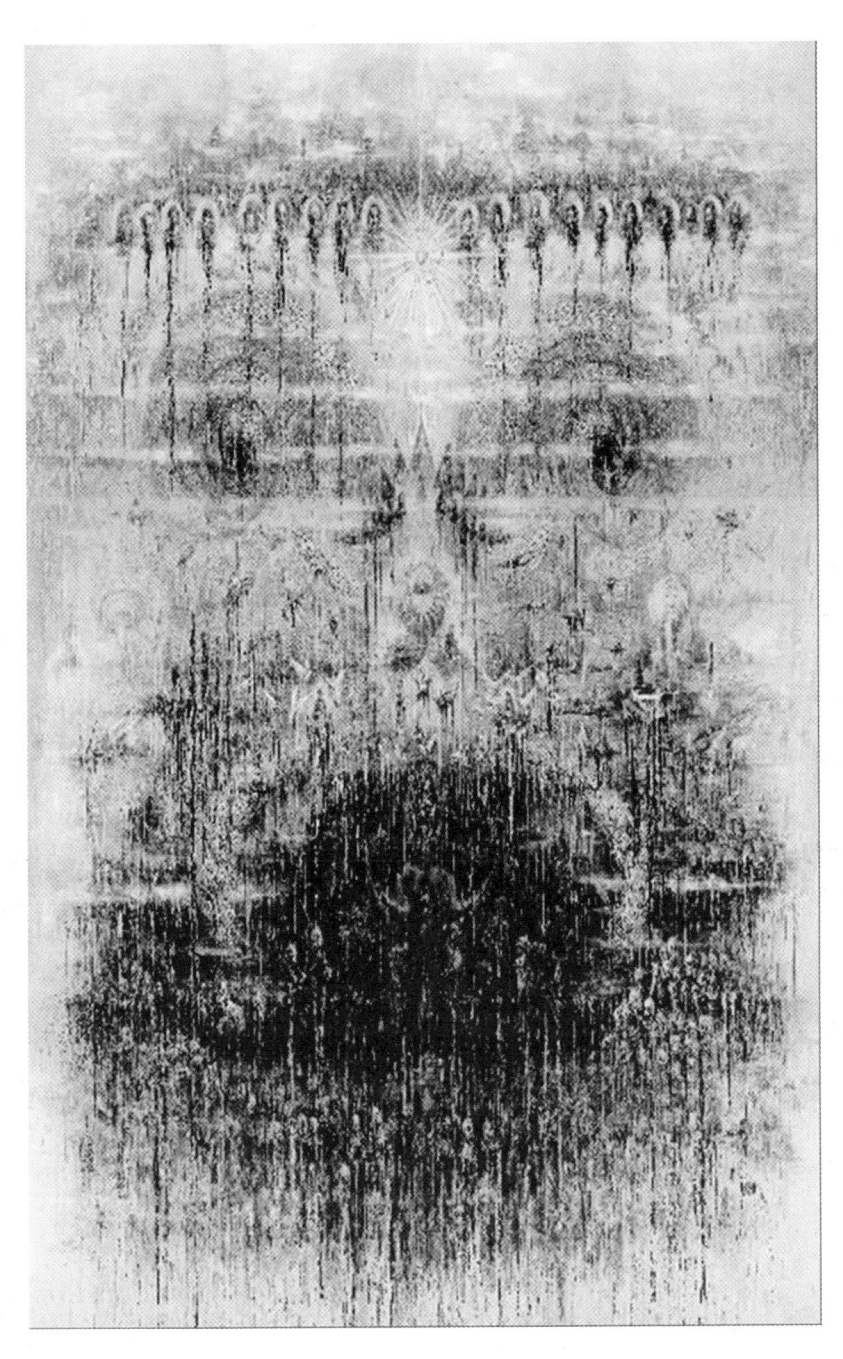

《神曲》 *Divine Comedy*, 900cm×920cm, 2008—2017

别现代：作品与评论

《最后的晚餐》 *The Last Supper*, 1150cm×400cm, 2008—2016

第五辑　别现代油画艺术与评论

《危机之源》 *The Source of Crisis*, 920cm×350cm, 2008—2016

别现代：作品与评论

《雄心》 The Ambition, 690cm×350cm, 2008—2016

第五辑 别现代油画艺术与评论

《欲望》 *The Lust*，680cm×350cm，2008—2016

■ 别现代：作品与评论

《幸福》 *Happiness*, 170cm×230cm, 2009

第五辑　别现代油画艺术与评论

《幸福》 *Happiness*，170cm×230cm，2009

别现代：作品与评论

《寂寞》 *Lonely*, 230cm × 180cm, 2008

孟岩别现代宣言——简析王建疆教授提出的别现代人文艺术思想与我的大艺术观

孟 岩

第一部分

王建疆教授于 2014 年提出的别现代人文艺术思想观，相对于学界的各种前后现代说、意派、波普、玩世、艳俗等艺术概念更宽泛、更切合当下世界的现实语境，近年来能在国内外学术界引起广泛的关注和讨论也就不足为奇了。

别现代说的理论基础是从人文学科的角度生发出来的，依此来架构、阐释现实社会中各个领域的一切价值取向和问题，这一理论对当下国内外艺术家、批评家、社会学者们在创作、批评视角和社会实践上，有学术性的借鉴和理论指导作用。他的核心思想重点在于一个"别"字上，用"别"字来颠覆、建构、引申、阐释一切人文艺术学科和社会问题。

对于别现代，我归纳为三点：开放、多元、创造。只有开放、独立、自由的思想，才会有包容、多元的学术态度及颠覆性的创造力。艺术家的思想和创造力最终都要以作品的呈现来表达。这就要求艺术家不仅要立足当下，回望、穿越历史，更要展望未来。艺术是多元的、多重性的、多向度、跨界、跨学科、跨时空的。一切皆有可能，一切都是崭新的开始，这正是别现代艺术最具创造力、吸引力、包容性和挑战性的地方。

第二部分

我的"大艺术观"认为，艺术只要是在法律条文允许的情况下，可以从任何端口介入，可以借助任何媒介和方式进行表达。艺术精神的纯粹性决定着艺术的品质和价值。我创作的方法很简单，就两点：

1. 提出问题

提出问题，是要把自己所有的疑问、困惑、纠结等问题画出来。

2. 解决问题（找出答案）

在画背后寻找答案。

2007年，我开始构思创作一大批大题材、大尺幅的绘画作品。其中《最后的晚餐》（11.5米×4米）、《危机之源》（23米×3.5米）、《天道》（5.1米×2.3米）、《神曲》（9.2米×9米）等作品，创作的时间都长达十年之久。

《危机之源》《最后的晚餐》追问的是现实社会中的各种问题：比如自然灾害、环境污染、金融危机、战争杀戮、道德沦丧、贪污腐败、信仰危机、权力的贪婪、资源的垄断……

《天道》《神曲》更多的是对自己的追问与反思：我是谁，我与世界的关系，我与自然的关系，我与他人的关系，如何提升自己的境界和格局，如何让自己的人生充满活力和价值，如何过上幸福、喜悦、宁静的生活……

代表作《神曲》的多维度空间探索

1. 《神曲》的创作理念是超越一切的视角：从高维、无穷大往低维看问题，直接用人的直觉、意识、意念、灵感与高维次云端信息链接、联通，获得至高的觉悟：通达、明了、宁静、圆融……那种瞬间的喜悦是任何物质世界都不可替代的。释迦牟尼佛也说：人人皆具如来德相（智慧），本自具足，与生俱来，无上正等正觉，人人皆可成佛。宇宙是全息的，无漏、无相，其大无外，其小无内。人的所有分别心和幻想都是人的意识和一念，任何人修的都是当下，可谓一念天堂，一念地狱。

2. 十个维度是指从零维度到十维所有的空间维度点的总汇，它经历十个维度点后又回归到最初的原点上，它包含着所有的宇宙、所有的可能、所有的时间线、所有的所有。

3. 人感知的一切都是信息源、能量波的投射，振幅、频率呈现着人的生命状态、物质和图像，人一念的维度决定着人生命的质量、价值、高度、境界和格局。

4. 在《神曲》作品中，人可以自由穿越不同的维度，体验各种生命状态：天堂、地狱、人间、六道轮回及关于十个空间维度中的各种信息源、生死的、灾难的、战争的、正负能量的、科学的、哲学的、玄学的、政治的、经济的、人文的、历史的、社会的、自然的、灵性的、自我的、名利的、贪婪的、愚蠢的、智慧的、善恶的、博爱的、当下的、未来的、人类文明的、地外文明的、有情世界的、无情世界的、万界合一的、天人合一的……

5. 人与人最本质的区别是看不见的精神维度（神的境界），人精神维度的改变只在一念之间，也叫觉醒和顿悟。人生意义唯一有价值的就是提升自己的维度，让自己的人生全方位地丰盈富足，体现人生价值的最大化：为天地立心，为生民立命，为往圣继绝学，为万世开太平。

Meng Yan's Statement:
The Brief Analysis of Prof. Wang Jianjiang's "Bie-Modern" Theory and My "Great Art" Conception

Meng Yan

Part Ⅰ The brief analysis of Prof. Wang Jianjiang's "Differentiated Contemporary Humanistic Art" theory

The theory of "Bie-Modern" Prof. Wang Jianjiang proposed in 2014, relates to the theory of Modernism and post modernism, Yi Pai, Pop, Wan Shi (Cynical Realism), Yan Su (Gaudy Art), much more wider and suitable with the modern realistic context, and for this reason, it is not strange to be focused and studied by the domestic and foreign academia. The theory of "Bie-modern Contemporary Humanistic Art" from the point of Humanities follow this point to build all values and explain all problems in every realistic social part. It is very academicly referential and theoreticaly instructive in the creation, the view of criticism and the social practice for modern domestic and foreign artists, critics and sociologists. The core of this theory is on word "Differentiated": using "Differentiated" to overturn, build, amplify and explain all the humanistic and social problems.

In my opinion, I will sum up the characteristic of the theory into three words: "open", "pluralistic" and "creative". The one with only have an open, independent and free mind can have the inclusive and pluralistic academic attitude and the subversive creativity. The thoughts and creativity of artists must be shown on their works at last, and to do those, artists not only need to put their eyesight on the past and now, but also on the future. Art is pluralistic, varied, multidirectional, transboundary, cross-disciplinary and cross-temporal.

Everything is possible, everything is a brand new start. Those two parts are the most creative, attractive, inclusive and challenging parts of the "Bie-Modern Humanistic Art".

Part II My "Great Art" conception

My "Great Art" conception is: under the law, the art can get involved in any parts of other things, can express by any media and any ideas. The purity of the art spirit decided the quality and value of art.

I start thinking and painting a series of oil paintings with big theme and large size from 2007. The works *the Last Supper* (1150 × 400cm), *the Source of Crisis* (2300 × 350cm), *the Natural Law* (510 × 230cm), *the Divina Commedia* (920 × 900cm) used more then 10 years to create.

When I start painting, I just follow two principles:

1. Asking questions

Asking questions, and putting all my doubts, confusions and tangles out on my art works.

2. Answering questions

Answering questions in my art works.

The art work *the Source of Crisis* and *the Last Supper* are the different problems I always pursue for this world: such as natural disasters, environmental pollution, Financial Crisis, War Slaughter, Moral Fall, Departmental Corruption, Faith Crisis, Power Greedy, Resource Monopoly... etc.

The art work *the Natural Law* and *the Divina Commedia* are the different problems I always pursue for myself: such as who I am, the relationship between the world and me, the relationship between the nature and me, the relationship between the others and me, how to raise my state and view, how to fulfill my life with vigour and value, how to have a happy, joyful and calm life... etc.

Part Ⅲ The exploration of multidimension in *the Divina Commedia*

1. The idea of creation of *the Divina Commedia* is the view beyond all creatures: From highest dimension or infinite dimension to lower dimension to think about questions; Directly using human's instinct, consciousness and mind to link, connect and get the awareness in highest dimension as possible: smart, sophisticated, peaceful and innocent... etc. The enjoyment of that time cannot be replaced by any other matters in the world. Shakyamuni Buddha said: If do in the right, everyone can become a Buddha. The universe is holographic, seamless, formless, largest and smallest. All distinction and illusion are people's short-term desire and everyone are practicing for present. A thought in paradise and a thought in hell.

2. Ten dimensions is the summary from 0th to 10th dimension, and it experiences 10 dimensions and returns to the start point. It includes all the universes, all the possible, all the time lines and all the things in the world.

3. All the things people have are the cast of information sources and energy waves. The swing and frequency show the state, quality and image of peoples' life. A thought of dimension will decide the quality, value, height, state and view of the people.

4. In the work *the Divina Commedia*, the people can travel different dimensions and experience different states of life: Paradise, hell, human world, metempsychosis, information sources of ten dimensions, life or death, disasters, wars, positive and negative energy, science, philosophy,

metaphysics, politics, economy, humanity, history, society, nature, spirit, self, fame, benefit, greed, silliness, wisdom, goodness, evil, caritas, present, future, human civilization, alien civilization, sentient world, heartless world, all in one and people united with the nature... etc.

5. The essence of the difference between people is the invisible dimension (the state of spirit and mind). The dimension of human spirit can shift only by a thought, and we can call this passage: awakening and epiphany. The only meaningful thing of human life is to raise one's dimension, and then, you can fulfill your life and increase the value of your life: setting a good theoretical foundation for every one to elevate their insight and inside; building good conditions and ways for every life to live and exist in this world; inheriting the good and classic wisdoms of the ancients to every newcomers; making a best rule and environment to let all lifes live longer and better.

七 要力勇作品
Yao Liyong's Works

要力勇，河北省美术理论研究会副会长，河北作家协会会员，中国诗歌学会会员，拟象油画创始人，要力勇拟象油画美术馆（中国）楼底馆副馆长。在艺术创作之余，要力勇还出版了长篇小说《商之魔》，生活哲理诗集《木屋诗集》等。

Yao Liyong: Vice President of Hebei Fine Arts Theory Research Association, member of Hebei Writers Association, member of Chinese Poetry Society, founder of the Seemingly Oil Painting, the deputy director of the Seemingly Oil Painting Museum (China Section). In addition to artistic creation, he has published the novel "The Devil of the Merchants", the collection of life philosophy poems, "The House of Poetry" and so on.

别现代：作品与评论

《混沌》Chaos, 40cm×50cm, 2013—2016

第五辑　别现代油画艺术与评论

《三思》 *Tri-thinking*, 40cm×50cm, 2013—2016

《浴》 *Bath*, 40cm×50cm, 2013—2016

■ 别现代：作品与评论

《飞渡》 Cross, 40cm×50cm, 2013—2016

《礼》 Li, 40cm×50cm, 2013—2016

第五辑　别现代油画艺术与评论

《英气》 *Heroic Spirit*, 40cm×50cm, 2013—2016

别现代：作品与评论

别现代：别样的拟象油画之美

要力勇

我曾将拟象油画与世界各国各时代主要代表人物的绘画从精神层面上做了深入的探究和比较，又与中国各个时期传统绘画的代表人物的作品做了精神层面的研究和对比，发现拟象油画确实是别样之美。它可以很清晰地与先前所有的绘画形式区别开，是全新的"别现代"绘画。

拟象油画是继具象绘画、抽象绘画之后的一个全新的绘画范式；是一种成熟、焕发着勃勃生机、充满生命喜悦的新时代艺术范式；拟象油画实现了表达的突破，即直接表达，使无形灵魂有形化，使人类道德、精神、智慧可视化。这个可视是有生命的，画面是动态的，能说话，能交流，有喜有悲，能讲故事，能朗诵，有激情，有热情，有力量，有责任等。

拟象油画之美，是创造之美。创造之美是奇异之美，惊奇之美，神奇之美，是完全与现实不同的美；是在预料之外又在情理之中的美；是从来没有见到过的美。就如婴儿的诞生，这个孩子是人类，是完全相同的人类，又是完全不同的一个人。可爱得不同，长得不同，而且，越看越不同，越看越美。我总觉得我不仅是在画画，而是在创造。类似"造人"，造精神的人。上帝造人，人造艺术。神又通过人造艺术。创造之后，面对惊喜的作品我问自己，是我创造的吗？是的，这是事实。但又不能相信这个事实。好像以我的能力做不到。可是，我真的了解我自己吗？我觉得在我创造的时候，我并不在场，另一个我从我出来，创造了我的作品。即当我创作的时候我的神力出来了。我确信是这样的。因为每一幅作品看似都有神力。

对我来说，每一次创作都是一场战斗，一场巨大的较量，一个巨大的突破，如驾驭脱缰的野马，如捕鲸者拿着长矛与鲸鱼贴身较量，又如战场上敌我双方刺刀的肉搏，肯定是要里里外外使出浑身解数，并要坚持到底，而且越是坚持越是困难，越困难发现越多的美，直到太阳升起,直到原子弹爆炸后腾起蘑菇云,此时,刚才一切的一切,昏天黑地,狂风暴雨,狂轰滥炸的情景,全部安静下来了。风十分平,浪十分静,主妇推开向阳的窗户,沐浴在金色的阳光里;恋爱的帅哥美女在海滩踢着浪花;小学生在教室朗诵着朱自清的《背影》;白头偕老的父母拉着手在公园里散步……

一场创造之后,有超凡脱俗的感觉,洗礼的感觉。我感谢艺术。我创造了拟象艺术,实际上,是拟象艺术创造了我。都是我,我和我自己达成了和解。我知道了另一个我,一个比我高尚得多的我,一个比我美得多的我,一个心灵的我,一个向往美好的我,一个努力的我,一个智慧的、诚实的、懂得爱、知道爱人的我,一个完全不同的我。艺术创造了我!真的是这样。我有太多的缺点,多到我的优点都是我的缺点。现在想起来都后怕,要不是艺术,我不敢想象我现在已经成了什么样的人。虽然不会那么恐怖,但肯定是一个我不喜欢的人。

拟象油画有一种别样的美,确实属于"别现代"时期的绘画艺术。

所谓别样的美,是智慧之美。每一幅作品都是思考的结果。思考的过程是美的,思考的结果是美的。所以美,因为思考带来了智慧,智慧之美出现在画布上。画面上色彩斑斓,拟象满满。画面上所有的一切都表现了我思考所获,即智慧之美。这个美令人遐想,令人深思,让人充满力量,给人增添智慧,使人回忆美好时光,使人关注美本身,让人发现和享受已有的生活美、展望明天更美好的生活。

美是一种能力,一种最高的智慧。面对作品,我会立刻联想起大自然之美。大自然是智慧的,让你深思,又没有逼迫你,是一种默契合作,是一种忠实陪伴,是一场神圣对话。它是诚恳的、认真的,也是轻松的、严肃的……

思考带来智慧,智慧之美是思考慢慢静心培养起来的。我创作拟象油画作品的思考是独立思考,是持续不断地思考,没有白天黑夜地思考。是对思考的思考,思考那些没有思考的,思考那些已经思考的,思考那些不用思考的,思考那些不能思考的;我会站在对立面思考，站在侧面思考，站在各个角度思考；我的思考就如我看我的画时的思考，近思思，远思思，东思思，西思思，南北思思。今天思思，明天思思，明天思思今天的思思，情绪好时思思，疲惫时也要思思……思考得越全面，思考得时间越长，思考得越成熟，得到的智慧就越多，智慧越多作品越美；绘画是发现美之旅，是创造美之旅。发现美越多，创造美越多。发现就是创造，创造就是发现。发现和创造的美越多，脑子就越好使，眼睛就越亮，就会达到一眼便知，还能入木三分，一挥而就，还能旷日持久地随心所欲，淋漓尽致，达到鬼斧神工、天人合一的境界。

别样的美，是道德之美。我的画作给人上升的力量，不是下坠的；给人喜的力量，不是无尽的痛苦、悲伤甚至绝望；给人奋斗的力量，不是懒惰、抑郁的暗示……美的本质就是道德。道德是善，善是好人做好事。道德的美区别于自私的美（自私根本就不美）。利他不排除利己。不是利他害己。是利他和利己的统一。懂得利他就是利己就是有道德了，有了道德就有了道德之美，就能发现和创造道德之美。其实，道德就是智慧。不懂道理就是傻。培根说要防止恶，首先要识别恶。懂美就是懂道德。道德是深层的智慧，高尚的美。

别样的美，是自然之美。看着我的画是舒坦的，如走进自然，那样的轻松，不是拧着你的脖子非让你做什么那种感觉。你会哼着小曲，扭着小腰，吹着口哨，踢一小块石子，打一个水漂……是自然而然地感觉美，不知不觉中已经在美中，在思考美，而且还是那种深刻的思考，而且还会思考出对付困难的力量和方法。

别样的美，是知足之美。欲望害人，因为欲望不知足。我是知足的，面对让我惊喜万分的作品，我如履薄冰，战战兢兢，那种高峰体验的感觉就如现在玩极限自拍的帅哥美女，抓着百层大厦外墙边悬空自拍，还在一块砖宽的窄道上骑小自行车，翻跟头，倒立的感觉一样。此刻，哪怕多喘一口气，有个歪念头就可能前功尽弃，命丧黄泉。是的，我像他们一样，还想再美，到达极限的极限和超越的超越。但是，我很聪明（不好意思）啊，我对自己小声且坚定地说，"已经足够了，足够了。如果还想超越，要等到明天，因为需要补充

第五辑 别现代油画艺术与评论

弹药"。事情就是这样。想得到的越多，就要付出越多。显然，这个知足是满足的，但又不满足，是为了满足的满足。要满足还要继续。就如一日三餐，每餐少餐，便可以长寿。长寿的人说，吃不饱死不了。作品就是在满意之后又不满意，不满意后又满意，在不满意和满意的反反复复过程中成为艺术品的。这和人的成长过程完全相同。艺术作品应该是完美的，无以复加的，应该达到极限之美。但这个完美是无数不完美组合而成的，也是无数小完美组合而成的。

别样的美，是气势之美。美是神物，是神物的灵魂，是灵魂的太阳，是天使的化身。美在人上，人需要仰视。神和人无限远又无限近，形成巨大落差，造成势，如瀑布。神借势向人传递着美的讯息。我的作品《大爱》完成时，正好傍晚，我迷迷糊糊的，似在梦中，我看着画中幻化出的如耶稣受难一样的拟象，那种怜爱、慈祥、悲悯、无奈、非喜非悲、又喜又悲的情态，那种诉说、那种体贴、那种关爱，使我无法用语言表达我对爱的爱，对仁的爱，对义的爱，对礼的爱，对智的爱，对生命的爱……他们高高在上，很远又很近，又人又神……，他们抓住了我，抓住了我的心，我不由自主地说，我给你们磕个头吧，说着，我就跪下了。我被我自己作品中的"势"抓住了，被我作品中的美抓住了，被艺术降服了，也就是说，我见到了美的真身，艺术美的真身。

别样的美，是热情之美。热情是什么？先看这段话，"我相信命运吗？我遭遇了拟象艺术这个命运。创造拟象油画艺术的使命落在了我的身上。我意识到这是我的伟大使命。我心中对美的憧憬，对艺术美的热爱都是因为这个时代，这个伟大的民族给了我巨大的力量。因为这种爱，我创作了美的作品。这个美就是我心中对这个时代对这个民族的智慧、善良、勇敢的敬佩。这个美从我诞生的那一天起就养育着我，我血管里的血逐渐被这种爱这种美所代替。因为从我记事的时候起，我就如贵族一样高高地昂着头，心里充满着我这个高贵民族的气质和力量"。这是我写过的一段话，我没有修改，直接从别的文章里复制过来。这就是热情。不是对自己热情，对私利的热情，完全不是，而是对人类的热情。不是我伟大，而是每个人都伟大。只不过有的柴火湿了，不能燃烧，有的柴火虽然是干的，但是，还没有被点燃或者自燃。反正，我是"着"了。艺术点燃了我，我也点燃了艺术。

别样的美，是拟象信仰之美。前面提到过我给我的作品《大爱》磕头的事儿，还有一个事儿。一个老板非想买我的一幅画不可，我对他说：你办个仪式吧。他懵了，不知道为什么买一幅画还要办个仪式。办什么仪式，怎么办仪式，他当然也就不问了。其实我也不知道怎么办，但是我就是知道要办一个仪式。我的画需要仪式。你不能给了钱就这么提溜着走了吧。他当然也不知道为什么画要挂在墙上，为什么画还要有专门的灯光照着。他从来没有想那么多，他也没有深刻地想过为什么看画的时候不能大声喧哗，为什么人们走进美术馆变得安静了，和逛商场购物的状态完全不同。也不知道为什么看画要喝着红酒。更不知道为什么开幕式要剪彩。往远处说，也不知道为什么有重大事情的时候要沐浴更衣，要吃斋。但是，我知道，我体会至深。当我看到我的画的时候，无论哪一幅画，我都会马上像换了一个人一样，严肃地、肃然起敬地看着他们，好像看着我的上帝，我的天堂，我的另一个世界。人一想就回到了自己。人看画会想，想到自己，想到别人，想到人类，就能回到自己灵魂的家园。看物看钱也会想，想到自己已经实现的欲望，想到自己将要实现的欲望，逐渐就陷入欲望的深渊，如果陷得太深，走得太远，就回不到优美恬静的灵魂的世界了。画虽然是我画的，我也清楚地知道它们就是我在画布上用油彩画的。但是，它们一旦诞生，就如孩子一旦生下，亲妈也会惊喜万分。这是一个孩子更是一个奇迹。你了解你的孩子，是你亲生的，你很了解他，但你又不了解他。这么清楚的事情又是那么的神圣、神秘。画作也是如此。它们是我的孩子，更是人类的孩子，灵魂的孩子，如天使一般。我很高兴也很荣幸地关心、关爱、深深地呵护它们。

我在我的画室宛如置身于另外一个国度，一个无限美好的国度。因为画室没有别的，只有画，到处都是。大的、小的、老的、少的，男的、女的，都是我的亲人，都是我的朋友。这是一个纯粹美的国度，一个把一切包括痛苦绝望都幻化成美的国度。世界是上帝的作品，从上帝作品里面升起的灵魂就是上帝的启示，上帝的旨意。对这个旨意的追求就是信仰。过去我总觉得很多人嘴上说艺术啊,高尚啊,精神啊,灵魂啊,善啊,美啊,真理啊,崇高啊,境界啊等,但实际上他们并不相信有真正的艺术存在,真正的高尚存在,真正伟大的精神、伟大的灵魂、伟大的真理、伟大的崇高、伟大的境界存在。现在我知道,也确信,他们也如我一样相信伟大艺术的存在。因为,人类存在本身就是伟大的。就如在镜子中看到自己而确信自己的存在一样,一旦看到艺术,在艺术中看到自己的灵魂就会确信自己的另一个存在,一个神一样的存在。艺术是人灵魂存在的样式。即艺术就是人本身。

八 关煜作品
Guan Yu's Works

关煜，女，1983年出生于山西省太原市。2010年获文学硕士学位，现为上海师范大学人文与传播学院文艺学博士生。中华美学学会会员、曾任山西省美学学会秘书长。研究方向：文艺美学、中国古代美学、艺术学。多次参与国家级课题研究并主持省级课题，在核心刊物发表论文多篇。

Guan Yu, born in 1983 in Taiyuan, Shanxi Province, got a master's degree in literature in 2010, and is now a doctoral student majored in theory of literature and art in School of Humanities and Communications, Shanghai Normal University. She is also a member of Chinese Society for Aesthetics, former secretary-general of Shanxi Aesthetic Association. Her research directions include aesthetics of literature and art, ancient Chinese aesthetics, and art theory. She has participated in many state-level projects research and undertaken provincial projects, and published several papers on CSSCI.

《生命树》 *The Tree of Life*, 50cm×60cm, 2017

■ 别现代：作品与评论

《乾》 *Hexagram Qian*, 50cm×60cm, 2017

第五辑　别现代油画艺术与评论

《都市之花》 Metaphorical Flowers，50cm×60cm，2017

别现代：作品与评论

《走向共和》 *The Road Leading to Republic*，130cm×100cm，2016

关煜的作品以油画为主，尝试用不同风格与技法对当下的生存体验进行表达，在"消灭个性"与"创造个性"间寻求独特的生存空间和绘画语言。她的作品色彩明艳，表达手法多样。在凝重的反思与批判背后，梦幻与自由是不变的主题，童真与灵性在繁复间赫然显现。

部分作品以"杂糅"为特点，清晰地以视觉图像来呈现"别现代"社会的困境与矛盾。以《都市之花》（*Metaphorical Flowers*）为例，画作再现了前现代、现代和后现代杂糅共生的复杂、矛盾与冲突的语境。

而作品《走向共和》（*The Road leading to Republic*）中，一支印有"和"汉字字样的历史车轮碾压出了岁月的足迹，各国之间语言、言语的误读在文明传播、文化交流间不断产生着。这不仅是对维特根

《盛宴》Feast, 60cm×80cm, 2017

斯坦关于语言的误用、误读与很多不存在的哲学问题的产生之间的关联性问题的一种图像化、视觉化表达，也在提醒受众语言在人们生活

别现代：作品与评论

中的重要性，并引发大家对语言和哲学关系进行思考。同时也对大众起到了后现代的警示和反思的作用。作品不仅在传递着语言的"误读"和语言的区分，也试图运用语言去营造一种"和"的氛围，体现了全球化背景下多民族文化以"和"为中心的天下大"同"的状态，具有一定的普世意义。

另一部分作品则以女性和母性视角出现，审视个体生命、存在与爱。比如《生命树》（*The Tree of Life*）中的主角就是画者的儿子，画作以母与子的关系对胎儿的成长、成熟以及婴儿的整个生长过程进行反观和审视。画作中多次出现"胎梦"的美好暗示，梦幻、希望、自由与爱在生命树的生长中绚丽绽放。图像中的铜马、战马代表了儿子的生肖与梦境重现，紫色的珍珠是初次胎梦的美好记忆，而中国年画面具娃娃则是象征中国传统母亲在怀胎十月中对不知性别与长相的未来孩子的美好期许。画作在无意间也将前现代的符号（战马、年画娃娃等）、现代的意识与后现代的创作方法进行了尝试，烙上了别现代风格的印记。

在新作《幻境》（*Maya*）和《飞天》（*Apsaras*）中，受梦境引导，画者将意象包裹在一团瑰丽的想象当中，历史的暗夜与象征生命的丛林、深邃的海洋烘托出了梦境中佛像与飞天的形象。《*Maya*》作品在佛音中自由生成，内含半部《心经》，象征人生经历的苦难、磨砺、光明、希望，在无数孤独、疾苦、惆怅、困惑与难关中一切以空性为主，大智慧了然其中。参悟体验，洞见光明。正如"照见五蕴皆空，度一切苦厄"。

Guan Yu's works are mostly oil paintings, which express the present survival experience with the use of different styles and techniques, and seek unique living space and painting language in between "eliminating individuality" and "creating personality". Her works are colorful and expressive. Behind the dignified reflection and criticism, dream and freedom are the invariable themes, with the innocence and the spirit appearing obviously in the complex.

Some works are characterized by "hybrid", which clearly presents the dilemma and contradictions of "Bie-modern" society with visual images. Take Grenzsituation as an example, the painting reproduces the complex, contradictory and conflicting context of the mixture and coexistence of the pre-modern, modern and post-modern. It also explicitly expresses Chinese strong desire for the healthy growth of self and national self-confidence under the impact of consumerism and Americanism in the West.

In the painting *The Road leading to Republic*, a wheel of history bearing a Chinese character of "harmony" has rolled out the tracks of the ages, misreading on language and speech between countries happens constantly in civilization transmission and cultural exchanges. This not only is the visual expression or visualization of the correlation between Wittgenstein's theory about the misuse and misreading of language and the emergence of many other inexistent problems of philosophy, but also reminds the audience of the importance of language in people's life, leading people to rethink about the relationship between language and philosophy. At the same time, it also plays a role of postmodern warning and reflection. This work not only passes the distinction between "misreading" language and language, but also tries to use the language to create a kind of "harmonious" atmosphere, reflecting the supreme harmony worldwide of multi-ethnic cultures under the background of globalization with "harmony" as the center of the world, which has a certain universal significance.

In some other works, the individual life, existence and love are reviewed from the female and maternal perspective. For example, in *The Tree of Life* the protagonist is the son of the painter, and the painting examines and reviews the fetal development and maturity, and the whole growth process of the baby from the aspect of the relationship between mother and child. There have been many beautiful hints of "the fetal dream" in the painting, in which dream, hope, freedom and love blossom in the growth of the tree of life. The copper horse and war horse in the painting represent the zodiac of the son and the recurrence of the dreamland, purple pearls are the sweet memories of the first fetal dream, while the Chinese New Year painting doll symbolizes the good expectations of traditional Chinese mother in gestation for the baby whose gender and looks are still unknown to her. The painting also unintentionally tries to mix the pre-modern symbols (such as war horse, New Year painting doll, etc.), modern consciousness and postmodern creative method, which has been branded with the Bie-modern style.

In the new works *Maya* and *Apsaras*, guided by the dream, the painter wrapped the imagery in a group of magnificent imagination, the night of history, the jungle of life and deep sea, set off the image of Buddha and Apsaras in the dreamland. *Maya* was produced freely in the atmosphere of Buddhist music, and it contains half of *Heart Sutra*, symbolizing the suffering, honing, light and hopes of life experience; in countless loneliness, suffering, melancholy, confusion and difficulties everything is dominated by emptiness, in which great wisdom is clear. Insight and illumination can be found in understanding and experience, just as "He looked down from on high, He beheld but five heaps, and he saw that in their own-being they were empty".

我的别现代主义绘画宣言
关 煜

中国的当代艺术正在蓬勃发展，国际美学协会前主席阿列西·艾尔雅维茨先生总结了西方的普遍看法，认为中国的艺术市场及艺术作品已经跃居世界第二的位置。对中国当代艺术的理解，需要放置在中国的全球形象和共同的文化语境下进行。但如同中国美学界、哲学界出现的"失语症"的窘迫，艺术界也同样面临原创理论缺位的情况，甚至有部分艺术家的艺术创作"制作化"倾向，使作品缺乏一定的思想性和精神情怀。

"别现代"理论自2014年在沪上诞生以来，在学界和艺术界产生了广泛影响，正在形成全球范围内的学术对话和文化交流。

2016年始，我受到导师王建疆教授"别现代"理论的影响，开始将别现代学术观念融入艺术创作当中，创作出了一批具有"别现代"特征的油画作品。一方面，从创作技法上打通艺术与非艺术的边界和中西方艺术边界，杂糅了西方古典写实主义油画、现代主义油画以及中国传统工笔、工艺美术等不同风格技法；另一方面，创作主题与思想内涵切合当下的别现代社会面貌的现实基础，运用隐喻、反讽、象征、拼贴、重复等别现代艺术手法为画作本身建构起关于传统与当代、现实与未来的冲突，具有一定的反思批判性。

2017年10月，我参加了由美国佐治亚西南州立大学和上海师范大学美学与美育研究中心联合举办的"艺术：前现代 现代 后现代 别现代国际会议"及同主题艺术展，其间展出我的七幅原创油画作品，得到了与会学者的普遍认可。其中作品《走向共和》(The Road leading to Republic)被该校收藏，另一幅《乾》捐赠给了威斯里安女子学院。这次于美参展给了我探索艺术的自信与动力，相信"别现代"这一具有普适性的原创理论将带给我更多关于人生、社会、世界、艺术的思考和体验，而这些哲学与艺术经验将带领我及更多的艺术家们在探索创新型艺术实践的道路上越走越远。

Guan Yu's Bie-modern Announcement

Guan Yu

Chinese contemporary art is booming. Former international aesthetics association Chairman Mr. Alesey Arjavits said, China's art market and art has become the world's second position. The understanding of Chinese contemporary art, need to be put in the context of China's global image and the common culture. But as China's aesthetics and the philosophy of being "Aphasia", art also faces a lack of original theory. Even some artists tend to "make" the art creation, the work lacks certain ideological content and the mental feelings.

Since the "Bie-modern" theory was founded in Shanghai in 2014, it has had a wide impact in the academia and the art community. It not only facilitates the construction of a common academic discourse, and formation of international academic dialogue and international academic exchange, but also provides an opportunity of equal dialogue for Chinese aesthetics and art with western's.

In the beginning of 2016, I was influenced by professor Wang jianjiang's "Bie-modern" theory, applyed Bie-modern academic concepts into artistic creation, and created a batch of oil paintings with "Bie-modern" features. On the one hand, I crossed the boundary between art and non-art, Chinese art with the creative techniques, Western classical realism, Modernism and traditional Chinese brush, craft art and other painting techniques are mixedin my oil painting, On the other hand, the creative theme and ideological connotation are relevant to the realistic foundation of Bie-modern society. I also used metaphor, irony, symbolism, collage, repetition and other Bie-modern art techniques to construct a conflict between tradition and contemporary, realistic and future. The paintings have a certain critical consciousness of reflection.

In October 2017, during my visit to the United States with the Bie-modern delegation of Shanghai Normal University, I took part in the "Art: Pre-modern, modern, post-modern & Bie-modern" international conference and art exhibition, which were organized by Georgia Southwestern State University (GSW) & the Center for Aesthetic and Aesthetic Education of Shanghai Normal University. In the meantime, my seven original works of oil painting were exhibited, which have been widely recognized by the attending scholars and artists. My painting "The Road leading to Republic" has been collected by GSW, and another "Hexagram Qian" was donated to Wesleyan College. This opportunity of being exhibited in the United States offered me the confidence and motivation to explore art. I believe that the universal original theory of "Bie-modern" will bring me more thinking and experience about life, society, world and art. And these philosophical and artistic experiences will lead me and more artists never stop to explore innovative artistic practices.

九　QQ 作品
QQ's Works

　　易琪为（Ivonne/画名 QQ），2004 年生，上海星河湾双语学校七年级学生。课外学习素描 6 年，喜欢绘画并作为个人表达乃至自我认知和探索的途径。2016 年 9 月参观了上海师范大学举办的别现代画展，深受感染，并对油画产生兴趣。虽未学习油画，但仍充满好奇地尝试。以下是 QQ 的首批油画尝试习作——"我是谁"系列，1 米 × 1.2 米丙烯帆布油画：

l "我是谁"之一：向上帝要一个头。
l "我是谁"之二：众人无聊陷手机，我独醒。
l "我是谁"之三：何须伪装？
l "我是谁"之四：自画像：多彩，好奇，怀疑。

　　其他爱好：钢琴，口琴，唱歌，古典音乐。巴赫、肖斯塔科维奇，尤其是古拜杜丽娜的音乐给予 QQ 很多灵感。

　　QQ Ivonne (2004—), *or Qiwei Yi by Chinese name*, is a 7th-grade Chinese student at Shanghai Star-river Bilingual School. Taking 6 years of after-school lessons on sketch, QQ is not only interested in painting but also finds it a way to express or rather explore herself. A visit to the Bie-modernism Art Exhibition in Sept. 2016 at Shanghai Normal University drew her attention to oil painting. Without proper training, however, QQ tried oil painting on her own. Here is among her first attempt—a series of propylene-on-canvas paintings "Who Am I".

第五辑　别现代油画艺术与评论

《向上帝要一个头》 *Who Am I - I: Dream of Asking God for the Right Head*, 100cm×120cm, 2017

别现代：作品与评论

《众人无聊陷手机，我独醒》 *Why Confine Myself to Mobile Phone just Like the Boring Mass*？, 2017

第五辑　别现代油画艺术与评论

《何须伪装》 *Who Am I – III*: *Why Disguise*, 100cm×120cm, 2017

别现代：作品与评论

《自画像：多彩，好奇，怀疑》 Who Am I – IV: Self-portrait Colorful, Curious, Skeptical, 100cm × 120cm，2017

杂糅与断裂：别现代主义与后现代主义的异质同构

关 煜

一 别现代理论何以引起西方的"误读"

"别现代"主义，是王建疆教授对中国当下社会环境、历史时期所呈现出的前现代、现代、后现代的杂糅面貌进行的抽象概括。他指出："中国正处于特定的历史时期和特定的社会形态中，这里既有高度发展的现代化物质基础，又有前现代的意识形态和制度设施，还有后现代的解构思想。"① 别现代这一概念本来是针对我国现阶段特殊的社会形态与社会发展阶段的界定，但欧美的一些哲学家、美学家和艺术家却认为，"别现代"这一概念的内涵与外延可以扩大至全球不同国家、地域的社会形态、艺术形式。

美国艺术史教授基顿·韦恩在其《别现代时期相似艺术的不同意义》② 一文中，将安迪·沃霍尔的作品也归为"别现代"艺术，这一观点值得我们深思。

前国际美学协会主席阿列西·艾尔雅维茨也针对"别现代"理论的国际化现象和广普化意义从艺术、主义、地域等角度作了阐释。他曾在《主义：从缺位到喧嚣？——与王建疆教授商榷》一文中说："我认为西方过去和现在发生的一些事件和进程与中国发生的那些事

---

① 王建疆：《别现代：话语创新的背后》，《上海文化》2015 年第 12 期。
② [美] 基顿·韦恩：《别现代时期相似艺术的不同意义》，《西北师范大学学报》2017 年第 5 期。

件和进程虽然有差异，却在某种程度上也有相似之处。"① 虽然阿列西主要指的是围绕艺术和美学等人文学科内发生的具体"事件和进程"，但也由此来折射整个社会意识形态与国家形象等宏观方面。

在阿列西·艾尔雅维茨看来，艺术，尤其是视觉艺术，最具有时代发展的前沿性和代表性，因此，围绕艺术（视觉艺术）来谈论美学理论和哲学，将为中西方艺术的比较研究，开展中西方之间的平等对话做好准备，为实现"文人共和国"（Republic of letters）带来最大可能性。艾尔雅维茨的这一观点也与基顿·韦恩教授围绕艺术来谈"别现代"，从而突破社会意识形态的国家观念和本土局限，产生全球性的意义，有着异曲同工之妙。

基顿将安迪·沃霍尔的作品归入"别现代"艺术，试图拓展别现代的界限，也为来自中国的原创性理论走向世界带来一种新的期许。别现代主义，一旦不再囿于本土的框架，我们就会发现，西方的艺术史上很多具有创新性的艺术作品都将带有"别"的色彩。如果按照基顿·韦恩教授的思路延展开来，那么，以毕加索为代表的立体主义、以杜尚为代表的实验艺术、以安迪·沃霍尔为代表的波普艺术等都具有别现代特征。而对这些别现代作品的理解不应只局限于康德所说的"纯形式"上的审美。如果那样，将无法真正理解艺术家的意图，也无法理解作品的内涵，更无法对诸如别现代主义艺术进行定位。而且，对这些艺术作品的解读也应结合历史发展观，在时代潮流中去研究它的嬗变，并揭示其在当下的实际意义。

别现代的别（差别、别离、特殊、另一个、另外）在西方艺术史中面临着既是十分具有个性的创作，又是边界模糊的跨界的双重耦合。西方的个性化创作早已为人所知，但其跨界的理论却并非人人知晓。

关于艺术的边界问题，近代以来西方总是引领全球艺术创新与理论发展的领头羊。西方艺术史上曾出现过由前现代的边界清晰到现

---

① ［斯洛文尼亚］阿列西·艾尔雅维茨：《主义：从缺位到喧嚣？——与王建疆教授商榷》，《探索与争鸣》2016年第9期，《人大复印资料·美学》2017年第1期。

代、后现代的边界模糊,经历了以杜尚为代表的实验艺术、观念艺术对传统架上艺术的对立与创新的转换,打破了日常用品与艺术作品的分界,也实现了二维空间向三维、四维、N维空间的思维突破,从而使"艺术"概念的界定标准由边界清晰转向边界模糊。随后,"跨界"艺术创作闪亮登场。产生于中国本土的别现代主义,在面对跨界艺术创作和分而有别的双重挤压时,如何既坚持本土立场,又顺应世界潮流,就成了一种两难的选择。但别现代理论被率先用在界定美国艺术家身上的说法却道出了别现代艺术与后现代艺术之间异质同构的真相。安迪·沃霍尔的作品产生于美国这个从无前现代背景的国家,又怎么能被归入别现代呢?这里显然不是概念的错用,而是说后现代的在艺术上的杂糅拼贴与别现代的在社会形态上的杂糅纠结具有形似神离的联系,也就是一种异质同构的关系。

基顿理解的别现代主义,就是受到后现代主义思潮的影响,突破了"别现代"基于对中国当下特定的社会历史时期所呈现出的杂糅共谋面貌的一种移花接木,但却无意中展示了当代中国艺术基于社会形态的内在矛盾而造成的艺术形态边界模糊,以及艺术形式与内涵所具有的不确定的混杂、错乱、对立、冲突所形成的张力,虽然突出了别现代"时间的空间化"特点,却淡化了王建疆教授基于中国当下现实社会的意识形态所构想的前提。基顿·韦恩说:"我们可将沃霍尔所做的视为一种别现代主义。它包含了贯穿多个历史阶段或'空间'的同时性。"[①] 在他看来,安迪·沃霍尔的艺术作品跨越了时空与国界,涉及前现代、现代与后现代的杂糅性特征,是用后现代的艺术创作手法将具有前现代特质的毛泽东领袖形象政治波普化,或者将充满现代感的玛丽莲·梦露的摩登名人形象戏仿化、娱乐化、去中心化,抑或是极富现代商业气息的罐头商标在生产过程中不停地被复制、替换、消费,由量的增加而消解名人、名牌光晕效应,这些都与中国的别现代具有同构的特点,因而被他称为别现代艺术,从此,美

---

① [美]基顿·韦恩:《别现代时期相似艺术的不同意义》,《西北师范大学学报》2017年第5期。

别现代：作品与评论

国的当代波普艺术可能会成为中国的别现代艺术之一种。

显然，基顿·韦恩先生对王建疆先生的别现代观点进行了有意地曲解，扩大了王建疆别现代概念的适用范围，在内涵上与王建疆的别现代理论相去甚远。但基顿·韦恩的误读或"过度阐释"意味着什么呢？

先不论沃霍尔的作品是否一定属于别现代艺术，但是至少，基顿的美国别现代说法为我们带来四点启示：第一，面对全球化背景下西方思想、理论、艺术实践对中国的"单向度"输出，"别现代"所引起的国际反响能否使得中西方平等对话成为可能？第二，艺术本无国界，理论如何可以突破国界而具有普适价值？第三，中国文艺理论研究如何有效地与西方开展交流？第四，中国当代文艺理论研究如何与艺术作品做到有效契合，做到合理阐释？这些启示也代表着现阶段我们面临的一些相互纠结的问题。文艺理论的多重理论资源与文学艺术批评应用、文论话语体系建构间存在着阐释隔阂，在思维方式、研究方法、话语表达等方面面临着自我理论建构与时代杂糅混同以及外来文化冲击的多种纠结。因而，如何构建全球化语境下具有本土特色的民族"主义"，发出自己的声音，形成独立的话语已成为不可回避的问题。别现代主义就是要在中西理论的异质同构中把握平等对话的契机，建构具有别样现代性的文艺理论和美学理论。

别现代理论认为，与西方社会的断代式发展相比，中国是共时态存在。西方的断代式发展在福柯那里表述为时间皱痕（lestigmate）的间断性。这种间断性是对连续的、进步的、起基础作用的总体历史观的否定。福柯否认历史上实际发生的事情是对过去某本质东西的延续和发展，即否定历史在未来的连续发展。认为具体的历史事件往往是偶然的，而且在历史的行进轨道中一路伴随着变化、中断和波折，不可能连绵不绝、承上启下。

虽然与福柯的间断理论同构，但是别现代主义则认为应当在社会历史发展的高峰时期，尤其是物质文明与精神文明发展不相匹配时期，要对其社会发展形态进行主观上的而非福柯所说的客观上的"断裂"式发展规划，期待经过其合理有序的内在结构调整后，将相对滞后的文化发展与快速发展的经济相协调、相辅助。可以说，针对我国当下前现代、现代、后现代杂糅的别现代时期所提出的跨越式停顿理论，是一个全新的创造，具有牢固的历史根基与哲学基础，并非空想主义与无稽之谈。别现代主义及跨越式停顿理论与西方的断代、断裂的发展观一样，具有异质同构性。所不同的在于，西方在断代、断裂方面已然是一部真实的历史，而在中国，这种疑似断裂、断代的跨越式停顿，却只是一个理想或一个奋斗目标。但无论如何，这种异质同构都成了别现代理论跨越国界走向世界的一个契机。

总之，别现代理论之所以引起西方学者的重视，并产生"误读"，其原因既在于别现代所概括的杂糅的社会形态能够与后现代主义艺术的杂糅形成不同质的同构，又在于别现代主义主张区别、告别别现代而获得断代式的别样现代性。也就是说，别现代理论中告别虚伪的现代性和建构别样的真实的现代性的思想张力与西方后现代艺术的杂糅和历史发展的断代方式之间形成了双重的异质同构。正是这种双重的异质同构，才使得中西方文化之间有了平等对话的可能，也使得具有独创性的中国式理论走向世界并进而影响世界。

二 跨越式停顿理论与西方艺术史上的断裂现象

艺术的创新意味着对过去传统的背离与颠覆。新事物的诞生必然要与传统断裂，像新生儿脱离母体，剪断脐带才能成为独立个体。王建疆教授所提出的跨越式停顿本质上就是关于"断裂"的思想，但又不同于一般意义上的割裂、决裂，而是带有自主意识的自省与自调的自我断裂，是母体自主对新生儿脐带的主动剪断和分离，是针对中国当下跨越式发展所带来的弊端而提出的一种战略性哲学思想和解决方法，更是关于中国当下精神文明建设与快速的经济发展不相匹配状况的自主性决策建议。

别现代的跨越式停顿理论具有跨界适用的功能。依照基顿的边界扩展或跨界思维看来，跨越式停顿或许也是解决文艺创作中的创新问题的根本策略。王建疆认为："艺术之树常青，其永久的魅力即来自

■ 别现代：作品与评论

不断地跨越式停顿。但这种跨越式停顿不是终结艺术，相反，是旧的艺术形式、艺术风格和艺术思潮被不知不觉地突然停顿，从而兴起了新的艺术形式、艺术风格和艺术思潮。"[1] 在西方艺术史中，每一种流派的诞生都建立在既往的艺术形态之上，却又与之截然不同，或完全相互对立。每一种创新型艺术都是在传统的艺术形式规范下成为对立性的存在，就像"印象派在与自然主义的对照中界定自己，立体派在与塞尚绘画的对照中界定自己，几何抽象反对上述所有东西，抒情抽象又反对几何抽象，'波普'艺术反对所有的各种各样的抽象，概念艺术反对'波普'艺术和超级写实主义，如此等等"。[2] 这里都有跨越式停顿的终止前代艺术影响的断裂因素。法国蓬皮杜艺术中心于2016年10月在上海展览中心举办的现代艺术大师回顾展中，从马塞尔·杜尚的作品《自行车轮》（1913/1964年），马克·夏加尔《双重肖像和一杯葡萄酒》（1917年），到康定斯基《光》（1930年），再到巴勃罗·毕加索的《缪斯》（1935年），以及理查德·艾维顿的摄影作品可可·香奈儿的肖像，展览涵盖从1906年到1977年间72件艺术作品，为观众呈现出法国乃至全球艺术史的流变过程，展现了每个时代艺术的变革与断裂，以及每一个新流派的确立过程。从1977年蓬皮杜艺术中心的成立，极富现代感的外部钢筋、管道的设计对当时保守的法国巴黎艺术圈子传统理念的冲击，到具体每件艺术作品中风格、技法、观念对传统的扬弃与背离，无不显示着艺术史上一次次里程碑的建立都和别现代主义关于创新中的"断裂"思维分不开。正如利奥塔所说："塞尚挑战的是什么样的空间？印象主义者的空间。毕加索和布拉克（Braque）挑战的是什么样的物体？塞尚的物体。杜尚在1912年与何种预先假定决裂？与人们必须制作一幅画——即便是立体主义的画——的想法。而布伦（Buren）又检验了他认为在杜

---

[1] 王建疆：《别现代：跨越式停顿》，《探索与争鸣》2015年第12期，《人大复印资料·哲学原理》2016年第3期。

[2] Jacques Tamjnjaux, Poetics, Speculation and Judgment, *The Shadow of the Work of Art from Kant to Phenomenology*, Albany, SUNY Press, 1993, p.62. 转引自彭锋《艺术的终结与重生》，《文艺研究》2007年第7期。注释第16条。

尚的作品中安然无损的另一预先假定：作品的展示地点。"①

　　杜尚是20世纪实验艺术的先锋代表，他的作品不论是小便器还是自行车轮，都将一般意义上的日常用品变成"艺术品"，经过否定物品的原功能，赋予其完全不同的解释意义，试图打破传统"艺术"概念的边界，扩大了艺术作品的内涵与外延。在杜尚的作品中，最关键的核心词在于"突破边界"，与传统划清界限。这与别现代主义的理论核心即跨越式停顿不谋而合。这种跨越式停顿就是"停顿"后的发展与创新，割裂与前现代藕断丝连的联系，吸取跨越式发展的经验与教训，实现新的突破与发展。正如王建疆教授所言："艺术史证明，艺术流派的出现是跨越式停顿的直接结果，带来艺术的大发展。"② 从这个角度出发也可认为，别现代的理论有其自然生长的属性，但已经突破了中国式思维模式，不再囿于与前现代的纠葛与矛盾，而是对一切陈旧的、传统的、老套的模式说再见。

　　没有真正意义上的与既往的断裂就没有绝对意义上的创新。只有在继承了传统优秀成果的基础上的与传统再见，才可能有真正意义上的风格的创新、主义的创新，以及哲学思维的创新。印象派绘画大师梵高的名作《星空》，虽被指认其旋涡图案是参考了日本葛饰北斋的《神奈川冲浪里》，但我们通过对两幅画作的对比发现，无论材质、技法、用色、线条等，二者没有绝对一致的重复性，只有旋涡的形状类似，最多可以称得上是《神奈川冲浪里》对《星空》画作创作的启发。但悲哀的是，我们的中国画家少了这种因启发得来的灵感创新，更多的是生搬照抄，从构图、技法、明暗、线条、用色等，几乎全部模仿，在此基础上稍作改动。比如上海画家刘海粟就有一幅油画《日出》（现为上海刘海粟美术馆馆藏作品），其创作技法与构图与《星空》如出一辙，只是把旋转的夜空变成了旋转的红日当头，立意之初是为了纪念绘画大师梵高，但作为一幅单独的作品就很难产生如

---

① ［法］利奥塔：《后现代性与公正游戏》，谈瀛洲译，上海人民出版社1997年版，第138页。
② 王建疆：《别现代：跨越式停顿》，《探索与争鸣》2015年第12期，《人大复印资料·哲学原理》2016年第3期。

《星空》一样的非凡影响力了。包括当代的画家,以及名噪一时的"五虎上将"张晓刚、王广义、曾梵志等人的作品,也难摆脱西方画家的风格影子,难怪被西方人指责是对某某大师的"低劣模仿"。①

同样,日本这个产生过日本主义的国度,在现当代艺术史上也没有产生多少惊世骇俗的艺术作品,甚至流派或者思潮。所以被西方人一度嘲讽为没有自己的原创文化,多是学习得来。究其原因,借雅斯贝尔斯(Karl Jaspers)的理论,认为日本没有经历过西方、中国与印度的古文明在思想和文化上带来的突破,也即日本没有经历过大约公元前800—前200年的枢轴时代(Axial Age)。所以日本的文化多是从别国学习、借鉴,或者直接抄袭模仿。比如早先从中国输入汉字与书法,学习传统儒家道德文化,以及武术、中医药等,后期又从德国、英国、美国等西方国家学习科技文明。所以究其日本主义的起源,也就不足为奇了。我们一旦仔细探寻,就不难发现曾对印象派影响最大的日本主义也绝非凭空产生,其中尤其浮世绘中人物形象与画法显然是从中国工笔唐朝仕女图的绘画风格中借鉴而来。无论人物面容形象、线描的勾勒、工笔的层层渲染技法,都如此相似。但日本主义,尤其浮世绘之所以在中西方艺术史、文明史上产生了一定的影响,还是在于日本的本土因素以及日本的自我发展。从某种程度上说,日本主义在某些方面还是有别于中国画的风格,尤其是浮世绘中色情、市侩的风俗内容、夸张艳丽的用色手法,与中国古代崇尚含蓄包蕴的美感、人物端庄娴静的形象,以及宣扬宫廷仕女的节仪行为是截然不同的。但日本主义之所以没有像法国印象派那样在艺术史中的地位显赫,也与其对中国画的断裂痕迹不够明显,无法形成真正自我创新风格有关。

因此,如果要想形成真正具有创新意识的新的艺术作品,甚至新的风格、流派,跨越式停顿和切割理论则是在创作瓶颈期最好的一剂良方。

总之,一方面,跨越式停顿理论是西方艺术史的最好总结,是西

---

① [美]杰德·珀尔:《中国当代艺术侮辱了人生》,转引自中国艺术网2016年11月27日,art.china.cn.

方艺术之所以流派林立、主义竞逐的最好注释。另一方面,别现代主义的跨越式停顿将会给中国传统的前现代艺术观和美学观带来冲击,促使其从小心翼翼地亦步亦趋、不敢越雷池半步而走向别出一路、别开生面、别有洞天的新境界。

三 异质同构是别现代主义产生并得以全球流行的前提

在中国,我们看到更多的文艺理论及艺术流派只是对西方理论、艺术的简单模仿移植或观念植入后的本土化运用。较少出现从根本上与传统断裂、与西方断裂的理论和作品,很难看到人们所期望的自我创新。可以说,我们的艺术作品较多停留在"匠人"层面关乎技法的研究,文艺理论也只是对西方理论移植后的一种阐释,缺少思想上的原创。美国批评家杰德·珀尔(Jed Pearl)在 *The New Republic*(《新共和》)杂志上发表了题为《中国当代艺术侮辱了人生》的文章,批评中国当代艺术缺乏想象,对西方现代大师存在低劣的模仿与抄袭现象,甚至称中国当下的艺术表现为"政治流氓艺术"。[①] 尽管这些论断并非一定正确,但仍然值得我们深思。为什么在海外声誉鹊起的中国先锋艺术会被认为是抄袭的呢?显然是与这些中国画家们的断裂意识的缺乏有关。如同传承与创新之间必须要有跨越式停顿一样,在借鉴与创新之间也不能缺失借鉴后的断裂,否则,边界的模糊必然带来艺术信誉的危机,从而影响到艺术的进一步发展。

别现代主义的停顿、断裂的思想与西方后现代主义的解构中心、跨越边界在发展观上形成了对立。别现代主义(Bie-modernism)理论在中国文艺理论面对西方话语霸权,患上"失语症"的窘境下应运而生,是对托夫勒所说的"夹缝时代"的突破,并给在"夹缝时代"生活的我们一线生机。由于别现代基于中国特定历史时期的社会形

---

① [美]杰德·珀尔:《中国当代艺术侮辱了人生》,转引自中国艺术网 2016 年 11 月 27 日,art.china.cn。

态，因此具有由前现代、现代和后现代的空间并置造成的时间空间化特点。但别现代主义却不是别现代的代名词，相反，是对别现代的改造。别现代主义貌似西方的空间理论，但在实质上不同于列斐伏尔的西方马克思主义空间理论，即资本主义空间生产理论，也不同于黑格尔所说中国从本质上看没有历史的说法。黑格尔认为中国历史只有恶性循环的空间而无时间，"中国的任何一次革命都没能使得这个国家取得尺寸的进步"。也不同于中国学者的所谓现代性问题过时论，而是认为，别现代相较于前现代，依然是历史的巨大进步。同时，别现代主义也是对前现代、现代、后现代含混状态的总结与批判。而跨越式停顿理论的提出则更是改造别现代现状的思想武器。"跨越式停顿吸取了跨越式发展的经验和教训，提出在别现代时期中断前现代的断代式的革命性思想，认为这种停顿和中断根本不同于技术性的转型、转向、转弯，而是甩掉包袱、根绝弊端，最终实现真正的跨越。"①该思想理论的提出意在厘清边界，使中国进入真正的现代化进程当中去。与后现代的模糊边界不同，别现代主义的使命在于厘清边界，区别、告别别现代，从而建立真正的、别样的现代性。这样就构成了别现代与后现代之间由于时空错位所带来的巨大差异，这是实质上的差异。但这种差异又往往被艺术形式上的某些形似所掩盖，如别现代的时间空间化造成的现代、前现代、后现代之间的和谐共谋与对立冲突相互交织，从而形成别现代杂糅艺术，而西方后现代也因为跨界、去中心而带来的艺术与非艺术之间的边界消失、杂糅混同等，从而形成了表里不一的异质同构。别现代主义在文艺理论上的原创性就在于揭示了别现代艺术与后现代艺术之间貌合神离的真相，从而为本土文艺理论研究和民族艺术的发展提供了别样的视角。

从更为深广的层面上讲，别现代是一个具有辐射性、涵盖性的创新型理论。而"跨越式停顿"思想则是别现代理论的核心。王建疆说："跨越式停顿是针对跨越式发展的弊端而产生的哲学发展论和社

---

① 王建疆：《别现代：跨越式停顿》，《探索与争鸣》2015 年第 12 期，《人大复印资料·哲学原理》2016 年第 3 期。

会战略论",①"跨越式停顿不同于停顿、停滞,而是为了寻求更大的发展而做出的必要的调整"。② 在他看来,因为"我们离真正的现代性还很遥远,前现代还是我们今天社会的梦魇,时时在纠缠着我们,蒙蔽着我们,毒害着我们。我们今天的许多社会背景都有前现代的思想和制度的影子"。③ 因此,别现代主义的使命就不仅仅囿于艺术范畴,而是更多地指向目前我国的深化改革。认为要及时中断社会意识形态中的前现代所遗留至今的一切含混不清的宗法制度,要与旧的社会体制划清界限。只有这样才能够实现真正现代意义上的自由、民主、法治。别现代的核心理论跨越式停顿,就是要对模糊的时代边界化,对现阶段时间的空间化进行纵轴线的切割,终止前现代。

别现代主义将在与前现代主义和后现代主义的磨合较量中成长。笔者认为,尽管前现代是现代的拦路虎,但是我们也不可贸然地将前现代问题绝对化。前现代除了宗法制度、门生观念、威权思想、封建迷信的劣根性外,还有亲情社会的纽带以及自我调节的修养,这些又与现代社会中过于强调个体性所导致的自私、冷漠等形成了必要的张力。因此,杂糅纠结与跨越式停顿之间将有很长的时间磨合,这种磨合是别现代现状与别现代主义价值倾向之间的较量,也是别现代主义与后现代主义之间的异质同构过程。但不同于后现代主义的解构,别现代主义更倾向于建构。因此,别现代主义与别现代现状之间的较量将决定着中国社会和中国文化的未来走向。

跨越式停顿理论不仅在艺术创作上具有普适性,而且在文化遗产的保护方面也是一种利器。一个值得注意的事情是,就连后儒家也举起了"以现代化超越前现代"的大旗,体现出别现代"割裂"与"超越"的理念,与跨越式停顿不谋而合。当讲到文化上的跨越式停顿时,似乎文化遗产的保护不受跨越式停顿的制约,因为遗产代表了

---

① 王建疆:《别现代:跨越式停顿》,《探索与争鸣》2015年第12期,《人大复印资料·哲学原理》2016年第3期。
② 同上。
③ 王建疆:《哲学、美学、人文学科四边形与别现代主义》,《探索与争鸣》2016年第9期,《人大复印资料·美学》2017年第1期。

过去。但是，非遗保护就是一种对于破坏、废弃、遗忘、滥用的在高端层面上的突然中止，就是跨越式停顿，是文化活化石的生成过程。唯其文化上的跨越式停顿而非跨越式发展，如所谓的砸烂一种旧文化，创造一种新文化，才是文化遗产作为民族根脉长生久视之法门。

黑格尔曾说：真正的哲学总是自己时代精神的精华。王建疆教授的别现代理论的提出，正是对中华文化复兴过程中维护中国本土特色，应对西方理论范式的冲击的积极回应。尽管王建疆的别现代主义按照著名哲学家、美学家阿列西·艾尔雅维茨的说法，还只是"发出了自己的声音而非语言"，[1] 但是，也正如他所说，王建疆的问题已经触及他神经的痛点，他突然感到我们从事研究的基础中缺了一块什么。到底缺了什么？艾尔雅维茨一时也说不清楚，但我觉得可能就是别现代主义得以产生的这块土地，同时还有中西方之间的、别现代与后现代之间的异质同构。斯洛文尼亚的恩斯特·曾科教授指出："按照雅克·朗西埃的观点，别现代作为一个新的理论既是桥梁也是媒介，既确保了中西方之间的联系，又保持了相互沟通的距离。"[2] 别现代理论之所以引起西方关注，大概正是体现了这种独立而又关联的时代精神。

总之，别现代理论或别现代主义是中国思想界、理论界面对世界而发出的声音。它之所以引起西方的关注并热烈讨论，就在于别现代理论与西方理论之间存在着实质上的差异和形式上的相同，从而具有多重异质同构的特点。唯其异质，方能显示中国的现实和中国的问题，进而产生中国的理论；唯其同构，才有可能在中西方之间形成沟通交流，产生共同的话题。"异质同构"这一产生于现代格式塔心理学的术语，正在成为中西方思想对话、学术交流、理论辨析的基座。

---

[1] ［斯洛文尼亚］阿列西·艾尔雅维茨：《主义：从缺位到喧嚣？——与王建疆教授商榷》，《探索与争鸣》2016 年第 9 期，《人大复印资料·美学》2017 年第 1 期。

[2] ［斯洛文尼亚］恩斯特·曾科：《平等带来的启示——评论中国美学的发展》，《西北师范大学学报》2017 年第 5 期。

要力勇拟象油画的"别现代"特征

李华秀

阿诺尔德·豪泽尔说："我们在艺术史和文学史中不断碰到这种随着表现对象变换艺术风格的现象"，因而，"采用什么风格完全取决于表现题材的性质"。① 而题材是对社会生活的切割和分类，比如，宫廷生活、市民生活、乡村生活等。但随着历史的发展，宫廷生活逐渐淡出视野，市民生活变得丰富多彩，乡村生活也与以往不同。这意味着"题材"是发展的。中世纪的市民生活和文艺复兴时期的乡村生活在21世纪踪影全无，用来表现中世纪市民生活、文艺复兴时期乡村生活，以及贵族生活的艺术风格也应告别历史舞台了。

由于科技的快速发展，21世纪的人类生活与以往任何一个时期相比都表现出了巨大的差异性。比如，沟通技术的革命使居住在星球上的每个人都变成了"客户端"，人们借助聊天软件可以进行即时沟通，可以通过搜索引擎掌握世界动态，分享资讯；交通工具的革命则实现了对时间的"超越"，人们可以在24小时内飞跃大西洋；登陆月球也不再是不可企及的梦想……在这样一个时代，人们的世界观、宇宙观、人生观、爱情观无一不受冲击，无一不发生改变。这意味着艺术表现的"内容"已不同以往。

如果艺术是形式与内容的完美结合，高度统一，21世纪的新内容显然需要一个不同以往的新形式，需要一个与我们熟悉的"现代"

---

① ［匈］阿诺尔德·豪泽尔：《艺术社会史》，黄燎宇译，商务印书馆2015年版，第26页。

"后现代"艺术风格不同的新风格。王建疆先生将这种风格命名为"别现代"。"别现代"艺术风格的典型代表就是要力勇拟象油画。

说要力勇拟象油画是"别现代"风格的典型代表乃因为它与"现代""后现代"艺术相比表现出的巨大差异。

众所周知,"现代""后现代"是人类发展到垄断资本主义阶段的产物,也是大机器生产的产物,是科学认知思维模式发展到极致的产物,是消费主义的产物。所以,"现代""后现代"艺术的鲜明特点是:机械化、碎片化、僵硬化、欲望化、冷漠化、透明化,发展到极致就变成了无意义化……当艺术发展到无意义化时,艺术就死了。艺术既是艺术家杀死的,也是资本主义消费社会刺激起来的物质欲望极大化之后将艺术杀死的。或可以说,面对欲望的无限膨胀,人类情感的疏离、冷漠,艺术感觉到了无意义,无价值,软弱无力,然后艺术自杀了。所以丹托说艺术死了,那应该是真的,合逻辑的。但那是"现代""后现代"艺术,不是所有艺术。因为艺术与人类相伴随而生,也会和人类相伴随而在,只有当人类不存在时,艺术才会彻底灭绝。

21世纪的人类已进入反思阶段,对科学、技术、消费、欲望等都展开了全方位的反思,因为很多技术已发展到极致,再发展会走向何方?登天入地无所不能,想多美都可以通过整形手术达到目的,不老神话成为现实。之后呢?征服死亡?之后呢?……

"别现代"正是对21世纪人类生活的方方面面发生变化之后的艺术形式和风格的概括性表达。要力勇拟象油画作为"别现代"艺术风格的典型代表,首先是对整个人类面临的诸多问题的一个彻底反思。

对生活本质的反思。生活到底是什么呢?在现代艺术中,我们看到的是僵硬的表情;碎片化的情人;没有路径,无处可逃的主体。而要力勇拟象油画提供给我们的则是人与人之间的亲密关系,对话关系,倾听关系……他想告诉我们的是,没有这些关系,生活就失去了温度、趣味,生活中的精神内容被抽空,留下的只有物质的外壳了。那样的生活是什么呢?

第五辑　别现代油画艺术与评论

对生态问题的反思。他常说，生态与死态相对，生态就是"活"，是"动"，是朝气勃勃，是激情，上升，是力量，是复杂，是杂草丛生，群芳争艳，既有群魔乱舞，也有百鸟呈祥。而死态就是静止、不动，是单一、是纯粹，是空洞的透明。在拟象油画中，杂多，多到无以复加，意义是不透明的。就像"荒野""荒原"的不透明性。没有人知道荒野、荒原、戈壁滩、草原存在多少种植物、动物，在漂亮的、正在盛开的鲜花下面隐藏着什么秘密，而这就是荒原、荒野、戈壁滩、草原的魅力。艺术应该是杂多的，应该是宝藏，应该给读者留下无限多的可以探究、挖掘的不透明意义。过于透明不是艺术。就像一棵树不是森林，一朵花不成花园一样。而森林、花园是上帝的艺术。

对绘画艺术的反思。西方绘画史上有很长一段时间的科学化倾向，画家就像医生一样学习解剖，对人体结构了如指掌。绘画为了达到逼真效果，发明了透视法、短缩法，为了教学生学习绘画，又发明了图谱，将人体的各个部位切开素描等。这种科学化倾向与西方认识论的宇宙观有关，确实有助于达到逼真效果。但艺术的目的是什么呢？属于什么范畴？逼真的效果是为了欺骗还是为了纪念已逝的和将逝的一切？这确实是一个值得思考的问题。所以，要力勇拟象油画拒绝追求逼真效果，拒绝写生，他将绘画当作思维图谱，而不是人体各部分的组合图谱。对他来说，绘画的过程是将思维内容翻译成色彩和拟象的过程。所以每一次绘画之前和之后，他会用大量时间来思考。他说"我创作拟象油画作品的思考是独立思考，是持续不断地思考，没有白天黑夜地思考。是对思考的思考，思考那些没有思考的，思考那些已经思考的，思考那些不用思考的，思考那些不能思考的；我会站在对立面思考，站在侧面思考，站在各个角度思考，我的思考就如我看我的画时的思考，近思思，远思思，东思思，西思思，南北思思。今天思思，明天思思，明天思思今天的思思，情绪好时思思，疲惫时也要思思……"如果说"现代""后现代"是"物化"的艺术，"别现代"的拟象油画已经告别了"物"，进入了反思化的精神领域，将精神变成拟象成为其绘画的方向和目标。

对风格的反思。"现代""后现代"时期的艺术可以说是风格艺术，风格成为艺术家的主要目的，一旦具有了风格，艺术家就走到了尽头。找到自己的风格，当然不是一件容易的事情，很多艺术家终其一生没有找到属于自己的风格，这令他们极度痛苦。但问题是，艺术创作的目的是什么呢？难道不是精神的表达吗？没有哪个艺术家否认自己创作是为了表达，但为什么在找到风格之后停下来了呢？罗斯科、波洛克是这方面的典型代表。他们各自找到了自己的风格，之后不再前进，再之后就是绝望和死亡。这意味着风格不是艺术的终极目的，以风格为目标的艺术创作是"向死而生"的创作，找到风格与找到死亡无异。所以，要力勇拟象油画拒绝风格化。拟象不是风格而是一种表达方式，一种思维方式，一种新的艺术范式。拟象艺术是艺术家的艺术，是活命的艺术，所以也是生态艺术。

对绘画手段的反思。油画和中国画在风格化时期都存在为创作方法、创作工具贴标签的现象。用刀、用勺子、用滴撒、用墩布，各种手段、工具无所不用。但为什么要更换工具呢？目的在哪里？如果是表达的需要，什么手法都可以、什么工具都可以用，但若仅为吸引眼球，将绘画当作表演，绘画还是艺术吗？艺术离不开技术革新，但艺术最离不开的是艺术家的思想，艺术家借用各种工具各种手段只有一个目的，那就是充分表达。表达什么呢？自然是表达艺术家对人类面临的新问题的思考。21世纪的人类面临的新问题是复杂的，既要发展，要创新，要经济，又要环保，要绿色，既要刺激人消费，又要控制过度消费，以免消费失控带来灾难。对于21世纪的中国艺术家来说，他们面临的问题更加复杂。因为中国人的宇宙观具有根深蒂固的"天人合一""物我一体"之特征，与西方人主客二分的认识论宇宙观完全不同，但20世纪的中国人却接受了西方文化的冲击，大面积接受西方文化。到21世纪时，中国新一代艺术家拥有的是两套完全不同的宇宙观："天人合一"的生态宇宙观+主客二分的认识论宇宙观。他们时时被两种宇宙观所纠缠。当他们思考当下的问题时，无论如何绕不开19世纪末20世纪初那段历史，绕不开中西文化深度碰撞交流的那段历史，这样他们的"继承和创新"就变成了一场战斗。

所以，拟象油画创始人要力勇先生才说："对我来说，每一次创作都是一场战斗，一场巨大的较量，一个巨大的突破，如驾驭脱缰的野马，如捕鲸者拿着长矛与鲸鱼贴身较量，又如战场上敌我双方刺刀的肉搏，肯定是要里里外外使出浑身解数，并要坚持到底，而且越是坚持越是困难，越困难发现越多的美，直到太阳升起，直到原子弹爆炸后腾起蘑菇云，此时，刚才一切的一切，昏天黑地，狂风暴雨，狂轰滥炸情景，全部安静下来了。"拟象油画的产生过程是困难的，因为它是中国艺术家继承和创新时面临的一场思维的肉搏、思想的互殴。

要力勇拟象油画作为21世纪"别现代"艺术的典型代表，是中华文明在21世纪长出的一枝新芽，开出的一朵奇葩。它向世界展示了中国人思维的复杂程度和创新能力。它确实证明：一个"别现代"的新时代的来临。

从"别现代"反思中国当代艺术的"审美自信"
——以张晓刚"大家庭"系列为例

崔露什

一 中国当代艺术的内在矛盾性

"中国当代艺术"从产生之日起,就蕴含着诸种矛盾性,可以说它是中国近几十年来艺术领域出现的一种"新"的艺术形式,它既不同于西方的"当代艺术",又与中国传统艺术发生断裂,因此它具有较强的"实验性""探索性"和"开放性"特征,难以用某种现成理论或概念来界定它,充满争议。实际上"中国当代艺术"矛盾的核心点就在于如何与西方"对话"的问题上,即我们在面对西方艺术的冲击和全球化事态的发展时,如何确立一个正确的"视角",使得我们既不盲目跟风于西方艺术形式,又不陷入狭隘的民族情结中。著名艺术理论家巫鸿教授认为"视角"的问题非常重要,它是一个"主体性"问题,他说:"不要简单陷入东西方的对立。西方以前经常以它们的特殊性来作为一种普遍性,这显然是有失偏颇的,但是我们也不要以自己的特殊性作为看世界的一种普遍性。"[①] 而中国当代艺术的现状与发展,实际上也面临着"对话"与"视角"的问题,换句话说,即是如何确立中国艺术的"主体性"和审美的"独

---

① 巫鸿:《中国美术史研究要强调中国与世界交互视角》,《中国社会科学报》2009年11月3日第3版。

立性""自信性"问题。

具体来讲，中国当代艺术的内在矛盾主要体现在，中华人民共和国成立后中国历史文化形态的特殊性无法套用和适应西方话语所制定的"当代艺术"概念，而西方的当代艺术却曾一度引导和限定中国当代艺术的走向，造成中国艺术话语权的缺失与审美不自信的普遍心理。众所周知"当代艺术"[①]是西方历史文化发展下的产物，西方艺术史曾以"二战"结束的1945年或20世纪60年代为当代艺术的起点，也有评论家如朱利安·塔斯拉布拉斯（Julian Stallabrass）以1989年冷战结束后的全球化时代为当代艺术的起点，但无论如何，这些节点的确立都是以其背后的政治、经济以及意识形态的崛起和转移为核心制动点的。西方当代艺术的主流表现形式和学术权重的判断标准就曾发生过这样的转移，"二战"以前西方基本保持着欧洲中心主义的心理习惯，以文艺复兴以来的几何、数学、透视为引导建立艺术模型，主要以"现代主义"艺术为核心统领整个时代；而"二战"以后政治、经济、军事力量的转移，使得美国成为艺术权重的中心，汉密尔顿（Richard Hamilton）、安迪·沃霍尔（Andy Warhol）等艺术家，通过取材于广告与商品的符号，构建了当代艺术的主流语法形式。

中国当代艺术并没有经历这样的发展与转变，从中华人民共和国成立到1978年这段时间里，中国现代油画基本延续20世纪二三十年代老一辈艺术家留洋学来的西画技法，如果以西方艺术史的视角来看，这段时期中国绘画是停滞不前的。从1978年开始，随着经济向世界的开放，西方各种绘画理念与艺术形态被大量引进，在各大高校美院掀起了一股向西方学习文化思想及绘画理念的热潮。然而其中所包含的内容远非西方近几十年兴起的"当代艺术"，而是囊括了西方19世纪以来的一切绘画风格与流派。可以说，中国从70年代末到90年代初这短短十几年间，经历和吸收着西方数百年来积淀的以意识形

---

① "当代艺术"中的"当代"不是一个历史性概念，西方社会普遍将1789年法国大革命之后的历史称为"当代"（Contemporary Age），然而在艺术史上，无论中国还是西方，"当代艺术"都与这个历史的分期没有关联。

态为核心的艺术理念和文艺思想，当时的中国艺术家仅只保有"学习"和"模仿"的心态，巫鸿称这种引进与学习的欲望为"传教士心理"，[①]而中国当代艺术的产生与发展正是由此开始的。不可否认，中国的当代艺术的诞生缺乏一个传统的脉络或文化的根基，它是"文革"后知识分子的精神状态与西方多元文化相冲击的产物，因此"中国当代艺术"的历史根源性与文化特性不同于西方由现代化革命引发的现代性或当代性思考，它更多地表现为艺术家在西方现代性理论的冲击下，反向追寻文化根源，创造文化符号（如大头像、毛主席像、"文革"符号等）的创作特征。

中国与西方历史从未同步，国内学者近些年普遍将20世纪70年代作为中国当代艺术的开端，而中国当代艺术开始创造出自己的艺术符号并被西方认识和接纳则始于90年代。学界对"中国当代艺术"概念的界定也一直存在较大争议，且目前尚未上升到一定的学术高度，艺术价值的评判标准仍偏向于西方的审美习惯。长期从事中国当代艺术研究的鲁虹教授曾给出过较为温和的定义，某种程度上绕开了中西方艺术对话的矛盾冲突点，他说："所谓'当代艺术'，远不是一个时间上的概念，也不是某种特定艺术风格的代名词，更不是西方当代艺术在中国的翻版，而是专指那些在特定阶段内，针对中国具体创作背景与艺术问题所出现的艺术创作，特点是一直处于学科前沿，并对此前主流或正统的艺术持批判态度。"这段话语是对中国当代艺术较为客观的评价，但他接着指出："不可否认，若是以世界艺术史作为参照，在中国出现的相当多的'当代艺术'作品根本无法放到特别'先锋'与'前卫'的位置上，有些甚至带有明显的仿照痕迹。但我坚持认为，针对中国的具体情况，它们的出现却是非常有意义的。因为它们在充分展现新的艺术价值观与创作方式时，已经使中国的艺术史走向发生了转折性的变化。更何况中国当代艺术家通过挪用和创造性误读，加上对现实的关注与对传统的借鉴，的确创造出了许

[①] 巫鸿、朱志荣：《中国美术史研究的方法——巫鸿教授访谈录》，《艺术百家》2011年第4期。

多与西方不同的作品，这是我们决不能忽视的。"①

在这段文字里，鲁虹教授似乎为我们指出了中国当代艺术的发展方向和未来的希望，但我们仍无法回避这样一个现象，即从20世纪80年代以来一直到今天的当代艺术创作，很多艺术家身上都有一个以上西方艺术大师的影子，国内和国外艺术评论界对此的抨击声屡见不鲜，例如，美国《新共和》(New Republic)杂志经常发表批评家杰德·帕尔（Jed Pearl）抨击中国当代艺术模仿抄袭、缺乏创意的文章，而国内一些艺术理论家或美学家也并不太认同中国当代艺术所创造出来的某些艺术形象或带有明显西方特征的艺术符号。如何面对这一问题，成为中国当代艺术必须进行自我反思的关键点。在笔者看来，这个现象背后隐藏着一种深刻的审美心理，即审美上的"自卑感"或"不自信"。我们不愿承认自己模仿和学习了西方某某大师的艺术风格，而将它作为自己的独创，就是一种审美自卑的表现，它造成中国当代艺术长期以来趋同于西方审美，且难以形成平等对话的两极局面之导火索。因此中国当代艺术首先应当面对自己的问题，承认自己的弱势与强项，哪些是学来的，哪些是真正属于我们的文化和审美特有和独创的。况且，学习、借鉴、模仿本身并没有错，纵观世界艺术史，哪位艺术大师不是在学习前人和借鉴他国文化的基础上发展起来的？但关键是我们要以坦然的心态来去面对和承认，这是我们产生新的艺术形式，形成审美自信与审美独立的前提条件。

抛开一切外在干扰与准则，我们应当考虑的是西方文化所热衷的政治、女权、行为、商品、经济等问题，是否是我们这个民族真正面对和有感而发的问题；激进的符号化的表达方式，是否是一种源自内心的真实触动和审美体验。西方的观念符号与表达方式，不一定适用于我们的文化内涵和审美习惯，中国当代艺术的成功在于20世纪90年代创造的艺术符号，如光头形象、伟人头像、政治波普等，但给中国当代艺术带来灾难与束缚的也在于此，人们蜂拥而至地急切地去创造符号，而忽略了艺术表达的内在真实性。中国当代艺术理论家吕澎

---

① 鲁虹：《中国当代艺术史·前言》，河北美术出版社2016年版。

指出:"对于中国艺术家来说,绘画被认为在倾向于思想与观念表达的同时,也可能会承载区别于西方文明的气质与趣味,这样的差异性是微不足道的吗?目前没有统一的意见。可是,对中国绘画传统有知识和经验的人会同意:在很大程度上,正是特殊的气质与趣味,能够将思想与经验转化为一种特殊的绘画。"[1] 不可否认,中国当代艺术家的部分精英,曾在对自己的传统缺乏系统知识的情况下,就将精力全用在了对西方知识的学习上,直到80年代末90年代初,他们才渐渐意识到传统文化的艺术形式与表达方式,是深植于血液和知识经验之中的,它对中国画家的浸染远远超出了西方的图像与符号,它会为中国当代艺术提供难以替代的差异性与可能性,从而在世界当代艺术体系中获得一定的话语权。

二 "别现代"对中国当代艺术的启发

"别现代"是王建疆教授在一次美学与艺术学的研讨会上提出的概念,他实际上涉及了中西方对话的话语权问题,指出并强调了中国社会和文化发展中不同于西方的差异性和独特性,从学术思想层面上,为我们开启了构建中国现代美学自我独立与审美自信的序幕篇章。王建疆教授认为,中国美学的问题不是西方现代性问题,也不是西方后现代的问题,而是别现代的问题,这里的"别现代"其内在逻辑并非对西方话语逻辑的翻版,他说"别现代就是既不同于现代、后现代、前现代,但又同时具有现代、后现代和前现代的属性和特征的社会形态或社会发展阶段。因此,别现代就是别现代,不是现代,也不是后现代,更不是前现代,而是一个特殊的历史时期和特殊的社会发展阶段。在别现代时期,社会需要、时代问题、文化背景、思想话语都具有自己的特点,不可能把西方的需要当成自己的需要,把后现代的问题当成自己的问题,其文化背景、思想话语一定是不同于西

---

[1] 吕澎:《论绘画》,广西师范大学出版社2016年版,第10—11页。

方的"。① 由此可见，别现代视角与立场的提出，为中国学术拥有自己的主体性和主导性打下了基础。

国内很多学者对"别现代"产生兴趣，并由此进行了诸多讨论，有的学者认为"别现代"是一个新概念，也有学者认为它是一个新理论，而黄海澄教授则认为它是一个新的"范式"，他说："'别现代'在中国和世界、传统和现代之间找到了一个聚焦点，提供了一个关于中国问题的有效的阐释视角，具有学术新范式的质素，它的适用范围应该不止于美学和文艺学问题。"② 笔者更认同将别现代视作一种学术新"范式"的观点，因为如果单纯的一个理论或概念，是很难在主体性或主导性上占有一席之地的，即它仍有可能被纳入某种学术体系或权威话语的统摄之下，而只有新的"范式"才能够将人们的视角拉回到一个新的或曾被忽略的领域，将今后的理论逻辑与概念内涵引导向一个新的语法结构与信仰体系中，才能算作真正具有了主体性与话语权。"范式"的提倡者是美国科学家托马斯·库恩，他认为一个时代往往有一个较为普遍和公认的规则、公理或概念，它为其他诸多领域的理论研究提供模型。③ 同时，它还拥有一个共同维护这一信仰的群体或学者，即他们都认同这样的话语体系或语法逻辑，并会在众多研究领域和研究对象上运用这一范式的核心结构，从而将某种态度或立场扩充为一种话语权。

"别现代"这一提法的重要贡献在于，一方面它与西方的"现代""前现代""后现代"等范式区分开来，前者是以实践中具体的生存空间和时间为对象，发现以往任何理论与概念都无法套用和解决的问题，进而提出一种新的理念与思维方式，即新范式的产生；而后者是以个别地域和文化的生成空间为对象，在一种普遍主义或中心主义的要求下，同化或吞并其他地域文化的独有性和特殊性，它以无法继续解决现实生存空间中存在的问题为停滞点，宣告其作为一个旧有

---

① 王建疆：《别现代：话语创新的背后》，《上海文化》2015 年第 12 期。
② 潘黎勇：《"'别现代'时期思想欠发达国家的学术策略"高端专题研讨会综述》，《上海文化》2016 年第 2 期。
③ 托马斯·库恩：《科学革命的结构》，北京大学出版社 2016 年版，第 10—11 页。

范式的终结。另一方面，它为其他学科提供了新的理论模型与思考方式，尤其对于人文学科，"现代性"或"后现代性"的理论已经无法回答中国社会、文化、审美、艺术等方面的问题，因此"别现代"提供给我们另一种思路，当它与具体学科结合起来，才能形成更加具有实践性的理论和体系，从而摆脱我们这一特殊时期文化艺术等领域面临的诸种困境。

具体来讲，这一范式的提出对厘清中国当代艺术学科概念混乱的局面有很大启发，因为中国当代艺术长期与现代性、后现代性、前卫艺术、当代性等概念含混不清。这一方面是由于我们自己对这些概念梳理认识得不够清晰；另一方面是由于中国当代艺术本身有着自己的独特特点，故而很难用一种或几种西方概念术语来概括。一直致力于中国当代艺术研究的朱其教授曾发表观点说："中国艺术从新文化运动以来，并没有推翻新文化运动以来使用西方现成的语言工具来替代中国过去的语言工具的方式。……安迪·沃霍尔为何著名？一是他确立了艺术的语法，把明星或商品的形象转换成为一种艺术语言，具有语法的原创性；二是讲清了艺术在消费社会是用来干什么的。"[①] 这一说法是有道理的，中国当代艺术的困境不是模仿借鉴西方某个专业术语，而是独创自己的艺术语言或语法。"别现代"之"别"，既意味着"告别"或"别离"，又意味着"创造"或"建立"，这正是在全球化背景的图景下，建立中国式的表达与语法的开始。接下来，笔者将试着从本体论与方法论两个角度，具体阐述这一语法表达的逻辑内涵。

首先，从本体论意义上来看，"别现代"是建立一种以"智慧"而非"线性逻辑"为本位的二元对立平衡结构，"别"字在这里有"另外"的含义，并有"表现差异"的功能，但这种"另外"或"差异"并非绝对的对立或分离，而是相互联系共同发展的关系。这一理论的深层意义使笔者联想到法国汉学家弗朗索瓦·于连的哲学主张，他在比较中西方哲学元思维后得出结论，认为西方哲学的一大思维弊端是从亚里士多德开始创立了"同一性"逻辑，事物的相反或对立

---

① 朱其主编《当代艺术理论前沿》，江苏美术出版社2009年版，第56页。

第五辑 别现代油画艺术与评论

变成了矛盾，对立或相别本身具有了"排他性"，而原本的对立或相反是一种相互补充的关系，这是哲学所应具有的"智慧"，但西方哲学却阉割了它的继续发展，中国哲学却仍保有它。[①] 于连主张恢复这种"智慧"，即打破同一性的独断思维，让不同的主体拉开距离，在相互观望与照料中互为补充，兼容对立地发展。在笔者看来，"别现代"的提出结合了这一智慧内涵，它在建立新的审美或艺术之语法或语境之前，先确立并选择了一种属于本土元思维形态中的态度和立场，即一种"别"或"另"的思想智慧，这为目前尚存在理论混乱的中国当代艺术界提供了重要的反思起点。

其次，从方法论意义上讲，"别现代"主张一种"跨越式停顿"的反思发展路径，即在"高速、高度的跨越发展中自主性的停顿，消解惯性，用于自我反思既定路线"，其具体表现是"多种思路并进所形成的时间之矢的平行、并置、交叉，从而终止了线性思维的独霸，将时间转化为空间，在多种维度中，消解了先后顺序，最终为思维的跨越提供了可能"。[②] 这样的一种方法论，实际上与"别现代"的本体论是一致的，由于其本体是以"智慧"而非"线性思维"为核心的二元对立平衡，因此这种非线性思维是要在曲折、迂回、往复、领悟、反思的经历中发现和重建自身，这也与中国哲学曾推崇的温吞、迟缓、顿悟的思想核心相契合。这样一种方法论作为"别现代"本体论的支撑，很好地将它与西方的前现代、现代、后现代等理论范式区分开来，生发出具有本土意识的独特韵味，同时为我国当下文学艺术领域的审美自信的建立做了有力铺垫。

中国当代艺术是在一个社会飞速发展、文化多元并置的大环境下产生和发展起来的，在这样一个看似顺势的直线发展历程中，"时间感"或"时代感"等内在审美体验成了这一特殊背景下人们最眷恋的历史情结。在中国文化强调内在体悟的智慧哲学与习惯温吞和缓的审美心态共同酝酿下，那个曾被西方五花八门的理论与概念无限淹没

[①] ［法］弗朗索瓦·于连：《圣人无意——或哲学的他者》，闫素伟译，商务印书馆2006年版，第89—91页。

[②] 王建疆：《别现代：跨越式停顿》，《探索与争鸣》2015年第12期。

的审美主体性逐渐浮出水面,并与"别现代"这一学术范式的内在语法逻辑不谋而合。我们可以看到,中国当代艺术在经历过西方思想轮番轰炸的年代后(尤指"文革"以后到20世纪90年代初期那段时间),艺术家们已经表现出了回忆过去的个人情结,和反思历史的内心需求。例如,西方的现代性理论强调以"个体"或"个人"(individual)为本位的独立自由主义,且很大程度上影响了国内艺术家的创作理念;但是,当他们看到以"血亲""家庭"为单位的图景,又会异常感动。巫鸿在采访中国当代艺术家时就发出过这样的感慨:"有时候我也不知道为什么我们会有这种情结,就是对社会主义时期照片的情结。这里似乎有个悖论:一方面我们都特别强调个人的独立,但是另一方面看到这些集体主义的东西的时候还是蛮感动的。"①

可以说,不论中国当代艺术是否从理论层面或学术层面真正意识到了这些问题,中国的当代艺术家都已经在实践层面上探索和发现着这些问题,并通过绘画与创作,生动地描绘出了这些发展脉络涌动出的图画景象。从20世纪80年代开始,他们就自觉或不自觉、被动或主动地在中西方文明与思想观念碰击的缝隙中找寻生存空间,他们甚至在那个艺术领域相对被束缚的年代,不断逃离熟悉而又陌生的生存空间,却又不得不在异质化的体制中,找寻文化与艺术母体的温度。他们的作品无论成功与失败,无论是否被西方艺术体制接纳、追捧,还是被国人眼光排斥却又逐渐熟悉,他们都在以艺术的方式践行着"别现代"所含涉的精神与愿念。

三 审美自信的建立与张晓刚"大家庭"系列

笔者从诸多中国当代艺术作品中选取张晓刚的"大家庭"系列为范例分析,其原因并不在于他的作品是20世纪90年代中国当代艺术最具代表性的范例,而恰恰在于他的作品是在90年代那个充满"先

---

① 巫鸿:《当代艺术创作机制的实验——巫鸿对话张洹》,《东方艺术》2008年第23期。

锋""前卫"、模仿西方的艺术"形式"最登峰造极的年代,最具有反思或反省精神的作品,这种精神和对这一精神的探索与提炼,可以帮助我们更好地理解"别现代"对中国当代艺术的重要性与启发性。张晓刚在那个"现代""后现代""政治波普""行为""装置"等观念充斥的年代,清醒意识到某种"中国性"和"主体性"在艺术表达中的本质地位。他的"别"在于将自身的个体性或主体性从"内在体验"和"内在精神"无法认同的文化符号或概念(尤指西方为主导的文化、概念、理论、符号)中抽离出来,他非常自信地将自身本有的或特有的属性置于世界之中,从而反倒形成了"有别于"西方文化体系的另一种表达形式。正如艺术评论家吕澎对张晓刚"大家庭"系列的评价:"事实上,没有任何艺术像张晓刚的'大家庭'那样,将历史、现实以及关于图像的抽象含义结合得如此富于解读的丰富性,同时显示出难以替代的图像与符号特征。"① 事实上,很多批评家认为张晓刚的作品是符号化的艺术,没有了艺术的绝对精神,或是受西方政治波普的影响。而笔者却认为恰恰相反,张晓刚的作品并非单纯地创造一个哗众取宠、昙花一现的艺术符号,且他从不赞成政治波普或拿简单的中国元素去博得西方人的眼球的做法,因而他在其绘画作品中注入了更多历史性、精神性、民族性和永恒的东西。

对于通常我们能够见到的杂志和网络板块上对张晓刚艺术作品的分析,笔者并不十分认同,他们似乎将张晓刚及其作品置于他那个时代的共性之中,只不过因为他的成果更加显著,而更具代表性而已。但笔者却认为,张晓刚的作品更多地体现了与那个一切艺术标准向西方世界靠拢的时代的不同。他看到了中国当时的艺术在世界面前的不自信,艺术在各种现代或后现代的名目下被消解,被改变得失去艺术本真,而他所做的就是重新构建起艺术的本真与真诚,从而竖立起中国当代艺术的审美自信。我们看到的很多评论文章都将目光焦点聚集在"大家庭"系列的形式表现方面,关注于那些怪异而独特的符号,如呆滞的目光、严肃的表情、缺乏交流与沟通的人物关系等,将政治

---

① 吕澎:《论绘画》,广西师范大学出版社2016年版,第52页。

映射,"文革"反讽等意识形态同他的童年经历发生关联,进行解读。然而从他大量的书信、手记、自述文稿中,笔者发现,他真正关心和探索的并不是那个单纯的"小"家庭,而是在那个特殊年代,中国艺术如何在西方主流文化中与之对话、诉说自己、表达自己的"大"的"家"的观念,也就是"国家""民族""文化""艺术"方面自立与独立性问题。

张晓刚在创作"大家庭"系列之前,有着一段独特的精神探索历程,他接受过20世纪80年代席卷中国的西方观念与表达方式,崇尚西方的文化与精神。但从80年代末期开始,由于中国高层政治对艺术的态度摇摆不定,使得艺术家生存空间逐渐窘迫,大规模出走海外卖画为生。[①] 而他却没有被这股潮流所打动,坚持认为艺术不能离开本土的文化背景,否则什么都不是。他曾在写给友人的信中说:"我对中国艺术仍充满了信心,而且我甚至认为中国艺术只有在本土上才能搞出有价值的作品来","我仍抱着这样的信念,我们已被赋予了责任和义务(且不说是否有这个能力)去促成中国现代艺术与世界文化的同等对话"等。[②] 这样的话语或民族情结在今天看来可能并不算什么,但在整个80年代末至90年代初,这样的民族自信多少显得自不量力和荒诞可笑。

1986年厦门达达在福州美术馆前焚烧所有参展后的作品,1989年中国美术馆肖鲁进行了行为艺术"枪击电话亭",这些重大事件标志着中国当代艺术开始从"架上绘画"[③] 转向"行为艺术""装置艺术"等西方流行的当代艺术形式,大批艺术家随之在世界各地制造"事件",发出"动静"。然而张晓刚却发出这样的感慨:"我们所处的是一个多么疯狂而虚无的年代!看着现代艺术大展上那些急躁的同

---

① [英]迈克尔·苏立文:《20世纪中国艺术与艺术家(下)》,陈卫和译,上海人民出版社2012年版,第363—364页。
② 张晓刚:《失忆与记忆:张晓刚书信集(1981—1996)》,北京大学出版社2010年版,第149、160、162、217、224、244、249页。
③ "架上绘画"又称"绘画室绘画",是在画架上进行绘画创作的总称。1989年中国美术馆"枪击电话亭"事件宣告了中国"架上绘画"时代的落幕,然而张晓刚、毛旭辉等一批20世纪80年代初期的前卫艺术家并不太接受这样的转向与做法。

行，真有某种说不上的东西，我感到我们的沉默并不意味着一种羞怯。对我而言，更多的是感到一种孤独。我感到我们与那些简单的'破坏者'是格格不入的，与那些虚无的权欲分子是格格不入的，与那些企图让艺术更远离人的灵魂去接近戏弄视觉感官的样式主义、去接近金钱的占有者便更是格格不入。"这里他所说的"急躁"以及"说不上的东西"实际上指的就是当时中国艺术家某种胆怯或不自信的心理，从而显得悲凉却又羞于表达出来。他后来补充道："抽离了精神，谈什么形式？离开了灵魂，说什么风格、完整？离开了这些，什么艺术在今天都是虚无的"，他认为："就艺术而言，中国艺术与世界的关系，并非什么走出去，打入国际的问题，恰恰是中国人只有自醒自立，才是出路，把中国的任何一件'最高档'的商品拿到西方的评判标准桌前，都会得到一个悲哀的结果。"

张晓刚的艺术风格的形成以及灵感的来源，主要得自他在1992年去德国访学的所见所感。他从异质的文化中体会到了陌生感，更加强了他要返回中国的本土环境，对历史加以反思和回顾的情结。他在7月8日写给毛旭辉的信中说："你看我，就要奔赴尼采、赫塞、海德格尔、基弗尔的故乡，却情不自禁地流露出某种伤感。这些曾激励过咱们的光荣的名字，过去我们把他们当作了自己的知己，为他们的思想和生平所激动不已。不知是何时何地开始的，咱们开始清晰地意识到，自己真正的姓名原来叫做'中国'。"8月9日写给艺术评论家栗宪庭的信中说："出来后，更加感觉到国内有人提出所谓'走向世界''向国际标准靠拢'不仅是一句空话，且有时显得有些可笑。中国艺术离开了中国的文化背景，去企图加入西方人的游乐场，就显出毫无价值和意义可言。"这几段文字中，我们都可以看到张晓刚艺术创作的主体性意识渐渐增强，他需要与那个曾经主导了他们青年时代的思想做一个告别，从而返回到主体自身的内在体验和感动中去创作属于自己的艺术作品。

回国以后，他逐渐完善和丰富了对艺术的理解以及自己的创作理念，终于在1993年至1994年创作出了他的"大家庭"系列。在这期间他仍以书信的方式抒发着他的创作感言："在快速发展的今天的中国人，可能的确缺少着某种自省能力，对历史和未来都常常采取虚无和不负责任的态度"，"在样式上的革命，西方人似乎早已做得非常完美。中国人这么多年来的悲欢离合，要说的'故事'太多了，不是靠玩几把形式就能满足的。我现在的情况也许与年龄和地域有关系吧，更多地有一种'历史情结'"，"我发现'前卫'与否，常常不是艺术家所能预定的，相反，如果艺术家一味单纯地追求所谓的'前卫性'，往往反而容易迷失了自己……还是那句话，咱们中国人有自己的'话'要说"。[1]

由此，我们再来看张晓刚的"大家庭"系列作品，也许会发现他的作品上所呈现的很多东西，都并不是简单的画面分析、流派归类、政治嘲讽、童年心理溯源等框架化的罗列就能解读出来的。他对绘画主题的选择，并非源自单纯的偶然契机或某种童年阴影，而是更多地源自他对中西两种文化碰撞与对话的思考。因此，他选择"家庭"这个单位作为表现对象，其目的是为了让他的艺术作品跳出西方文化限定的当代艺术的窠臼，从而拥有与西方当代艺术平等对话的地位。我们可以看到，20世纪90年代产生过一系列脸谱化的中国人物肖像画，但与这些充满戏谑、调侃、嘻哈、无聊、放纵、嘲弄的表达方式不同，张晓刚的表达静谧、冷漠、凝重、干净，他试图以这种方式将自己从一种喧闹的情绪中抽离出来。前者的肖像是缺乏精神的、疯狂的、难以启齿的羞怯的表现，而后者则是冷静、诚实、具有反省精神的表达。

"大家庭"系列绘画中，人物的表情是最受人们热议的焦点，木讷、刻板、怪异等描述词在各种评论文章中屡见不鲜，似乎这样的表情与之前那段特殊历史的压迫是无法分离开的，总试图把人们引向"政治嘲讽""文革符号"的图解思路上去。然而笔者认为这样的阐释有些过度，这种表情也许并无太多嘲讽之意，而更多的只是一种情结，一种亲切感。结合张晓刚写给友人的信件，我们似乎能够推断

---

[1] 张晓刚：《失忆与记忆：张晓刚书信集（1981—1996）》，北京大学出版社2010年版，第149、160、162、217、224、244、249页。

出,这样的表情正是他当时面对世界、面对那个急躁的社会所持有的表情,它们流露出胆怯、茫然、距离感和无归属感,似乎想要诉说什么,却又不敢或不知如何诉说,因为他不确定这个世界是否有他表达想法或意见的位置,因此只能保持沉默、静观、木然。他是想用这种方式提醒世人们反思,尽管我们不愿接受或认同这样的表情符号,但它恰恰就是我们曾经有过的一种精神状态,是我们无论何时都应该去面对和反思的一种精神状态。

可以说,张晓刚艺术作品的价值,是在中国与西方文化的冲突与对话中凸显出来的,他并不是去创作了符合西方审美标准的艺术作品,而是返回到文化主体的内部进行反思。这样的创作方法与艺术追求,不应当被淹没在90年代充斥着西方"前卫""先锋"的创作洪流之中,他对中西方两种文化的反思与抽离,正是我们今天所谓的"别现代"之"别"的实践方式。理论是灰色的,而艺术家往往在那之前就践行着理论的某些内容与要素。今天我们明确提出了别现代这个概念,它能够对那些曾经痛苦摸索生活真谛的艺术家们,进行一次很好的概括与总结,将他们的精神抽象为一种理念、态度、立场;同时,也为尚处在摸索与迷茫阶段的艺术家们,指明一个更具体的方向,唯有这样,中国的当代艺术才能在世界上占有一席之地。

别现代视域下中国当代美术的跨越式停顿
——以张晓刚作品为例

关 煜

一 别现代时期的中国画坛

中国自20世纪80年代中后期开始，一场关于"现代性"与"后现代"的关系论争就在学界展开。标榜个体的现代性与主张消费的后现代性相互排斥，并置在全球化背景下。仅就现代性而言也具有西方科技现代性和由中国古代世界观的失落而滑向西方制度现代性的两种理解。① 这就使得多种主义、多种思潮、多种形态混杂并生于同一时代。王建疆教授将这一时期称为别现代，即"既是后现代之后的历时形态，又是前现代、后现代、现代共处的共时形态"。② 别现代主义③ 随之形成。

在这种具有涵盖性特征的特定历史时期，各种现代的思想、制度正在形成，然而前现代的思想却还没有退出历史舞台，来自西方的各种后现代思潮又已然登陆了中国土地。中华文化崇尚的中庸之道无原

---

① 详见李欧梵、季进在《现代性的中国面孔》一文中提到的泰勒在《两种现代性》提出的现代性的两种模式，一种是着重于西方关于科学技术现代化的理论；另一种是中国古代世界观的破产。
② 王建疆：《别现代：主义的诉求与建构》，《探索与争鸣》2014年第12期，《人大复印资料·社会科学总论》2015年第2期。
③ 王建疆：《别现代：话语创新的背后》，《上海文化》2015年第12期。

则的包容性特征，为前现代的历史遗存和外来文化的入侵提供了天然的保护屏障；人治社会的和谐共谋与官场腐败、社会腐败并行不悖，不断地酿造着重大社会安全事故；公平正义、自由民主的社会主义核心价值的实现阻力重重。

在这样一个复杂、矛盾、冲突的大环境下，人们生活的方方面面都受到了这种特定时期的混合意识形态的影响，艺术也不例外。中国美术在当代特殊的社会环境下，在诸种杂糅的中西方美学思潮、文艺思潮的影响下以新的姿态成长起来。一时间，王广义、岳敏君、方力钧、张晓刚、曾梵志等人的名字被纷纷贴上"文化巨人""五虎上将"的标签，频频亮相于大众文化视野，并获得了空前的成功，有的海外拍卖价已超过了 7000 万元港币。这些画家作品的共性特征都是以面具人的形象作为基本语汇符号出现，无论是张晓刚的中性人无表情面具，还是岳敏君的夸张傻笑人面具，再或者曾梵志的白色真实面具，加之无限复制、重复的特点，都展现了人们内心克制、冷漠、千篇一律的退隐状态。虽然画中人是否是前现代人的形象，尚有讨论空间，但这些面具人还是获得了现代都市人的共鸣，似乎画面中的面具就是现实中的冷漠情绪。

大家生活在一个异化和非人格化的场所内，个性缺失，但创新型国家的诉求又激发出对个性的追求。艺术家正希望用反讽、戏仿的艺术手法来激发现实中的活力与个性。正像西美尔所说，现代生活的两面是消灭个性和创造个性。[①] 然而，"五虎上将"或称为中国当代艺术"四大天王"的艺术家群体头上的光环还是拜西方所赐。无论是居于艺术品竞拍市场中的天价神话，还是迎合西方所好形成的"文革记忆"系列主题作品，都是由西方都市精英人群或画商们主导的审美舆论导向造就，最终迎合的是西方现代性的口味与需求。可以说是后现代消费的本质决定了艺术家的创作倾向，其中不乏创作群体对传统的隔膜，对国内的失望和对西方现代性和现代手法取悦的共性特征。

---

① 汪民安、陈永国、张云鹏：《现代性基本读本》（上），河南大学出版社 2005 年版，第 5 页。

别现代：作品与评论

这种共性特征就是将现代、前现代和后现代杂糅在一起的别现代。可以说有些在海外产生影响的别现代艺术体现了在国内现有艺术制度下为求生存而向洋人献媚以及献媚失宠后向本土传统的回归。他们从西方人的视角反观中国传统，又挟着别现代的作品迈出国门。而张晓刚就是这场别现代主义中国画坛行动的领跑者。

张晓刚，1958年生于云南省昆明市，于20世纪80年代毕业于四川美术学院，是早期正规的学院派画家。他在创作初期受苏联社会现实主义画派影响，创作了《暴雨将至》等一批写实作品。后在创作中期受当代文艺思潮影响，对西方现当代艺术进行了研究，并产生了创作意识的转向，将视角置于西方语境下对中国民众个体生命在历史与集体命运中的存在意识进行探索，创作了《生生息息》系列作品。1992年为张晓刚创作间歇年，他赴欧洲考察学习，回国后创作了一批获得国际认同的，后来一度攀登于艺术品拍卖市场高位的"天安门"系列、"全家福"系列、"血缘·大家庭"系列等作品。其中作品"血缘"系列曾于2007年被拍到211万美元，开创了中国当代艺术的"数字神话"。他也因此作为中国当代艺术的"标王"，占据了"艺术权力榜"和"福布斯艺术榜"榜首。2008年，经历了创作高潮期与成熟期后，张晓刚一改纯粹人像的面具化、脸谱化风格，延续了内心独白式的探索模式，将画笔指向中国古典人文精神，开创了转型期的有益尝试，创作了"绿墙"系列、"红梅"系列等。另外，还创作有铜质雕像《我的父亲》和部分绘画雕塑作品系列。

张晓刚作为20世纪以降中国最具标志性和影响力的艺术家之一，多次参加国内外的各种艺术展览，作品被国内外多家美术馆、画廊以及私人收藏。他的作品不仅是当今中国艺术对世界产生影响的典范，而且从某种程度上说他的作品也是中国当代画坛的风向标。了解他和他的作品的成长、变化可以看到中国当下艺术的历史发展轨迹。通过对张晓刚的作品进行回顾，我们发现从《生生息息》到《绿墙》《失忆与记忆》等，他的作品记录了30年来国民经历的时代变化和个人记忆与社会之间的关系，尤以"文革记忆"主题为多，反映了大时代背景造成的情感连锁，并映射前现代的"血缘"对当下现代性都市生活的辐射和影响，画面中时空的无序性、模糊性或者说前现代、现代、后现代的共时性与历时性的和谐共谋①都构成了别现代语境的典范。

对张晓刚艺术历程中不同时期的代表作品进行梳理，以期从别现代主义视角剖析这些"天价作品"背后的艺术价值、美学价值与存在方式。以张晓刚为个案，探寻解决中国当代美术发展之路径，虽然未必周全，但别现代美术的特征却俱足俱全。

二 别现代绘画语汇的确立与认同

1. 停顿与创新

张晓刚，在经历了人生第一个艺术生涯高潮期——完成了油画作品《生生息息》系列后于1992年骤然停止创作，并赴欧洲学习考察。是什么原因导致已在国内初露头角的青年画家弃笔出国？我们回溯到作品《生生息息》本身及它在艺术市场中的命运便有所知。

《生生息息》创作于1988年，为三联布面油画，画面描绘了关于后现代的生死、男女、现实与未来的魔幻现实主义主题，和现代性的乌托邦理想。同时，我们在画作中还看到了浓厚的前现代血缘宗亲，以及自然神论、万物有灵等宗教信仰的杂糅色彩。这一典型的别现代艺术的"时间的空间化"②特征在张晓刚的作品中最早体现出来。但正因为这种"别"的特质，使该作品最早在"88西南现代艺术展"上露面后并没有获得国内市场的认可。之后在北京"中国现代艺术大展"上却以一幅1000美元被老外轻易买走。出于个人价值实现的权衡，以及国内生存困境与国外敞开的市场之间的矛盾，张晓刚在自我创作的高峰期，毅然选择了停笔。事实上，张晓刚的停笔行为以及背后的思考，也表达了当代中国艺术家的思索。他们渴望创造个性，渴望发出声音，渴望被认同，也渴望出名成功。但最终多数艺术家的这

---

① 王建疆：《别现代时期"囧"的审美形态生成》，《南方文坛》2016年第5期。
② 王建疆：《别现代：时间的空间化与美学的功能》，《当代文坛》2016年第6期。

种前现代"出人头地"的落后意识与并不纯粹的现代性个性主张还是被融化在了后现代消费主义的金钱物欲里。他们中的大多数缺失的恰是关于民族文化建设的自信和行动,在美元、绿卡的诱惑面前还是屈从于"西方认同"的强烈渴望与对成功模式的模仿。

  与众不同,张晓刚等人选择的是一条探寻自我发展的道路,他将1992年作为自己人生的转折点,在欧洲求学的历程中虽然也伴随着对西方人的审美心理与消费需求的揣摩,但更多的是关注建立民族文化本身。张晓刚选取了更多带有中国特色的文化符号作为日后自我创作的基点和画面组成要素。可以说,1992年的间歇和停顿是出于画家自主选择的自我调节,是在没有外在客观环境压力下的仅出于寻求进步而对旧我的一种扬弃。他的停顿是为了更有力的前行,从而形成新的跨越。[①] 事实证明,张晓刚此次停顿后的再发展不仅抛弃了过往的纯粹模仿的经验主义,也为探寻新的发展积蓄了力量。

  1993年,张晓刚回国,开笔创作了"天安门"系列。这是他充分了解西方艺术走向和大众审美需求后的全新风格的尝试,也是立于中西方比较视域中的一种别现代的思考。天安门,是历代皇城正门,是前现代皇权的象征,也是新中国的国家及政权象征。"天安门"系列作品通过塑造具有中国特色的宏伟政治建筑形象强调了民族身份、国家意识、自尊自信和社会认同,并为其确立了日后的基本创作走向。该系列作品以《天安门三号》《七彩天安门》为代表。就创作技法来看,画家告别了以往作品中的纯粹西方现代艺术风格,作品中式平涂方法中融入西方现代油画和版画的肌理效果。画面通过波普艺术红、黄、蓝、绿、橙、紫等艳丽色彩,加之完全一致的批量复制的构图表达,加重了重组现成品、大众化和商业化的气息。将天安门这一隐喻了前现代政治色彩的建筑现实图像与后现代消费属性同构,使艺术具有了商品的消费属性,同时也注入了某种政治消费符号。画家解构了世人心目中的"经典"形象,使之被陌生化、间离化、荒诞化,

---

[①] 王建疆:《别现代:跨越式停顿》,《探索与争鸣》2015年第12期,《人大复印资料·哲学原理》2016年第3期。

带有强烈的自我批判意味。

事实表明，以这种混合共生的艺术手法创作出的别现代艺术或称之为艺术商品（商品艺术）恰恰是符合西方审美意趣的，画作在香港苏富比2015年秋拍以2192万港元成交。

2. 别现代的历史记忆与图景复制

张晓刚经历了"天安门"的探索后，开始了长达十余年的"血缘"系列作品创作。这批堪称成熟期的油画作品，是张晓刚在"别现代"时期对创作风格及走向的自我调节和全新认知。自1994年起此系列作品代表当代中国亮相于西方重要国际大展，包括圣保罗双年展（1994年）及威尼斯双年展（1995年），在国际享有盛誉。"血缘·大家庭"系列在形式上沿用了近现代中国流行艺术的风格，采用单色平涂、层层敷染为主的方法，模仿中国传统炭精画法，借用西方的油画风格与材质加以表达。这样的中西合璧的绘画方法具有极强的现代性特征。画面常以标志性的灰色调子，平滑的表面和面无表情的面具、僵尸化的脸谱化肖像人物和身着"文革"时期流行的制服出现，呈现出迷蒙、柔和的色调与照片式的视觉体验，给人既现实又虚幻的距离感。描绘出"文革"时期的一种类型化、符号化的一批（或一个）丧失了个性与自我，从服饰到思维受到禁锢与同化的中国国民面孔。但从后期大众审美的接受角度来看，这似乎也是对当代社会人们缺乏个性、缺乏思想，甚至对周遭环境、人群的冷漠态度的反思与反讽。

"血缘"系列作品中的"文革"服饰等文化象征符号具有明显的前现代表征，绘画风格与手法又带有鲜明的现代性印记，而"老照片"属于后现代的意象，系列画作中的中性肖像大规模的复制则是后现代的产物。画面打破了传统线性的表达方式，模仿、戏仿的手法凸显了后现代的解构思维与讽刺的意味。在后现代、现代批判前现代的声音中，这种混合了前现代、现代和后现代技法的新尝试，是典型的别现代风格。

然而，无论是画中的标志符号——"僵尸化"面具，还是系列作品中呈现出的复制印记，都构成了别现代的通病。"僵尸眼"是使其

别现代：作品与评论

最饱受争议之处，曾被批判模仿、抄袭德国波普艺术家格哈德·里希特的照片式写实风格或超现实主义者雷尼·玛格丽特的符号式绘画风格。美国批评家杰德·珀尔（Jed Pearl）曾在著名的 The New Republic（《新共和》）杂志上发表了题为《中国当代艺术侮辱了人生》的文艺批评，抨击中国当代艺术的"Mao Craze"现象。文章当头棒喝："张晓刚的机器人的最显著的标志是僵尸的眼睛，像面具和僵死的表情。穿着1960年代流行的毛制服。对年龄大的人，张的肖像立即唤起我们对雷尼·玛格丽特（Rene Magritte, 1898—1967）画作的回忆，那是对现代艺术大师玛格丽特的低劣模仿。"[①] 认为中国艺术家的作品都是剽窃、模仿、缺乏想象，并对中国当代艺术缺乏想象与自我思维能力，"过多地借用了毛与'文革'的东西"提出批评，甚至将中国当代艺术概括为"政治流氓艺术"。同许多西方学者一样，杰德·珀尔认为中国艺术是出于西方大众对中国"Mao"的好奇，以及中国艺术家对西方的盲从，而滥用毛和"文革"的东西向西方谄媚。在张晓刚及其当代中国先锋艺术遭到质疑与批判之时，我们只有思考与反思：中国当下的艺术究竟何为？又将何去何从？一幅幅被飙升的艺术商品既然是低劣的剽窃，毫无艺术价值可言，又为何被贴上天价的标签？当这些疑惑被揭开的时候，别现代的生存及审美图景也将随之显现。

在强烈的批评声中，我们再次将目光聚焦于该系列的天价代表作——《血缘：大家庭三号》。该作品是"血缘"系列乃至张晓刚作品中最为重要、经典的作品，曾代表当代中国艺术亮相西方各大重要国际展览，于2008年4月在香港苏富比以4736.75万元港币成交。该作品中的"别现代"特征也最为明显。画家以迎合西方"文革情结"为创作意指，在画面的三人家庭照片式构图中大量运用了符合前现代特征的标志性意象符号，甚至点明主旨运用了"文革"时期的"毛"徽章、臂章、制服等加以强调，又同样通过后现代技法将这些元素巧妙地杂糅、拼凑到作品当中，表现出作品背后的政治与历史张

[①] [美] 杰德·珀尔：《中国当代艺术侮辱了人生》，转引自中国艺术网2016年11月27日，art.china.cn.

力。人物脸上的光斑代表了历史与记忆。画家再现照片上的斑驳感，以宣告自身照片式"模仿"痕迹。而标志性的"僵尸眼"的背后流露出荒诞与悲剧意蕴，凸显了作品中解构与政治讽刺的效果。

但画面同时也传达出了具有时代意义的集体心理记忆与情绪。这种从艺术、情感以及人文关怀的角度出发的对个人、家庭、血缘与社会、集体、国家的典型呈现和历史模拟是一种历史的集体记忆。画面中呆滞的目光引发了人们对时代、对自我的反思，具有强烈的当下意义。面无表情与灰色调子描述了"文革"中中国人矛盾精神的呈现：一种独特的历史沧桑感——时常被命运捉弄，甚至会遭政治风云的不测，但依然内心充实自足，表面平静如水。画家的这种思考与忧虑也是一种别现代时期产生的"建立在中国传统文化背景上的现代思想"。它代表着对历史过往的审视、批判与自省、调整和对未来发展的规划与期望。

所以，在天价作品的背后我们一面听到了震耳欲聋的谩骂，一面也看到了振臂高呼的欢歌。然而，正是因为别现代的特质与拿来主义导致的边界模糊化问题，才使得作品时时暴露出别现代被诟病的地方，比如有人把学习、借鉴当作了抄袭模仿，"重复"的加强意义变成了彻底的复制，"重组"的手法也成为拼凑的低劣运用。以至于中国元素与西方手段的"中西合璧"不再称为"全球化背景下的中国化表达"或"西方语境下的中国化表达"，而被批评为对西式的全盘剽窃与抄袭。但我们看到，在这些天价艺术品的背后，中国传统文化的血脉与根基并没有动摇，作品中的中国元素与味道依然存在。比如张晓刚的作品中，被称为"僵尸眼"的中国脸无论从人物面貌特征到精神内核都隶属于中国本土政治文化土壤，是典型的别现代艺术品之中国制造。

3. 对传统审美观的回归与未能摆脱的困境

别现代从历史的发展角度看，终究是个有待超越的阶段。[①] 在当代艺术以天价竞拍之时，各种批评声音也纷至沓来。面临此境，艺术

---

① 王建疆：《别现代：时间的空间化与美学的功能》，《当代文坛》2016年第6期。

家们选择了深刻的反思内省与艺术再创造。当"血缘"系列高居拍卖行首位之时,以张晓刚为代表的中国艺术家们正试图穿过独创性逐渐消亡的后现代,开始新一轮的风格转型。此时的张晓刚将追求个性与内省反思作为判断社会和个人价值观的立足点,把视域转向中国古典,用内心探寻与自我独白的方式探索新路径,试图以此突破自我与群体的创作壁垒,寻求想象力与独创思维的新能量。

张晓刚于2008年开始尝试创作出"绿墙"系列、"红梅"系列等,直至2014年综合了"血缘"与"绿墙"等元素,创作了《镰刀与沙发》《父亲的位置》等作品。之后又回归照片式印记,遵循"大家庭""血缘"脉络完成"车窗""失忆与记忆""里与外"等系列,使自己的艺术创作沿着线性的发展逻辑和历史、社会、政治、现代文明发生密切的对话关系。作品风格彼此间相对独立,相对完整。

当然,我们在这个时期的多个系列中依然捕捉到了"文革"时代的烙印,比如,"绿墙"系列将艺术家对内心的探索与带有中国集体记忆的独特的公共符号——"绿色"墙面结合在一起。从画面上我们逐渐回归政治年代赋予艺术家成长的家庭内景:依旧缺乏色彩,肃穆寂静。冷色调加重了室内陈设的物品间的疏离感,使受众感受到的依然是永恒的无交流的忧郁与压抑。

"绿墙"系列中《绿墙——角落》等作品中的画面布局像极了理论的大杂烩,是在全球化的整个空间构想下,各种现象与理论各自生长,罗列摆放,却又是别现代性的前现代、现代、后现代等理论、现象中的自我选择式的全新叙事方式。"绿墙"系列中的象征个体的人物、象征知识的书本、象征时间和历史的钟表和流水、象征希望和光明的灯与蜡烛、象征精神追求的青松红梅、象征社会及人与人关系的电线耳机和沙发、象征现代化的家用电器、象征生死体验的白床单等,每个意象各自独立,罗列排列组合拼接在一起,又构成了新的意象,建构了自我全新的语言模式,形成一幅完整的作品。从某种意义上说"绿墙"中的种种意象符号表征并不排除现代性中个人的独立性、重要性宣言,也强调了个人、知识对社会的影响力,但更有别现代的对前现代的追忆色彩。但如果将代表各个时期与意义的元素符号简单"拼贴"并置在同一空间,将原本有序的、线性的时间模式打破重组,依然是一种别现代"反常规"的戏仿的叙述方式,也必然遭到后现代及其之后的诟病。

"红梅"(2011年创作)系列,从个人角度选取了中国传统文化符号中的具有文人象征的梅花进行表达,强调了个人内心世界的精神追求。但与此同时张晓刚在新千年之后创作的组画又充分考虑到市场因素和大众消费的接受问题,作品作为商品的属性层面决定了其在创作中沿用了以往"天安门"系列、"全家福"系列等作品中出现过的意象符号,如《窗外》中的天安门,《婴儿房》中的红脸婴儿等,以及出于考虑人们面对过往与未来产生的诸种矛盾所创作的《失忆与记忆》中延续了"大家庭""血缘"系列的脉络等。正是这种后现代的消费考虑,将艺术家、艺术品都赋予了商品的属性。包括在《镰刀与沙发》(2014年创作)中也同样延续了象征红色革命的"镰刀"符号和"绿墙""红梅"意象,以及前期一直持续的"僵尸般"无表情的面具脸,只是在色彩上较"黑白照片"有所突破。

在这个层面,转型后的"绿墙""失忆与记忆"等系列作品虽然具有现代性政治隐喻但仍脱离不开别现代的弊端。"复制""怀旧"与对特定政治时代的讽刺与反思并没有停止,对上一系列作品的延续与"复制的复制",代表了当下中国艺术的一种生存状态。因此,以张晓刚为代表的艺术家们最前沿的艺术动态依旧显示出中国艺术的发展瓶颈,许多批评家认为中国艺术始终受西方影响很大,尤其在形式上还具有很深的西方艺术烙印,对其"模仿"与"抄袭""挪用"仍是中国艺术发展的硬伤。

一方面,我们深刻反思自我,从张晓刚的"面具"式肖像到岳敏君"面具"式夸张笑容,再到曾梵志的"面具"系列人物,这几位高居拍卖榜榜首的艺术家的作品无论从所反映的政治背景、历史年代到画作体现出的千人一面和内心冷漠孤寂都惊人地似曾相识。甚至,从审美接受角度来讲,如同现代都市人为逃避现代都市洪流中的危险、紧张、压力、打击,而从前现代特殊历史语境中消灭个性的无表情僵尸人或大笑自嘲人中寻求慰藉一样,面具人这一怪现象又从中国画坛中坚力量对自我成功模式的不断复制中，从无法把握市场而紧随潮流的过程中，形成了平庸的自我循环。

但另一方面，我们似乎从《镰刀与沙发》等转型期作品的色彩变化、代表祖国未来希望的少年儿童身上的"队礼"符号中，读出了画家越来越鲜明的政治立场和民族情绪，对祖国的热爱尊敬与政治期望。我们依然有理由相信这种本土化的创作倾向与美学追求仍是符合别现代主义尊重中国传统，鼓励独创精神，培养民族艺术、美学的自信理论的。只是作品的立意与技法还没有真正在中国传统和西方风格之间形成断裂和断代。无论西方现代艺术的传统还是中国古典传统，都能在张晓刚们的作品中找到它们的影子，因而与其不断飙升的拍卖价格同步的就是而且仍将是越来越高调的来自西方艺术界和评论界的抨击。因此，以张小刚为代表的别现代艺术，无疑正面临一个关口。这个关口就是中国艺术的原创性和现代性。如何做到真正的原创，别现代主义的"跨越式停顿"理论或许将是一种现实的途径。

三 跨越式停顿：中国当代美术发展之路径

回顾张晓刚近 30 年的油画作品，我们可以看到画家将中国的前现代"革命主义"的文化符号与现代性的绘画技法、审美趣味等因素拼接共生，运用后现代的艺术思维和手法，形成了具有别现代艺术特点的绘画逻辑和语言，并创作出一批以"文革"记忆为主题的强调幻觉与真实相混合，记忆与现实相混杂的作品，暗含了对"文革"时期的某种政治讽刺和对未来的期盼。从学习初期的乡土时期（80年代初期）到有一定自我想法与表达的幽灵时期（1983—1986）、梦幻时期（1986—1989）、手记时期（1990—1991）、停顿时期（1992年停顿学习，后创作"大家庭"，再到成熟期（"血缘""全家福"等）、转型期的作品（"绿墙""失忆与记忆""红梅"等），表面上看，无论从高产画家画风的多样性特征还是画家立足当下、关注历史与现实、注重心灵体验和自我修养的提升层面，甚至表达中国国民对近现代历史中的政治集体记忆、中国古典文人情怀的关注，以及集体对个人命运的兴趣，艺术对人性的关怀，对精神世界的追求层面，都显得具有广大的表现空间。但其画作中突出的后现代解构思维，以及复制、模仿、戏仿的手法，造成了当前别现代艺术被国际艺术界批判的地方，以及制约自我前行的主要因素。

张晓刚的个例恰又代表了在中国美术界普遍存在的创作困境：缺乏自主独立思想，复制效仿西画，或直接取西方波普艺术或先锋艺术等绘画上的主义、流派之手段、技法，与本土的文化元素进行嫁接，造成了外表花哨响亮，内里空洞无趣的虚假繁荣的景象。将这种貌似创新艺术称为"西体中用"的"中西合璧"，或"民族创新"，实际依然是跨过自我思想的自然生长生发阶段的揠苗助长，难免从向西方学着说、照着画，到无话说，不会画，最终没有画的境况。

面对当今中国在全球经济一体化中跨越式发展带来的创新瓶颈，我们又该如何为中国当代艺术寻求出路？王建疆教授为这一跨越式发展的弊端提出了"跨越式停顿"的思想。① 他认为，跨越式停顿是与跨越式发展相对的哲学范畴，也即在事物发展欣欣向荣甚至如日中天之际，突然地停顿，终止了原来的运行轨迹，另辟蹊径。不难看出跨越式停顿是对中国当下"时间的空间化"中前现代、现代、后现代的杂糅混合共生又相互对立状态的戛然中止，目的在于切断一切别现代时期含混不清的前现代思想、制度等因素，也包括不属于自我原创的来自西方的或者传统的方法、风格等，从而开创艺术的新时代。就艺术领域而言，王建疆教授认为："艺术之树常青，其永久的魅力即来自不断的跨越式停顿。但这种跨越式停顿不是终结艺术，相反，是旧的艺术形式、艺术风格和艺术思潮被不知不觉地突然停顿，从而兴起了新的艺术形式、艺术风格和艺术思潮。"②

就中国当代艺术发展来看，中断前现代的保守思想对树立本土画家的民族精神与独立意识大有裨益。一方面从创作实践来讲，作品将打破现代一味迎合西方口味而产生过多的前现代政治绘画符号的局

---

① 王建疆：《别现代：跨越式停顿》，《探索与争鸣》2015年第12期，《人大复印资料·哲学原理》2016年第3期。

② 同上。

面，绘画主题和创作思路也可向多元化延展，突破时空局限，使之更加具有世界性、创新性；同时希望突破以往生搬照抄西方达达主义、超现实主义、表现主义和波普艺术等主义、流派的创作方法和绘画技巧，中断对西方手法和中国传统技法的延续，而寻求真正自我表现、张扬个性的作品，以产生新的主义和风格。

别现代主义认为，跨越式停顿也意味着别现代中那些从中国传统和西方现代、后现代的"主义"中顺来的一切，都不再在通往创新的大船上。西方现代艺术史中出现过一些重要的艺术流派如立体主义、达达主义、超现实主义、表现主义、波普艺术等，或昙花一现的主义如欧普艺术、构成主义等，它们在产生之初有些已作为主义的代名词出现，有些只是产生了一些具有影响力的作品而非形成流派，但它们之所以扛起了主义的大旗，就在于其有区别于以往任何艺术之独特创新处。对于我国这个创新思想相对贫瘠的土壤，西方的所有艺术思潮、主义、风格、流派几乎是被全盘接受的。然而，随着艺术史的推进，曾经各种新的主义产生之时所带的弊端也逐渐显露出来。那种全盘吸收、生搬硬套西方艺术的局面也成为一张将各色调打乱调和在一起的调色盘，而非真正的艺术品。譬如波普艺术吸引观者眼球的浓艳低俗色彩，和复制、粘贴手法的无限运用，为我们带来的并不是真正的经典艺术，而是迄今为止一直被诟病的杂烩。而继先锋艺术中将艺术与生活边界打破之后出现的一些消解经典，乖张恶搞的世俗艺术，极大地破坏了艺术之为艺术的"光韵"所在，并在大众审美消费中起到了恶俗低劣的舆论导向和不良审美影响。

有破有立的正确阐释与引导，以及与错误价值观的彻底划清才可能将我们的艺术发展导向积极、健康、良性的发展轨道，如若不然，复杂缤纷的西方现代、后现代，或中国别现代语境会对个体进行不断的刺激，使人们置身于纸醉金迷的五彩斑斓洪流中，个体的个性将被环境所扭曲，随波逐流，几乎不需要自己游泳就能浮动。但却失去了"我"的存在，没有了自我定位与判断。"我"的确立与民族性的树立的重要性在此凸显出来。人们如果一味学习西方、效仿西方，艺术家也只是单纯地模仿西方的技法、技巧，则所有的人都将无法分辨大众艺术和精英艺术的孰优孰劣，失去了对真正艺术的甄别能力，失去对艺术与审美的欣赏和判断标准。

王建疆教授主张，面对此情境要"及时地运用跨越式停顿规律，主动停下来反思某些正在走红的艺术形式，客观估量其发展前景，做到未雨绸缪、及时转向，才有可能保持艺术在变异求新中的可持续发展，而不是一条道走到底，等到被观众和市场抛弃了再去弥补"。[①]

跨越式停顿这样的思维方式类似于中国古代的急流勇退，但与急流勇退的明哲保身最大的不同在于，这种全力而退是为了以退为进，适时的停止是为了自我反思与修炼，是对前现代、现代和后现代中的诸多矛盾对立的深层次思考与自我评价以及自我超越。

以感性思维方式占主导地位的文化艺术领域与以理性思维方式占主导的经济、政治、法律、军事等领域不尽相同，按照以激励文艺创作和催生新的思潮、主义为目的的跨越式停顿思想，在其高度发展后的骤然停止状态中似乎可以获得中国古代禅宗顿悟式的创作灵感，以期保障艺术创作的良性发展，而非止步不前。顿悟使艺术家在停顿后可以迅速获得对未来艺术路径的突破式、整体式思维规划，接下来则可通过深入思考获得合理的步骤，从而正确指导实践，甚至将其带入一个更为崭新、开阔、高级的发展层面。格式塔派心理学家就曾指出人类解决问题的过程本身就是顿悟的过程，其特点在于突发性、独特性、不稳定性。艺术创作恰恰需要这种顿悟式的体验和灵感的突然偶得。这种思维的突变或飞跃，新上一个台阶的体验是需要将前期高速运转的有些许不合理之处的生活、工作方式戛然停止。在这个过程中，有如无车日、无水日等的骤然停止，和对其他日常生活短时间的突然打断，以迎来人们更多的内省和反思，不仅是关于人本身、艺术本身灵感的瞬间偶得及再创作的思维突破，也是对未来合理的生活方式、工作方式、艺术创作样态的顿悟体验后得到的新的发展规划。就艺术来说，顿然领悟必定将艺术创作与欣赏带入一个新的审美层次和

[①] 王建疆：《别现代：跨越式停顿》，《探索与争鸣》2015年第12期，《人大复印资料·哲学原理》2016年第3期。

更高妙的境界当中。同时需要艺术家适时培养发散思维和逆向思维能力，以达到求异思维，这样才能建立真正的艺术创新基础。

别现代，这种前现代、后现代和现代和谐共谋的共时与历时形态中特有的社会形态或发展阶段，是我国目前以及将来的一段时间内的必经阶段。通过跨越式停顿式的发展，才能最终超越别现代，终止别现代，纯粹现代性。

对于张晓刚和当代中国先锋艺术家来说，他们的作品，综合了全球化背景下中西方特定时期内时间与观念、技法与流派、媒介与体裁上的不同艺术类别划分，是一种不别过往、面向未来的、历时性与共时性统一的、开放的、多元的别现代艺术形态。但正因为没有与前现代的传统形成真正的断代，才难以造成对传承创新的突破；没有与西方波普艺术区隔，因而没有形成自我真正的流派与体系。我们期待以张晓刚为首的中国艺术家们在经历过别现代主义的跨越式停顿后，能充分利用别现代自我内部的和谐与矛盾产生的张力，创作出具有更高思想境界与内涵的、自我超越的、原创性强的、具有批判精神的兼具民族性与世界性的艺术珍品。

第六辑　别现代版画艺术
Part Ⅵ Bie-modern: Print Art

关　煜　供稿解说
李　隽　翻译

张晓刚"彩色天安门系列"
Zhang Xiaogang's Colorful Tiananmen Square

"彩色天安门系列" *Colorful Tiananmen Square*, 85cm×63.5cm, 2007

■ 别现代：作品与评论

"彩色天安门系列" Colorful Tiananmen Square, 85cm×63.5cm, 2007

  张晓刚探索期的"天安门"系列，是1993年他从欧洲考察回国后，从中西方比较视域进行的创作。该作品强调民族身份与认同感，并从此确立了其后的创作走向。其中，《天安门3号》为该系列代表作。天安门作为前现代的政治遗产和新中国的政权象征，具有很强的政治波普意味。画家在中国式的平涂方式中融入了西方油画的肌理效果和版画的效果，并运用西方后现代波普艺术手法使"天安门"系列画面色彩浓郁艳丽，通过批量复制，加重了大众化和商业化的气息，具有很强的别现代拼贴杂糅的特点。

天安门城楼与天安门广场的景观对比,产生了令人遐想的隐喻。

Tiananmen Square Series by Zhang Xiaogang was finished during his exploration period. It is a re-creation of pre-modern political symbols from the perspective of Sino-Western comparison after his returning homeland from his investigating trip to Europe in 1993. In the series, complex political metaphor emerges via changing patterns of color and distance vision, especially rising floor brick torrent in front of Tiananmen Square, of which, Tiananmen No. 3 is the most representative work. As a symbol of pre-modern political heritage as well as a symbol of the regime of new China, showing Tiananmen in painting is a typical political pop style. With techniques of Pop style as well as deconstruction and duplication from post-modernism, the artist incorporates the textural effect of western oil painting and the grave effect of print with Chinese tableaux, making Tiananmen series rich in color. Via metaphor and implication, his works shows a strong sense of politicization, massification and commercialization, revealing remarkable Bie-modern characteristics of collage and hybridity.

The contrast between Tian'anmen and views on its square gives rise to a fascinating metaphor.

第七辑 别现代年画艺术与评论
Part Ⅶ Bie-modern: New Year Pictures and Commentary

王维玉　供稿解说

徐　薇　翻译

新门神画系列
New Gate-God Picture

　　门神年画是中国汉族传统文化的一种体现。古代汉族劳动人民创作了丰富多彩的门画，用以辞旧迎新、驱邪纳福。门神的形成和发展始终适应着人民的需要，起始于人们对毒虫猛兽、洪水雷电等自然现象充满恐惧心理情况下出现的"神荼、郁垒"二神之像，以拒邪于门外；汉代后，出现武门神，用以保家护宅、趋吉避凶；发展到宋以后，随着经济的繁荣，人们开始增添纳福迎祥甚至住宅装饰等多种需要，因此出现了适应这些需求的文门神。而当前的新门神中，则在前现代的形式与意涵中渗透了诸多现代的因素，颇具后现代意味，这类新门神画很好地彰显了别现代时期的艺术风格。

　　New Year picture of Gate-God is a reflection of traditional Chinese culture of Han nationality. Ancient working people of Han nationality have created a variety of Gate-God pictures for ringing out the old and ringing in the new as well as driving out the evil and ushering in the fortune. As the formation and development of Gate-God always adapt to people's needs, the image of Gate-God changes with the times. At first, people's fear of natural phenomena such as wild and dangerous animals, flood and lightning gave rise to the two gods of "Shentu and Yulei" whose responsibility is expelling evil. In the Song Dynasty, martial Gate-God with the responsibility of guarding house appeared. With economic prosperity after the Song Dynasty, people's soaring demands of having good fortune or decorating houses led to the appearance of intellectual Gate-God. The pre-modern form and implication are intertwined with various modern elements in our present new Gate-Gods, producing a post-modern sense. Such kind of new Gate-God pictures manifests a typical artistic style in Bie-modern times.

一 "地产大鳄"当门神
Property Magnates as Gate-Gods

2011年12月9日,第13届中国住交会在深圳召开,在举办地会场两侧,竖立的门神是地产大亨任志强和潘石屹。潘石屹右手拿着他标志性的潘币,左手举着一枚上印"富"字的牌子,身着传统的中国官袍;而任志强则左手抱着一尊小钢炮,右手持着一枚上印"贵"字的牌子。两人身后各有一名散财童子。这种在传统门神形式中,渗

别现代：作品与评论

透进当下成功人士的面孔等现代元素，极具后现代解构风格，共同组成了别现代时期新门神画的独特面貌。

The 13th China International Real Estate & Architectural Technology Fair was held in Shenzhen on December 9, 2011. Gate-Gods of the Property Magnates Ren Zhiqiang and Pan Shiyi stood upright on both sides of the venue. Taking his iconic Pan currency with right hand, Pan dressed in a traditional Chinese robe is holding a cardboard with the character "Fu (wealth)" in his left hand. Ren Zhiqiang is holding a small-sized gun in his left hand and a cardboard with the character "Gui (dignity)" in his right hand. Each of them is followed by a Sudhana. The blending of Modern elements such as the image of successful people with traditional form of Gate-God pictures produces a typical post-modern deconstructivism, which collectively constitute the unique appearance of new Gate-God picture in the Bie-modern times.

二 武警战士做门神
Armed Police Soldiers as Gate-Gods

杨鸿设计，涿州市人民武装部承制 Designed by Yang Hong, Produced by Department of the People's Armed Force, Zhuozhou

别现代：作品与评论

杨鸿设计，涿州市人民武装部承制 Designed by Yang Hong, Produced by Department of the People's Armed Force, Zhuozhou

2016年2月1日，河北省涿州市人武部向全市1200多户现役军人军属发放以解放军和武警官兵形象为主题的新"门神画"。新"门神画"由涿州市人武部杨鸿政委设计，右侧是"保家"，在国旗背景下,武警战士双目睁圆,紧握微型冲锋枪,关注着人民群众的安危;左侧是"卫国",在八一军旗背景下,解放军陆军特种兵身着荒漠迷彩,佩戴最新式的陆军臂章,胸前挎着狙击步枪,警惕地守护着祖国大门。此种新门神画以传统年画形式与现代元素相结合,承续传统又有创新,彰显出别现代时期新门神画的独特面貌。

People's armed forces department in Zhuozhou, Hebei Province gave out new Gate-God pictures with the image of the People's Liberation Army and armed police officers and soldiers to 1,200 families of active duty soldiers on February 1, 2016. The traditional form of New Year picture is merged with the elements of modern person, which is a popularization of gods and a deconstruction of gods and traditional culture.

图片来源:www.mod.gov.cn。Source:www.mod.gov.cn.

一左一右,两名解放军战士挥刀策马,奔腾驰骋,威武豪迈之气冲透画面,呐喊之声如在耳畔。这幅栩栩如生的图画,贴于彝族老大

别现代：作品与评论

妈李珍树家的大门。此新门神画是一位记者随成都军区某高炮团抗旱救灾部队到云南省楚雄彝族自治州鹿城镇山嘴子村救灾时所见。如上所述，此种新门神画以传统年画形式与现代元素相结合，承续传统又有创新，彰显出别现代时期新门神画的独特面貌。作为政治宣传，这类新门神画彰显了普通士兵的战斗力，但同时在借助前现代体裁解构传统神性的同时建构了新的神性。

One left and one right, the two PLA soldiers slashed their horses, rushed and galloped, and the mighty and heroic rushed through the picture, and the sound of shouting was in the ears. This vivid picture is attached to the door of the old Yi mother Li Zhenshu and found by an army reporter who is a member of the disaster relief team of an anti-aircraft artillery regiment in the Chengdu Military Region working in Shanzuizi Village, Lucheng Town, Chuxiong Yi Autonomous Prefecture, Yunnan Province. As mentioned above, this new door god painting combines traditional Chinese painting with modern elements, inheriting tradition and innovation, highlighting the unique face of the new door painting in modern times. As a political propaganda, this new door painting highlights the combat effectiveness of ordinary soldiers, but at the same time constructs a new divinity and deconstructs traditional divinity with the help of pre-modern genres.

三　变形金刚变身中国门神
Transformers as Chinese Gate-Gods

张旺，传世佛魔　Zhang Wang's *Handed down Buddha-Devil*, 2013

别现代：作品与评论

张旺，传世佛魔　Zhang Wang's *Handed down Buddha-Devil*, 2013

第七辑　别现代年画艺术与评论

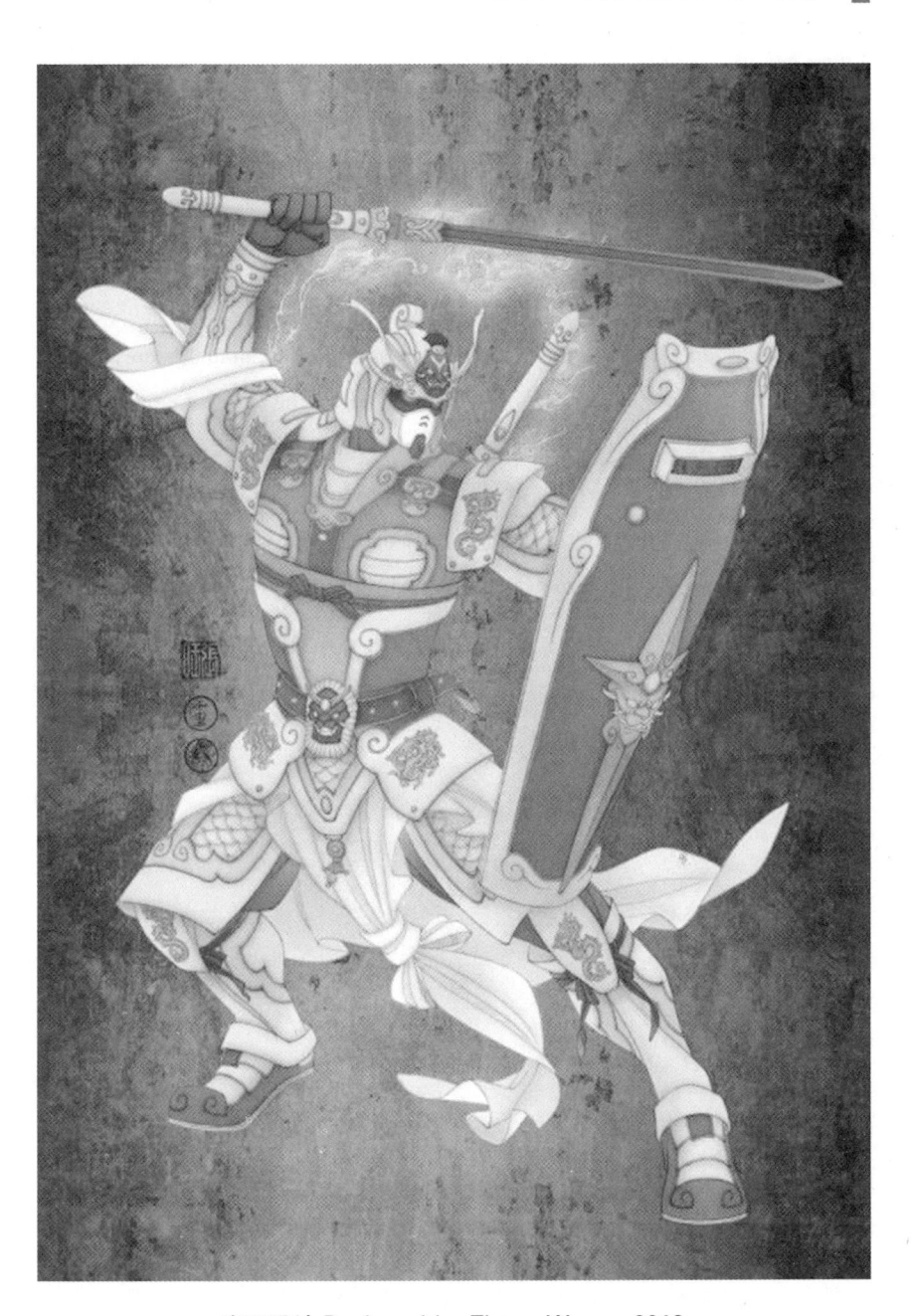

张旺设计 Designed by Zhang Wang，2013

张旺，1976年12月出生于天津市，南开大学副教授，硕士学位。

别现代：作品与评论

所学专业为中国画、美学。研究方向为数字美术、公共雕塑、动漫艺术。他先后创作过别具中国门神风韵的擎天柱和威震天，以及高达和扎古绘画。本来是厚重的机甲在张旺的创作下呈现出飘逸洒脱的仙气，配以中国传统武将的服饰丝毫不见违和感。此种新门神画在风格上所呈示的传统与现代，中国与西方的结合交织，极具别现代意味。

Zhang Wang, born in Tianjin in 1976, an associate professor of Nankai University, is an artist who has created the figures of Optimus Prime, Megatron, Gundam and Zaku as Chinese Gate-Gods. The elegant and graceful qualities are revealed from the massive machinery combined with traditional Chinese costumes of Generals. It does not produce a sense of disharmony. The tradition and the modern, Chinese element and western element are interwoven in such kind of new Gate-God picture so as to produce a Bie-modern sense.

四　麻将门神
Mahjong as Gate-Gods

白云悯鹤：麻将门神　*Bai Yun Min He's Mahjong as Gate-God*, 2016

别现代：作品与评论

白云悯鹤：麻将门神　*Bai Yun Min He's Mahjong as Gate-God*, 2016

麻将门神在传统招财童子题材的基础上,将麻将元素运用其中,"發"与"中"尤其能够表达人们对生活中诸事顺心的美好愿望。元宝、庙宇、盔甲、铜钱等传统元素,与现代观念引导下麻将元素的植入,具有后现代的解构意味,此新门神画充分彰显出别现代时期民间艺术的杂糅性。

Mahjong Gate-God is based on traditional picture of Lucky Boy. With collage technique, it merges pre-modern scene with modern desire for all the best, which manifests a powerful meaning of metaphor and symbol. The implantation of traditional elements such as gold ingot, temples, armor, and copper coins as well as Mahjong guided by the modern concept, has created a strong sense of postmodern deconstruction. These new Gate-God pictures fully embody the hybridity of folk art in the Bie-modern era.

后　　记

《别现代：作品与评论》由王建疆教授与美国佐治亚西南州立大学（Georgia Southwestern State University）"中国别现代研究中心"（Center for Chinese Bie-Modern Studies，CCBMS）主任基顿·韦恩（Keaton Wynn）教授主编。本书所选作品大多出自2016年上海师范大学主办的《别现代作品展》和2017年美国佐治亚州西南州立大学别现代研究中心举办的《中国别现代作品展》。在编写过程中得到了海内外诸多艺术家、学者的关注与支持，提供了大量相关作品与评论。曹铃、左义林、刘向华、陈展辉、孟岩、要力勇、关煜等艺术家还专门就"别现代主义"艺术创作发表了宣言，彰显出别现代主义"让艺术发言"的理念，促成了艺术创作与艺术批评的良性互动，并实现了学术语言向艺术语言的转换，形成理论研究与艺术创作的话语共享。

本书作品的收集、整理与评论工作由以下人员具体负责：

第一辑：杨增莉、李隽博士供稿解说；

第二辑：李隽博士、关煜博士生供稿解说；

第三辑：周韧副教授供稿解说；

第四辑：王建疆教授、王维玉副教授、周韧副教授、徐薇博士供稿解说；

第五辑：关煜博士生、李华秀副教授、崔露什博士供稿解说；

第六辑：关煜博士生供稿解说；

第七辑：王维玉副教授供稿解说。

全书的英文部分主要由李隽、徐薇两位博士翻译，郭亚雄、崔露什也参加了个别篇章的翻译。全书统稿工作由郭亚雄博士完成。